中華文化促進會主持編纂

國家"十一五"~"十四五"重點圖書出版規劃項目

中國社會科學院哲學社會科學創新工程學術出版資助項目

出品人 王石 段先念

今注本二十四史

舊五代史

宋 薛居正等 撰

陳智超 紀雪娟 主持校注

六

唐書 [二]

中國社會科學出版社

舊五代史　卷三二

唐書八

莊宗紀第六

　　同光二年夏五月己亥，帝御文明殿，册齊王張全義爲太尉。[1]禮畢，全義赴尚書省領事，左諫議大夫竇專不降階，爲御史所劾，專援引舊典，宰相不能詰，寢而不行。[2]庚子，太常卿李燕卒。[3]壬寅，以教坊使陳俊爲景州刺史，内園使儲德源爲憲州刺史，皆梁之伶人也。[4]初，帝平梁，俊與德源皆爲寵伶周匝所薦，帝因許除郡，郭崇韜以爲不可，伶官言之者衆，帝密召崇韜謂之曰：[5]“予已許除郡，經年未行，我慚見二人，卿當屈意行之。”故有是命。甲辰，以兗州節度使李紹欽依前檢校太保、兗州節度使，進封開國侯；以邠州節度使韓恭依前檢校太保、邠州節度使，進封開國伯。[6]丙午，以福建節度使、閩王王審知依前檢校太師、守中書令、福建節度使。[7]戊申，幸郭崇韜第。己酉，詔天下收拆防城之具，不得修濬池隍。以西都留守、京兆尹張筠依前檢校太保，充西都留守。[8]甲寅，以滄州節度使李紹斌充東北面招討使，以兗州節度使李紹欽爲副招討使，以宣徽使李紹宏爲招討都監，率大軍渡河而北，時幽州上言契丹將寇河朔故也。[9]乙卯，潞州叛將楊立遣使健步奉表乞行赦宥，帝令樞密副使宋唐玉賚敕書招撫。[10]幽州上言，契丹營於州東南。丙辰，渤海國王大諲譔遣使貢方物。以澶州刺史李審益爲幽州行軍司馬、蕃漢内外都知兵馬使。[11]辛酉，故澤潞節度使丁會贈太師。[12]詔割復州爲荆南屬郡。[13]壬戌，以權知鳳翔軍府事、涇州節度使李曮爲起復雲麾將軍、右金吾大將軍同正，依前檢校太尉、兼中書令，充鳳翔節度使。[14]乙丑，以權知歸義軍留後曹義金爲歸義軍節度使、沙州刺史、檢校司空。[15]丙寅，李嗣源奏收復潞州。幽州上言，新授宣武軍節度使李存審卒。[16]

[1]同光：後唐莊宗李存勗年號（923—926）。　文明殿：宮殿名。位於今河南洛陽市。爲五代洛陽宮城的正殿，在此舉行大朝會、大册拜等禮儀活動。　張全義：人名。濮州臨濮（今山東鄄城縣）人。唐末、後梁、後唐將領。傳見本書卷六三、《新五代史》卷四五。　太尉：官名。與司徒、司空並爲三公，唐後期、五代多爲大臣、勳貴加官。正一品。

[2]尚書省：官署名。與中書省、門下省並稱“三省”，爲隋唐最高政務機關。　左諫議大夫：官名。隸門下省。唐代置左、右諫議大夫各四人，分隸門下省、中書省。掌諫諭得失，侍從贊相。正四品下。　寶專：人名。籍貫不詳。五代官員。事見本書卷九、卷三一。　御史：官名。即監察御史。唐代屬御史臺之察院，掌監察中央機構、州縣長官及祭祀、庫藏、軍旅等事。唐中期以後，亦

作爲外官所帶之銜。正八品下。

[3]太常卿：官名。西漢置太常，南朝梁始置太常卿。太常寺長官。掌宗廟祭祀禮樂及教育等。正三品。　李燕：人名。籍貫不詳。五代官員。事見本書本卷、卷七、卷一四七。

[4]教坊使：官名。唐於京都置左、右教坊，掌俳優雜技，以宦官爲教坊使。五代沿置。　陳俊：人名。籍貫不詳。後梁、後唐教坊使。事見本書本卷、卷三〇。　景州：州名。治所在今河北東光縣。　刺史：官名。漢武帝時始置。州一級行政長官，總掌考覈官吏、勸課農桑、地方教化等事。唐中期以後，節度、觀察使轄州而設，刺史爲其屬官，職任漸輕。從三品至正四品下。　內園使：官名。又稱內苑使、內苑栽接使。掌禁苑中栽種蔬菜瓜果，供給皇室。以宦官充使。　儲德源：人名。籍貫不詳。後唐伶官。事見《新五代史》卷五、卷三七。　憲州：州名。治所在今山西婁煩縣。

內園使儲德源爲憲州刺史：《舊五代史考異》：“案：《歐陽史》作內園栽接使。考《五代會要》，內園栽接使係梁時雜使創置之官。”《會要》卷二四諸使雜録條所載梁朝諸司使名，有內園栽接使，又見《新五代史》卷五《莊宗紀下》、卷三七《伶官傳》。

[5]周匝：人名。籍貫不詳。樂工，受寵於後唐莊宗。事見本書卷三〇。　郭崇韜：人名。代州雁門（今山西代縣）人。後唐大臣。傳見本書卷五七、《新五代史》卷二四。　“初”至“伶官言之者衆”：《舊五代史考異》：“案《清異録》：同光既即位，猶襲故態，身預俳優，尚方進御巾裹，名品日新。今伶人所頂，尚有傳其遺製者。”見《清異録》卷下《衣服門》聖逍遥條。“尚有傳其遺製者”，《清異録》作“尚有合其遺製者”。

[6]兗州：方鎮名。即泰寧軍。治所在兗州（今山東濟寧市兗州區）。　節度使：官名。唐時在重要地區所設掌握一州或數州軍、民、財政的長官。　李紹欽：人名。原名段凝，後唐莊宗賜名李紹欽。開封（今河南開封市）人。後梁將領。其妹爲朱溫美人，因其妹而成爲朱溫親信。傳見本書卷七三、《新五代史》卷四五。　檢

校太保：官名。爲散官或加官，以示恩寵，無實際執掌。太保，與太師、太傅合稱三師。　邠州：方鎮名。治所在邠州（今陝西彬縣）。　韓恭：人名。籍貫不詳。五代官員。事見本書本卷、卷三〇。　進封開國伯：《輯本舊史》之影庫本粘籤："開國，原作'閑國'，今據《册府元龜》改正。"韓恭不見於《册府》記載，但本條前爲李紹欽進封開國侯，即可知"閑國"爲"開國"形近之誤。又《輯本舊史》卷一二六《馮道傳》載其《長樂老自敍》，言其爵自開國男至開國公云云，更添一證。

[7]福建：方鎮名。治所在今福建福州市。　王審知：人名。光州固始（今河南固始縣）人。五代十國閩國建立者。909年至925年在位。傳見本書卷一三四、《新五代史》卷六八。　檢校太師：官名。爲散官或加官，以示恩寵，無實際執掌。太師，與太傅、太保並爲三師。　中書令：官名。漢代始置，隋、唐前期爲中書省長官，屬宰相之職；唐後期多爲授予元勳大臣的虛銜。正二品。

[8]西都留守：官名。後唐以京兆府爲西都，設留守總理政務。例由京兆尹兼。　京兆尹：官名。唐玄宗開元元年（713）改雍州置京兆府，治所在今陝西西安市。以京兆尹總其政務。從三品。張筠：人名。海州（今江蘇連雲港市海州區）人。唐末軍閥。傳見本書卷九〇、《新五代史》卷四七。

[9]滄州：方鎮名。即橫海軍。治所在滄州（今河北滄縣舊州鎮）。　李紹斌：人名。原名趙德鈞，後唐莊宗賜名李紹斌。幽州（今北京市）人。初爲幽州節度使劉守光部將，再爲後唐將領，後投降遼國。傳見本書卷九八。　東北面招討使：官名。不常置，爲一路或數路地區統兵官。掌招撫討伐等事務。兵罷則省。　副招討使：官名。行營統兵官。位次行營都統、招討使。掌招撫討伐事務。　以兗州節度使李紹欽爲副招討使："兗州節度使"，中華書局本有校勘記："'使'字原闕，據孔本、彭本、本書卷三〇《唐莊宗紀四》、《册府》卷九八七補。"見《輯本舊史》卷三〇《莊宗紀

四》同光元年（923）十一月辛丑條、《宋本册府》卷九八九《外臣部·征討門六》。又，"招討使"，《輯本舊史》之影庫本粘籤："原本作'招詔'，今據文改正。"五代"招討使"常見，無"招詔使"。　宣徽使：官名。即宣徽南院使。唐始置。宣徽南院的長官。初用宦官，五代以後改用士人。與宣徽北院使通掌内諸司及三班内侍之名籍，郊祀、朝會、宴享供帳之儀，檢視内外進奉名物。參見王永平《論唐代宣徽使》，《中國史研究》1995年第1期；王孫盈政《再論唐代的宣徽使》，《中華文史論叢》2018年第3期。　李紹宏：人名。又名馬紹宏。籍貫不詳。後唐莊宗近臣。傳見本書卷七二。　都監：官名。唐代中葉命將出征，常以宦官爲監軍、都監。後爲臨時委任的統兵官，稱都監、兵馬都監。掌屯戍、邊防、訓練之政令。　幽州：方鎮名。治所在今北京市。　契丹：古部族、政權名。4世紀中葉宇文部爲前燕攻破，始分離而成單獨的部落，自號契丹。唐貞觀中，置松漠都督府，以其首領爲都督。唐末强盛，916年迭剌部耶律阿保機建立契丹國（遼）。先後與五代、北宋並立，遼天祚帝保大五年（1125）爲金所滅。參見張正明《契丹史略》，中華書局1979年版。　河朔：古地區名。泛指黄河以北地區。

[10]潞州：州名。治所在今山西長治市。　楊立：人名。籍貫不詳。後唐潞州將領，歷事李嗣昭、李繼韜。傳見本書卷七四。健步：或稱"健卒""急足"。指趕路送信的人。　樞密副使：官名。樞密院副長官。與樞密使一同備顧問，參謀議，出納詔奏。宋唐玉：人名。籍貫不詳。五代官員。事見本書本卷、卷三一、卷三四。

[11]渤海：古國名、族名。周代稱爲肅慎，漢魏稱爲挹婁，隋唐稱爲靺鞨，分佈在今松花江、牡丹江流域及黑龍江中下游，其中以黑水部和靺鞨部爲最强。唐聖曆元年（698），粟末靺鞨部首領大祚榮建立震國。先天二年（713），唐封大祚榮左驍衛員外大將軍、渤海郡王，自此去靺鞨號，改稱渤海。立國二百二十九年，傳十五

世。渤海與唐朝經濟、文化交流密切，有"海東盛國"之稱。遼天顯元年（926），爲遼太祖阿保機所滅，改稱東丹。遼聖宗時並入遼。金滅遼後，渤海人成爲金的屬民，漸與女真、漢人融合。　大諲譔：人名。唐末、五代渤海國第十五代國王。906年至926年在位。事見《新五代史》卷七四《四夷附録·渤海》。　澶州：州名。唐、五代初治所在今河南清豐縣。後晋高祖天福四年（939）移治於今河南濮陽縣。　李審益：人名。籍貫不詳。本書僅此一見。　行軍司馬：官名。出征將領及節度使的屬官。掌軍籍符伍，號令印信，是藩鎮重要的軍政官員。　蕃漢内外都知兵馬使：官名。唐、五代方鎮自置之部隊統率官，稱兵馬使，其權尤重者稱兵馬大使或都知兵馬使。掌兵馬訓練、指揮。

　[12]澤潞：方鎮名。治所在潞州（今山西長治市）。　丁會：人名。壽春（今安徽壽縣）人。唐末將領。傳見本書卷五九、《新五代史》卷四四。　太師：官名。與太傅、太保合稱三師，唐後期、五代多爲大臣、勳貴加官。正一品。

　[13]復州：州名。治所在今湖北天門市。　荆南：方鎮名。治所在荆州（今湖北荆州市）。

　[14]權知：一是暫代之意。官員以差遣治事，銜前常帶"知"字。"知"爲主持之意。暫代者即稱權知，如權知樞密院事、權知貢舉、權知某州某府等。二是資歷淺者任品秩高的職務時，亦加"權知"字樣，此則並無暫代之意。　鳳翔：方鎮名。治所在今陝西鳳翔縣。　涇州：方鎮名。即彰義軍。治所在涇州（今甘肅涇川縣）。　李曮：人名。深州博野（今河北蠡縣）人。岐王李茂貞子。事見本書本卷、卷三三、卷三七、卷三八、卷一三二。　起復：官吏服喪未滿而再起用。　雲麾將軍：將軍號，始置於南朝梁，陳、隋沿設。唐、五代爲武散階。從三品。　右金吾大將軍：官名。唐置，掌宫禁宿衛。唐代置十六衛，即左右衛、左右驍衛、左右武衛、左右威衛、左右領軍衛、左右金吾衛、左右監門衛、左右千牛衛，各置上將軍，從二品；大將軍，正三品；將軍，從三

品。　同正：即"員外置同正員"。古代官員名額有定數，是爲"正員額"。在正員額以外所任官員，稱爲"員外置"。"員外置同正員"是指雖在正員額之外，但待遇同於正員官。　檢校太尉：官名。爲散官或加官，以示恩寵，無實際執掌。太尉，與司徒、司空並爲三公。

[15]歸義軍：方鎮名。又名瓜沙。唐後期至北宋前期以沙州爲中心的漢人地方政權。唐宣宗大中五年（851），唐廷在沙州設歸義軍節度，任命張議潮爲節度使、十一州觀察使。從此，敦煌進入歸義軍時期。唐哀帝天祐三年（906），歸義軍節度使張承奉廢除歸義軍稱號，在瓜、沙二州建立西漢金山國。後梁太祖乾化四年（914），張承奉被沙州的另一大族曹仁貴取代，並恢復歸義軍稱號。大約在北宋仁宗天聖六年（1028）至景祐四年（1037）間，歸義軍政權被沙州回鶻政權取代。　留後：官名。唐、五代節度使多以子弟或親信爲留後，以代行節度使職務，亦有軍士、叛將自立爲留後者。掌一州或數州軍政。　曹義金：人名。即曹議金。祖籍亳州（今安徽亳州市），世居敦煌。五代歸義軍節度使。（參見榮新江《歸義軍史研究——唐宋時代敦煌歷史考索》，上海古籍出版社2015年版）中華書局本有校勘記："《册府》卷四三六作'曹議金'。按敦煌文書伯三八〇五背面《同光三年六月一日歸義軍節度使牒》署'使檢校司空兼太保曹議金'，此件鈐'沙州觀察處置使之印'，爲正式官文書，可知其名爲曹議金。本書各處同。"見明本《册府》卷四三六《將帥部·繼襲門》。《輯本舊史》各條則均作曹義金。　沙州：州名。治所在今甘肅敦煌市。　檢校司空：官名。爲散官或加官，以示恩寵，無實際執掌。司空，與太尉、司徒並爲三公。

[16]李嗣源：人名。沙陀部人。原名邈佶烈，李克用養子。後唐明宗，926年至933年在位。紀見本書卷三五至卷四四、《新五代史》卷六。　宣武軍：方鎮名。唐舊鎮，治所在汴州（今河南開封市）。後梁太祖開平元年（907）升汴州爲東京開封府。開平三年

（909）置宣武軍於宋州（今河南商丘市睢陽區）。後唐莊宗同光元年（923）改宋州宣武軍爲歸德軍。廢東京開封府，重建宣武軍於汴州。後晉高祖天福三年（938），改爲東京開封府。除天福十二年（947）、十三年（948）短暫改爲宣武軍外，汴京均爲東京開封府。

　　李存審：人名。原姓符，名存。陳州宛丘（今河南淮陽縣）人。後唐將領。傳見本書卷五六、《新五代史》卷二五。

　　六月甲戌，中書侍郎兼吏部尚書、平章事、弘文館大學士豆盧革加右僕射，餘如故；侍中、監修國史、兼樞密使、鎮州節度使郭崇韜進爵邑，加功臣號；中書侍郎、平章事、集賢殿大學士趙光裔加兼戶部尚書；禮部侍郎、平章事韋説加中書侍郎。[1]宋州奏，節度使李紹安卒。[2]丙子，李嗣源遣使部送潞州叛將楊立等到闕，並磔於市。潞州城峻而隍深，[3]至是帝命剗平之，因詔諸方鎮撤防城之備焉。丁丑，有司上言：“洛陽已建宗廟，其北京太廟請停。”[4]從之。甲申，以衞國夫人韓氏爲淑妃，燕國夫人伊氏爲德妃，仍令所司擇日册命。[5]故河東節度副使、守左諫議大夫李襲吉贈禮部尚書，[6]故河東節度副使、禮部尚書蘇循贈左僕射，[7]故河東觀察判官、檢校右僕射司馬揆贈司空，[8]故河東留守判官、工部尚書李敬義贈右僕射。[9]丙戌，以順義軍節度使李令錫爲許州節度使，以前保義軍留後李紹真爲徐州節度使，以徐州節度使李紹榮爲宋州節度使。[10]戊子，汝州防禦使張繼孫賜死於本郡。繼孫即齊王張全義之假子也，本姓郝氏，爲兄繼業等訟其陰事，故誅之。[11]己丑，以迴鶻可汗仁美爲英義可汗。[12]詔改輝州爲單州。^[13]庚寅，故左僕射裴樞，右僕射裴贄、崔遠並贈司徒；故静海軍節度使獨孤損贈司空；故吏部尚書陸扆贈右僕射；故工部尚書王溥贈右僕射。^[14]裴樞等六人皆前朝宰輔，爲梁祖所害於白馬驛，^[15]至是追贈焉。壬辰，以天平軍節度使、蕃漢總管副使、開府儀同三司、檢校太尉、兼中書令李嗣源爲宣武軍節度使、蕃漢馬步總管，餘如故。^[16]甲午，以樞密使、特進、左領軍衛上將軍、知內侍省事張居翰爲驃騎大將軍、守左驍衛上將軍，進封開國伯，賜功臣號。^[17]

[1]中書侍郎：官名。中書省副長官，唐後期三省長官漸爲榮銜，中書、門下侍郎却因參議朝政而職位漸重，常常用爲以“同三品”或“同平章事”任宰相者的本官。正三品。　吏部尚書：官名。尚書省吏部最高長官，與二侍郎分掌六品以下文官選授、勳封、考課之政令。正三品。　平章事：官名。即“同中書門下平章事”。唐高宗以後，凡實際任宰相之職者，常在其本官後加同平章事的職銜。後成爲宰相專稱。後晋天福五年（940），升中書門下平章事爲正二品。　弘文館大學士：官名。宋敏求《春明退朝録》：“唐制，宰相四人，首相爲太清宫使，次三相皆帶館職，洪（正字犯宣祖廟諱）文館大學士、監修國史、集賢殿大學士，以此爲次序。”　豆盧革：人名。先世爲鮮卑慕容氏，後改豆盧氏。唐同州刺史豆盧籍之孫、舒州刺史豆盧瓚之子。後唐宰相。傳見本書卷六七、《新五代史》卷二八。　右僕射：官名。即尚書右僕射。秦始置。隋、唐前期以左、右僕射佐尚書令總理六官，綱紀庶務；如不置尚書令，則總判省事，爲宰相之職。唐後期多爲大臣加銜。從二品。　侍中：官名。秦始置。隋、唐前期爲門下省長官。唐後期多爲大臣加銜，不參與政務，實際職務由門下侍郎執行。正二品。

監修國史：官名。北齊始置史館，以宰相爲之。唐史館沿置，爲宰相兼職。　樞密使：官名。樞密院長官，五代時以士人爲之，備顧問，參謀議，出納詔奏，權侔宰相。參見李全德《唐宋變革期樞密院研究》，國家圖書館出版社 2009 年版。　鎮州：方鎮名。治所在鎮州（今河北正定縣）。　集賢殿大學士：官名。唐中葉置，位在學士之上，以宰相兼。掌修書之事。　趙光裔：人名。籍貫不詳。五代官員。事見本書本卷、卷一二八，《新五代史》卷六五。　户部尚書：官名。户部最高長官。掌管全國土地、户籍、賦税、財政收支諸事。正三品。　禮部侍郎：官名。尚書省禮部次官。協助禮部尚書掌禮儀、祭享、貢舉之政。正四品下。　韋説：人名。京兆萬年（今陝西西安市長安區）人。唐福建觀察使韋岫之子。唐末進士，後梁大臣、後唐宰相。傳見本書卷六七。

[2]宋州：方鎮名。即歸德軍。治所在宋州（今河南商丘市睢陽區）。本後梁宣武軍，後唐改名歸德軍。　李紹安：宋州下邑（今河南夏邑縣）人。後梁將領，後投後唐。傳見本書卷五九、《新五代史》卷四五。

[3]潞州城峻而隍深：《輯本舊史》之影庫本粘籤：“隍深，原本作‘王深’，今據文改正。”爲音近之訛。

[4]洛陽：都城名。治所在今河南洛陽市。　北京：指後唐的北都太原。《新五代史》卷五《莊宗紀》載，同光元年（923）“十一月乙巳，復北都爲鎮州，太原爲北都”。　太廟：古代帝王的祖廟。供奉、祭祀皇帝先祖。

[5]衛國夫人韓氏：後唐莊宗淑妃。籍貫不詳。傳見《新五代史》卷一四。　燕國夫人伊氏：後唐莊宗德妃。籍貫不詳。傳見《新五代史》卷一四。

[6]河東：方鎮名。治所在太原府（今山西太原市）。　節度副使：官名。唐、五代方鎮屬官。位於行軍司馬之下、判官之上。　左諫議大夫：中華書局本有校勘記：“‘左’，本書卷六〇《李襲吉傳》、《册府》卷一七二作‘右’。”見《宋本册府》卷一七二

《帝王部·求舊門二》。　李襲吉：人名。洛陽（今河南洛陽市）人。唐末進士，官員。傳見本卷六〇、《新五代史》卷二八。《輯本舊史》之影庫本粘籤：“李襲吉，原本作‘襲古’，今據《歐陽史·列傳》改正。”見《新五代史》卷二八《李襲吉傳》。　禮部尚書：官名。尚書省禮部主官。掌禮儀、祭享、貢舉之政。正三品。

[7]蘇循：人名。籍貫不詳。唐末進士。唐及五代後梁、後唐官員。傳見本書卷六〇、《新五代史》卷三五。　左僕射：官名。秦始置。隋、唐前期，以左、右僕射佐尚書令總理六官、綱紀庶務；如不置尚書令，則總判省事，爲宰相之職。唐後期多爲大臣加銜。從二品。

[8]觀察判官：官名。唐肅宗以後置，五代沿置。觀察使屬官，參理田賦事，用觀察使印、署狀。　檢校右僕射：官名。右僕射，秦始置。隋、唐前期以左、右僕射佐尚書令總理六官，綱紀庶務；如不置尚書令，則總判省事，爲宰相之職。檢校右僕射爲大臣加銜。從二品。中華書局本有校勘記：“‘右’，《冊府》卷一七二作‘左’。”見《宋本冊府》卷一七二《帝王部·求舊門二》。　司馬揆：人名。籍貫不詳。事見本書本卷、卷七一、卷一三五。　司空：官名。與太尉、司徒並爲三公。唐後期、五代多爲大臣、勳貴加官。正一品。

[9]留守判官：官名。留守司僚屬，分掌留守司各曹事，並協助留守通判陪都事。　工部尚書：官名。尚書省工部主官。掌百工、屯田、山澤之政令。正三品。　李敬義：人名。籍貫不詳。李德裕之孫。傳見本書卷六〇。

[10]順義軍：方鎮名。治所在耀州（今陝西銅川市耀州區）。李令錫：人名。籍貫不詳。本書僅此一見。　許州：方鎮名。即忠武軍。治所在許州（今河南許昌市）。　保義軍：方鎮名。治所在陝州（今河南三門峽市陝州區）。　李紹真：人名。即霍彥威。洺州曲周（今河北曲周縣）人。後梁將領霍存養子，後梁、後唐將領。傳見本書卷六四、《新五代史》卷四六。　徐州：方鎮名。治

所在今江蘇徐州市。　李紹榮：人名。即元行欽。幽州（今北京市）人。後唐將領。傳見本書卷七〇、《新五代史》卷二五。

　[11]汝州：州名。治所在今河南汝州市。　防禦使：官名。唐代始置，設有都防禦使、州防禦使兩種。常由刺史或觀察使兼任，實際上爲唐代後期州或方鎮的軍政長官。　張繼孫：人名。原名郝繼孫。籍貫不詳。唐末、五代大臣張全義養子。後梁、後唐官員。事見本書本卷。　繼業：人名。即郝繼業。籍貫不詳。郝繼孫之兄。事見本書本卷。　"戊子"至"故誅之"：《舊五代史考異》："案《册府元龜》載：張繼業爲河陽兩使留後。莊宗同光二年六月，繼業上疏稱：'弟繼孫，本姓郝，有母尚在，父全義養爲假子，令管衙内兵士。自皇帝到京，繼孫私藏兵甲，招置部曲，欲圖不軌，兼私家淫縱，無別無義。臣若不自陳，恐累家族。'敕曰：'有善必賞，所以勸忠孝之方；有惡必誅，所以絶姦邪之迹。其或罪狀騰於衆口，醜行布於近親，須舉朝章，冀明國法。汝州防禦使張繼孫，本非張氏子孫，自小丐養，以至成立，備極顯榮，而不能酬撫育之恩，履謙恭之道，擅行威福，常恣姦兇，侵奪父權，惑亂家事，縱鳥獸之行，畜梟獍之心，有識者所不忍言，無賴者實爲其黨。而又橫徵暴斂，虐法峻刑，藏兵器於私家，殺平人於廣陌。罔思悛改，難議矜容，宜竄逐於遐方，仍歸還於姓氏，俾我勳賢之族，永除污穢之風。凡百臣僚，宣體朕命。可貶房州司户參軍同正，兼勒復本姓。'尋賜自盡，仍籍没資産。"見明本《册府》卷九三四《總録部·告訐門》。

　[12]迴鶻：部族名。原係突厥鐵勒部的一支。唐玄宗天寶三載（744）建立回鶻汗國，9世紀中葉，回鶻汗國瓦解。其中一支爲甘州回鶻。11世紀初，甘州回鶻爲西夏所滅。（參見楊蕤《回鶻時代：10—13世紀陸上絲綢之路貿易研究》，中國社會科學出版社2015年版）　可汗：亦作"可罕"。古代鮮卑、柔然、突厥、回紇、蒙古等民族中最高統治者的稱號。　仁美：人名。即藥羅葛仁美。甘州回鶻首任可汗，尊號烏母主可汗，後唐封賜英義可汗。事

見《新五代史》卷五。

[13]輝州：州名。治所在今安徽碭山縣。　單州：州名。治所在今山東單縣。

[14]裴樞：人名。絳州聞喜（今山西聞喜縣）人。唐末宰相。傳見《舊唐書》卷一一三、《新唐書》卷一四〇。　裴贄：人名。絳州聞喜（今山西聞喜縣）人。唐末大臣。傳見《新唐書》卷一八二。　崔遠：人名。博陵安平（今河北安平縣）人。唐昭宗朝宰相。傳見《舊唐書》卷一七七、《新唐書》卷一八二。　司徒：官名。與太尉、司空並為三公。唐後期、五代多為大臣、勳貴加官。正一品。　靜海軍：軍鎮名。治所在今江蘇南通市。　獨孤損：人名。匈奴獨孤氏。唐雲州刺史獨孤密之孫，吏部侍郎獨孤雲之子。唐昭宗朝宰相。事見《舊唐書》卷二〇上、下。　陸扆：人名。蘇州嘉興（今浙江嘉興市）人。唐德宗朝宰相陸贄族孫。唐昭宗朝宰相。傳見《舊唐書》卷一七九、《新唐書》卷一八三。　王溥：人名。并州祁（今山西祁縣）人。五代後周、宋初宰相。傳見《宋史》卷二四九。

[15]白馬驛：地名。位於今河南滑縣。

[16]天平軍：方鎮名。治所在鄆州（今山東東平縣）。　蕃漢總管副使：官名。後唐置，為蕃漢馬步軍副總指揮官。　開府儀同三司：官名。魏晉始置，隋唐時為散官之最高官階。多授功勳重臣。從一品。　蕃漢馬步總管：官名。後唐置，為蕃漢馬步軍總指揮官。

[17]特進：官名。西漢末期始置，授給列侯中地位較特殊者。隋唐時期，特進為散官，授給有聲望的文武官員。正二品。　左領軍衛上將軍：官名。唐置，掌宮禁宿衛。唐代十六衛之一。從二品。　知內侍省事：官名。通判內侍省事。　張居翰：人名。籍貫不詳。唐末、五代宦官。傳見本書卷七二、《新五代史》卷三八。
驃騎大將軍：官名。唐始置。為武散官。從一品。　左驍衛上將軍：官名。唐代置十六衛之一。掌宮禁宿衛。從二品。中華書局本

有校勘記："'左'，張居翰墓誌（拓片刊《西安碑林博物館新藏墓誌彙編》）作'右'。"

秋七月戊戌朔，故宣武軍節度使李存審男彥超進其父牙兵八千七百人。[1]己亥，中書門下奏："每年南郊壇四祠祭，太微宮五薦獻，並宰臣攝太尉行事，惟太廟遣庶僚行事，此後太廟祠祭，亦望差宰臣行事。"[2]從之。乙巳，汴州雍丘縣大風，拔木傷稼。[3]曹州大雨，平地水三尺。丙午，以襄州節度使孔勍爲潞州節度使，李存霸爲鄆州節度使。[4]己酉，[5]幸龍門之雷山，[6]祭天神，從北俗之舊事也。辛亥，以鄆州副使李紹珙爲襄州留後，以前澤州刺史董璋爲邠州留後。[7]戊午，西川王衍遣僞署戶部侍郎歐陽彬來朝貢，稱"大蜀皇帝上書大唐皇帝"。[8]庚申，以應州爲雲州屬郡，升新州爲威塞軍節度使，以嬀、儒、武等州爲屬郡。[9]壬戌，皇子繼岌妻王氏封魏國夫人。[10]幽州奏，契丹阿保機東攻渤海。[11]

[1]彥超：人名。即符彥超。陳州宛丘（今河南淮陽縣）人。後唐將領，符存審之子。傳見本書卷五六、《新五代史》卷二五。

[2]南郊：意爲都城南面之郊。代指南面郊區之祭天場所（圜丘），亦指祭天之禮（郊天）。古人用"郊""南郊""有事於南郊"指代在南郊之圜丘舉行的郊天典禮。　太微宮：唐朝尊老子爲祖，建玄元廟奉祀。唐玄宗天寶二年（543）改西京玄元廟爲太清宮，東京爲太微宮，天下諸郡爲紫極宮，又改譙郡紫極宮爲太清宮。

[3]汴州：州名。治所在今河南開封市。　雍丘：縣名。治所在今河南杞縣。

[4]襄州：方鎮名。即山南東道。治所在襄州（今湖北襄陽市）。　孔勍：人名。兗州（今山東濟寧市兗州區）人。唐末、五代藩鎮軍閥。傳見本書卷六四。　李存霸：人名。沙陀部人。李克用之子，五代軍閥。傳見本書卷五一、《新五代史》卷一四。　鄆州：方鎮名。即天平軍。治所在鄆州（今山東東平縣）。《輯本舊史》之影庫本粘籤：“鄆州，原本作‘軍州’，今據《冊府元龜》改正。”不見於《冊府》。《通鑑》卷二七三同光二年（924）十月辛未條作“天平節度使”，天平軍治鄆州，五代鄆州多見，無“軍州”之州名。

[5]己酉：中華書局本有校勘記：“原作‘乙酉’，據《冊府》卷三四、《新五代史》卷五《唐本紀》改。按是月戊戌朔，無乙酉，己酉爲十二日。”見明本《冊府》卷三四《帝王部·巡幸門三》、《新五代史》卷五《唐莊宗紀下》。

[6]龍門：地名。位於今河南洛陽市。因兩山相對如闕，伊河從中流過，又名伊闕。唐以後習稱龍門。　雷山：山名。位於今河南洛陽市。

[7]李紹珙：人名。籍貫不詳。後唐官員。事見本書本卷、卷三三、卷三六。　澤州：州名。治所在今山西澤州縣。　董璋：人名。籍貫不詳。後梁、後唐將領。傳見本書六二、《新五代史》卷五一。

[8]西川：方鎮名。治所在成都府（今四川成都市）。　王衍：人名。許州舞陽（今河南舞陽縣）人。王建幼子，五代十國前蜀皇帝。傳見本書卷一三六、《新五代史》卷六三。　戶部侍郎：官名。尚書省戶部次官。協助戶部尚書掌天下田戶、均輸、錢穀之政令。正四品下。　歐陽彬：人名。衡山（今湖南衡山縣。）人。五代官員。事見本書本卷、卷三三、卷七〇、卷一三三。

[9]應州：州名。治所在今山西應縣。　雲州：州名。治所在今山西大同市。　新州：州名。治所在今河北涿鹿縣。　威塞軍：方鎮名。治所在今河北涿鹿縣。　媯：州名。治所在今北京市延慶

區。　　儒：州名。治所在今北京市延慶區。　　武：州名。治所在今河北張家口市宣化區。　　繼岌：人名。即李繼岌。後唐莊宗李存勖長子，封魏王。傳見本書卷五一、《新五代史》卷一四。

[10]王氏：李繼岌妻，後封爲魏國夫人。籍貫不詳。

[11]阿保機：人名。姓耶律，契丹迭剌部人。《通鑑》卷二六六注引趙志忠《虜庭雜記》云“太祖諱億，番名阿保謹，又諱斡里”。唐末契丹族首領、遼開國太祖。後梁太祖開平元年（907），阿保機取代遥輦氏任聯盟長。後梁末帝貞明二年（916），建立契丹國家，稱皇帝，年號神册。天贊四年（925），東征渤海國。次年正月，進圍渤海國都，迫降渤海國王大諲譔，在渤海國舊地建東丹國，封太子倍爲東丹王。回軍途中病死於扶餘府。謚昇天皇帝，廟號太祖，墓號祖陵。紀見《遼史》卷一、卷二。　　幽州奏，契丹阿保機東攻渤海：《舊五代史考異》：“案《遼史·太祖紀》：天贊三年五月，渤海殺其刺史張秀實而掠其民。於東攻渤海之事，闕而不載。考《五代會要》，同光二年七月，契丹東攻渤海國，與《薛史》同。”見《遼史》卷三《太祖紀上》、《會要》卷二九契丹條。

八月己巳，詔洛京應有隙地，任人請射修造，有主者限半年，令本主自修蓋，如過限不見屋宇，許他人占射。[1]辛未，北京副留守、太原尹孟知祥加檢校太傅，增邑，賜功臣號。[2]帝畋於西苑。癸酉，以租庸副使、守衛尉卿孔謙爲租庸使，以右威衛上將軍孔循爲租庸副使。[3]甲戌，以權知汴州軍州事、翰林學士承旨、户部尚書盧質爲兵部尚書，依前翰林學士承旨，仍賜論思匡佐功臣。[4]丙子，以雲州刺史、雁門以北都知兵馬使安元信爲大同軍節度留後，以隰州刺史張廷裕爲新州威塞軍節度留後。[5]丁丑，樞密使郭崇韜上表請退，不允。

戊寅，租庸使、守禮部尚書王正言罷使，守本官。[6]辛巳，詔諸道節度、觀察、防禦、團練使、刺史，並於洛陽修宅一區。[7]中書門下上言：“請今後諸道除節度副使、兩使判官外，其餘職員并諸州軍事判官，各任本處奏辟。”[8]從之。[9]汴州奏，大水損稼。癸未，租庸使孔謙進封會稽縣男，仍賜豐財贍國功臣。淮南楊溥遣使貢方物。[10]宋州大水，鄆、曹等州大風雨，損稼。[11]丁亥，中書門下奏：“請差左丞崔沂，吏部尚書崔貽孫，給事中鄭韜光、李光序，吏部員外郎盧損等，同詳定選司《長定格》《循資格》《十道圖》。”[12]從之。[13]癸巳，放朝參三日，以霖雨故也。陝州奏，河水溢岸。[14]乙未，中書門下上言：“諸陵臺令丞請停，以本縣令知陵臺事。”[15]從之。

[1]“八月己巳”至“許他人占射”：《舊五代史考異》：“案：《五代會要》載此詔云：藩方侯伯，內外臣僚，于京邑之中，無安居之所，亦可請射，各自修營。”見《會要》卷二六街巷條所載同光二年（924）八月敕。

[2]北京副留守：官名。北京留守副官。北京，指後唐的北都太原。古代在都城、陪都或軍事重鎮所設留守，由地方行政長官兼任。副留守爲留守之貳。　太原尹：官名。唐玄宗開元十一年（723）改并州爲太原府，治所在今山西太原市。太原尹總其政務。從三品。　孟知祥：人名。邢州龍岡（今河北邢臺市）人。李克用女婿，後蜀開國皇帝。傳見本書卷一三六、《新五代史》卷六四。檢校太傅：官名。爲散官或加官，以示恩寵，無實際執掌。

[3]衛尉卿：官名。北魏置，隋、唐、五代爲衛尉寺長官。掌供宮廷、祭祀、朝會之儀仗帷幕，通判本寺事務。從三品。　孔

謙：人名。魏州（今河北大名縣）人。後唐大臣，善聚斂錢財，爲李存勖籌畫軍需。傳見本書卷七三、《新五代史》卷二六。　租庸使：官名。唐代爲主持催徵租庸地税的財政官員。後梁、後唐時，租庸使取代鹽鐵、度支、户部，爲中央財政長官，並設副使佐理。

右威衛上將軍：官名。唐代十六衛之一。掌宫禁宿衛。從二品。中華書局本有校勘記：“《通鑑》卷二七三作‘右威衛大將軍’。”見《通鑑》卷二七三同光二年八月癸酉條。　孔循：人名。籍貫不詳。後唐大臣。傳見《新五代史》卷四三。

[4]翰林學士承旨：官名。爲翰林學士之首。掌拜免將相、號令征伐等詔令的起草。《舊唐書·職官志二·翰林院》：“例置學士六人，内擇年深德重者一人爲承旨，所以獨承密命故也。”　盧質：人名。河南（今河南洛陽市）人。五代大臣。傳見本書卷九三、《新五代史》卷五六。　兵部尚書：官名。尚書省兵部主官。掌兵衛、武選、車輦、甲械、廐牧之政令。正三品。

[5]都知兵馬使：官名。唐、五代方鎮自置之部隊統率官，稱兵馬使，其權尤重者稱兵馬大使或都知兵馬使。掌兵馬訓練、指揮。　安元信：人名。代北（今山西代縣）人。後唐、後晉將領。事見本書本卷。　大同軍：方鎮名。治所在雲州（今山西大同市）。

隰州：州名。治所在今山西隰縣。　張廷裕：人名。籍貫不詳。本書僅此一見。

[6]王正言：人名。鄆州（今山東東平縣）人。後唐官員。傳見本書卷六九。

[7]觀察：官名。唐代後期出現的地方軍政長官。唐玄宗開元二十一年（733）置十五道採訪使，唐肅宗乾元元年（758）改爲觀察使。無旌節，地位低於節度使。掌一道州縣官的考績及民政。

防禦：官名。唐代始置，設有都防禦使、州防禦使兩種。常由刺史或觀察使兼任，實際上爲唐代後期州或方鎮的軍政長官。　團練使：官名。唐代中期以後，於不設節度使的地區設團練使，掌本區各州軍事。

[8]兩使判官：官名。即觀察使判官與節度使判官。觀察使判官，唐肅宗以後置，五代沿置。觀察使屬官，參理田賦事，用觀察使印、署狀。節度使判官，唐、五代方鎮僚屬，位在行軍司馬下。分掌使衙內各曹事，並協助節度使通判衙事。　諸州軍事判官：官名。唐中期節度使、觀察使及設團練使、防禦使之州皆置爲幕職，由各使自行辟舉。後唐明宗時設刺史之州亦改防禦判官而置，不得兼録事參軍。《輯本舊史》之影庫本粘籤：“‘團練’，原本作‘團簡’，今據文改正。”

[9]“辛巳”至“從之”：《舊五代史考異》：“案《五代會要》：同光二年八月八日，中書門下奏：‘諸道除節度副使及兩使判官除授外，其餘職員并軍事判官，伏以翹車著詠，戔帛垂文，式重弓旌，以光尊俎。由是副知己之薦，成接士之榮，必當備悉行藏，習知才行，允奉幕中之畫，以稱席上之珍。爰自僞梁，頗乖斯義，皆從除授，以佐藩宣。因緣多事之秋，慮爽得人之選，將期推擇，式示更張。今後諸道，除節度副使、兩使判官除授外，其餘職員并諸州軍事判官等，並任本道本州，各當辟舉，其軍事判官，仍不在奏官之限。’”見《會要》卷二五幕府條。其中，“諸道除節度副使及兩使判官除授外”，中華書局本有校勘記：“‘副’字原闕，據《五代會要》卷二五補。”“由是副知己之薦”，中華書局本有校勘記：“‘知己’，原作‘已知’，據《五代會要》卷二五改。”“成接士之榮”，中華書局本有校勘記：“‘成’，原作‘或’，據殿本、劉本、《五代會要》卷二五改。”“除節度副使兩使判官除授外”，中華書局本有校勘記：“‘兩使判官’，原作‘判官兩使’，據《五代會要》卷二五乙正。”　“其軍事判官”，中華書局本有校勘記：“‘事’，原作‘州’，據殿本、劉本、《五代會要》卷二五改。”

[10]淮南：方鎮名。治所在揚州（今江蘇揚州市）。　楊溥：南吳睿帝，後禪位於徐知誥。傳見本書卷一三四、《新五代史》卷六一。

[11]鄆：州名。治所在今山東東平縣。　曹：州名。治所在今

山東曹縣西北。

[12]中書門下奏：中華書局本有校勘記："'門下'下原有'侍郎'二字，據《五代會要》卷二〇删。"見《會要》卷二〇選事上條同光二年八月記事。　左丞：官名。即尚書左丞。尚書省佐貳官。唐中期以後，與尚書右丞實際主持尚書省日常政務，權任甚重。正四品上。　崔沂：人名。博州（今山東聊城市）人。唐宰相崔鉉之子，後梁大臣。傳見本書卷六八。　崔貽孫：人名。籍貫不詳。五代官員。傳見本書卷六九。　給事中：官名。秦始置。隋唐以來，爲門下省屬官。掌讀署奏抄，駁正違失。正五品上。　鄭韜光：人名。河清（今河南濟源市西南）人。唐末、五代官員。傳見本書卷九二。　李光序：人名。籍貫不詳。五代官員。事見本書本卷、卷四〇、卷四二。　吏部員外郎：官員。輔佐尚書、郎中掌考天下文吏之班秩階品。從六品。　盧損：人名。范陽（今河北涿州市）人。唐末、五代官員。傳見本書卷一二八、《新五代史》卷五五。

[13]"丁亥"至"從之"：《舊五代史考異》："案《五代會要》：同光二年八月，中書門下奏：'吏部三銓、門下省、南曹、廢置、甲庫、格式、流外銓等司公事，並繫《長定格》《循資格》《十道圖》等，前件《格》文，本朝創立，檢制姦濫，倫敘官資，頗謂精詳，久同遵守。自亂離之後，巧僞滋多，兼同光元年八月，車駕在東京，權判工部員外郎盧重《本司起請》一卷，並以興復之始，務切懷來，凡有條流，多失根本，以至冬集赴選人、並南郊行事官及陪位宗子共一千三百餘人，銓曹檢勘之時，互有援引，去留之際，不絶爭論，若又依違，必長訛濫。望差權判尚書省銓左丞崔沂，吏部侍郎崔貽孫，給事中鄭韜光、李光序，吏部員外郎盧損等，同詳定舊《長定格》《循資格》《十道圖》，務令簡要，可久施行。'從之。"見《會要》卷二〇。其中，"門下省"，中華書局本有校勘記："'門'字原闕，據《册府》卷六三二補。"見《宋本册府》卷六三二《銓選部·條制門四》。"兼同光元年八月"，中華書

局本有校勘記:"'元年',原作'二年',據《五代會要》卷二〇改。""權判南曹工部員外郎盧重《本司起請》一卷",中華書局本有校勘記:"'南曹'二字原闕,據《五代會要》卷二〇補。'盧重',原作'盧從',據殿本、劉本、《五代會要》卷二〇改。"

[14]陝州:州名。治所在今河南三門峽市陝州區。

[15]陵臺令:官名。唐置陵臺,掌管皇陵事務。五代沿用。長官爲陵臺令,從五品上。 縣令:官名。爲縣的行政長官,掌治本縣。唐代之縣,分赤(京)、次赤、畿、次畿、望、緊、上、中、中下、下十等。縣令分六等,正五品上至從七品下。

九月癸卯,畋於西北郊。幽州上言,契丹阿保機自渤海國迴軍。内園新殿成,名曰長春殿。[1]戊申,以中書舍人、權知貢舉裴皞爲禮部侍郎,以前鄭州防禦副使姜弘道爲太僕卿。[2]侍中郭崇韜奏:"應三銓注授官員等,[3]内有自無出身入仕,買覓鬼名告敕;及將骨肉文書,[4]揩改姓名;[5]或歷任不足,妄稱失墜;或假人蔭緒,託形勢論屬,安排參選,所司隨例注官。如有人陳告,特議超獎;其所犯人,檢格處分;若同保人内有僞濫者,[6]並當駁放。應有人身死之處,今後並須申報本州,於告身上批書身死月日,分明付子孫。今後銓司公事,至春末並須了畢。"從之。銓綜之司,僞濫日久,及崇韜條奏之後,澄汰甚嚴,放棄者十有七八,[7]衆情亦怨之。己酉,司天臺請禁私曆日,從之。[8]庚戌,有司自契丹至者,言女真、迴鶻、黄頭室韋合勢侵契丹。[9]壬子,有司上言:"八月二十二日夜,熒惑犯星二度,星,周分也,請依法禳之。[10]於京城四門懸東流水一囂，兼令都市嚴備盜火，止絕夜行。”從之。甲寅，幸郭崇韜第，置酒作樂。乙卯，以前振武節度使、安北都護馬存可依前檢校太尉、兼侍中，充寧遠軍節度、容管觀察使。[11]存，湖南馬殷之弟也。[12]丙辰，黑水國遣使朝貢。[13]契丹寇幽州。戊午，宣宰臣於中書磨勘吏部選人，謬濫者焚毀告敕。

[1]長春殿：宮殿名。位於今河南洛陽市。

[2]中書舍人：官名。中書省屬官。掌起草文書、呈遞奏章、傳宣詔命等。正五品上。　權知貢舉：官名。唐始置，爲主持禮部會試的考官。　裴皞：人名。河東（今山西永濟市。）人。唐末、五代官員。傳見本書卷九二、《新五代史》卷五七。　鄭州：州名。治所在今河南鄭州市。　防禦副使：官名。唐代始置，設有都防禦使、州防禦使兩種。下設副使、判官等。　姜弘道：人名。籍貫不詳。本書僅此一見。

[3]三銓：官名。即吏部三銓。爲吏部尚書銓、吏部西銓（中銓）、吏部東銓的合稱。負責官員銓選。《輯本舊史》之影庫本粘籤：“三銓，原本作‘正千’，今據《五代會要》改正。”《會要》未見。《宋本冊府》卷六三二《銓選部·條制門四》同光二年九月條作“三銓”。

[4]及將骨肉文書：中華書局本有校勘記：“‘及’，原作‘今’，據《冊府》卷六三二改。”見《宋本冊府》卷六三二。

[5]揩改姓名：中華書局本有校勘記：“‘揩’，原作‘楷’，據殿本、劉本、邵本校、彭本、《冊府》（宋本）卷六三二改。”

[6]若同保人内有僞濫者：中華書局本有校勘記：“‘同保人’下，《冊府》卷六三二有‘知保’二字。”

[7]放棄者十有七八：《輯本舊史》之影庫本粘籤：“放棄，原本作‘坊弄’，今據《五代會要》改正。”不見於《會要》，見《宋

[8]司天臺：官署名。主管觀察天象、考定曆數。

[9]室韋：古族名。又作失韋、失圍，一説即鮮卑的別譯。北魏時始見記載。源出東胡，與契丹同類，在南爲契丹，在北號室韋。南北朝時分爲五部，至隋唐時漸分爲三十餘部。曾附屬於突厥汗國，唐代東突厥汗國、後突厥汗國、回鶻汗國衰亡後，大量室韋人遷入蒙古高原，遼金時遍布大漠南北。中唐以後，文獻上又把室韋稱作"達怛"。參見張久和《原蒙古人的歷史：室韋—達怛研究》，高等教育出版社 1998 年版。

[10]熒惑：即火星。"熒惑"意爲眩惑，因火星位置、隱現不定，令人迷惑，故名。

[11]振武：方鎮名。後梁末帝貞明二年（916）以前，治所位於單于都護府城（今内蒙古和林格爾縣）。貞明二年單于都護府城爲契丹占據。此後至後唐末帝清泰三年（936），治所位於朔州（今山西朔州市朔城區）。後晉時隨燕雲十六州割予契丹，改名順義軍。安北都護：官名。安北都護府長官。據《通鑑》卷二六九胡三省注，唐中葉以後，振武節度使皆帶安北都護。參見李大龍《都護制度研究》，黑龍江教育出版社 2003 年版。　馬存：人名。籍貫不詳。馬殷之弟。事見本書卷四四、卷四七、卷七九。　寧遠軍：方鎮名。治所在容州（今廣西容縣）。　容管：方鎮名。治所在容州（今廣西容縣）。　觀察使：官名。唐代後期出現的地方軍政長官。唐玄宗開元二十一年（733）置十五道採訪使，唐肅宗乾元元年（758）改爲觀察使。無旌節，故地位低於節度使。掌一道州縣官的考績及民政。

[12]湖南：方鎮名。又稱武安軍節度。治所在潭州（今湖南長沙市）。　馬殷：人名。許州鄢陵（今河南鄢陵縣）人，一説上蔡（今河南上蔡縣）人。南楚開國君主。傳見本書卷一三三、《新五代史》卷六六。

[13]黑水國：部族名、政權名。即黑水靺鞨。隋、唐時靺鞨七

大部之一，居於今黑龍江中下游。傳見本書卷一三八、《新五代史》卷七四。

　　冬十月戊辰，帝畋於西北郊。己巳，故安義節度使、贈太尉、隴西郡王李嗣昭贈太師。[1]庚午，正衙命使册淑妃韓氏、德妃伊氏，以宰臣豆盧革、韋説充册使。辛未，詔：“今後支郡公事，須申本道騰狀奏聞。[2]租庸使合有徵催，[3]祇牒觀察使，貴全理體。”契丹寇易、定北鄙。[4]壬申，故大同軍防禦使李存璋贈太尉。[5]鄆州奏，[6]清河泛溢，壞廬舍。癸酉，[7]畋於石橋。甲戌，河南尹張全義上言：“萬壽節日，請於嵩山開瑠璃戒壇，度僧百人。”[8]從之。乙亥，故守太師、尚書令、秦王李茂貞追封秦王，賜謚曰忠敬。[9]丁丑，皇后差使賜兖州節度使李紹欽湯藥。[10]時皇太后行誥命，皇后劉氏行教命，互遣使人宣達藩后，紊亂之弊，人不敢言。[11]己卯，汴、鄆二州奏，大水。庚辰，以前太僕卿楊遘爲大理卿。[12]党項進白驢，奚王李紹威進駞馬。[13]幽州奏，契丹入寇，至近郊。辛巳，故天雄軍節度副使王緘贈司空。[14]壬午，以天下兵馬都元帥、尚父、守尚書令、吳越國王錢鏐可依前天下兵馬都元帥、尚父、守尚書令，封吳越國王。[15]癸未，幸小馬坊閲馬。[16]甲申，以兩浙兵馬留後、清海軍節度、嶺南東道觀察等使、守太尉、兼侍中、廣州刺史錢元瓘爲檢校太師、兼中書令，充兩浙節度觀察留後，餘如故；[17]以鎮東軍節度副大使、江南管内都招討使、建武軍節度、嶺南西道觀察等使、檢校太傅、守侍中、知蘇州中吳軍軍州事、行邕州刺史錢元璙爲檢校太尉、兼中書令，餘如故。[18]辛卯，天平軍監軍使柴重厚可特進、右領衛將軍同正，充鳳翔監軍使。[19]甲午，以宣武軍節度押牙李從溫、李從璋、李從榮、李從厚、李從璨並銀青光禄大夫、檢校右散騎常侍兼御史大夫，宣武軍節度押牙李從臻可檢校國子祭酒兼御史中丞。[20]自從溫而下，皆李嗣源諸子也。

[1]安義：方鎮名。唐故曰昭義。後梁末帝時屬梁，改曰匡義，歲餘，後唐滅梁，改曰安義。後晉復曰昭義。治所在潞州（今山西長治市）。　李嗣昭：人名。汾州（今山西汾陽市）人。唐末、五代李克用義子、部將。傳見本書卷五二、《新五代史》卷三六。

[2]本道騰狀奏聞：中華書局本有校勘記：“‘本道’二字原闕，據《册府》卷六一補。”《輯本舊史》之影庫本粘籤：“騰狀，原本作‘滕將’，今據《册府元龜》改正。”見明本《册府》卷六一《帝王部·立制度門二》。

[3]租庸使合有徵催：中華書局本有校勘記：“‘合’，原作‘各’，據《册府》卷六一改。”

[4]易：州名。治所在今河北易縣。　定：州名。治所在今河北定州市。

[5]李存璋：人名。雲中（今山西大同市）人。後唐將領。傳見本書卷五三、《新五代史》卷三六。

[6]鄆州奏，清河泛溢，壞廬舍：《輯本舊史》卷四二、卷七七載鄆州上奏河決事。

[7]癸酉：《輯本舊史》原作癸未，中華書局本有校勘記：“本卷下文復見癸未，按是月丙寅朔，癸未爲十八日，不當在甲戌前，此事繫於壬申、甲戌之間，疑爲癸酉。”未改。壬申爲初七，甲戌爲初九，癸酉爲初八，應當癸酉，今改。

[8]河南尹：官名。唐玄宗開元元年（713）改洛州爲河南府，

治所在今河南洛陽市。以河南府尹總其政務。從三品。　萬壽節：後唐莊宗生日。　嵩山：山名。位於今河南省西部。

[9]李茂貞：人名。深州博野（今河北蠡縣）人。唐末、五代軍閥。傳見本書卷一三二、《新五代史》卷四〇。

[10]湯藥：用水煎服的中藥。

[11]皇太后：指後唐莊宗生母曹太后。太原（今山西太原市）人。傳見本書卷四九、《新五代史》卷一四。　皇后劉氏：指後唐莊宗皇后劉氏。魏州成安（今河北成安縣）人。傳見本書卷四九、《新五代史》卷一四。

[12]太僕卿：官名。漢代始置，太僕寺長官，掌御用車馬及國家畜牧事宜。正三品。　楊邁：人名。籍貫不詳。五代官員。事見本書本卷、卷三一。　大理卿：官名。爲大理寺長官。負責大理寺的具體事務，掌邦國折獄詳刑之事。從三品。

[13]党項：部族名。源出羌族，時活躍於今甘肅東部、寧夏、陝西北部一帶。參見湯開建《党項西夏史探微》，商務印書館2013年版。　李紹威：人名。原名掃刺。五代奚族部落聯盟首領。前首領去諸之子。後唐莊宗賜名李紹威。事見《通鑑》卷二八一。

[14]天雄軍：方鎮名。治所在魏州（今河北大名縣）。唐昭宗天祐元年（904）始以魏博節度使號曰天雄軍。　王緘：人名。幽州劉仁恭故吏。後爲河東李克用、李存勗重臣。傳見本書卷六〇。故天雄軍節度副使王緘贈司空：《輯本舊史》之影庫本粘籤：“故天雄軍，原本脱‘天’字，今據《册府元龜》增入。”《宋本册府》卷一七二《帝王部·求舊門二》載同光二年（924）十一月贈故天雄軍節度副使王緘爲司徒。與此異。

[15]天下兵馬都元帥：官名。唐代朝廷有重大軍事行動，則置，統率天下軍隊。　尚父：尊號名。意爲可尊尚的父輩。　錢鏐：人名。杭州臨安（今浙江杭州市臨安區）人。五代時期吴越國的建立者。傳見本書卷一三三、《新五代史》卷六七。

[16]小馬坊：官署名。唐置小馬坊，爲御馬諸廄之一，以小馬

坊使主管。後梁時改小馬坊爲天驥坊，後唐復舊。後唐明宗長興元年（930）改稱右飛龍院，主官稱右飛龍使。

[17]兩浙：地區名。浙東、浙西的合稱。泛指今浙江全省及江蘇南部一角。　兵馬留後：官名。唐、五代時，代行方鎮長官之職者稱留後。代行州兵馬使之職者，即爲兵馬留後。掌本州兵馬。清海軍：方鎮名。治所在廣州（今廣東廣州市）。　嶺南：地區名。亦謂嶺外、嶺表。指五嶺以南地區，故名。包括今中國廣東、廣西、海南及越南北部地區。　廣州：州名。治所在今廣東廣州市。

錢元瓘：人名。祖籍臨安（今浙江杭州市臨安區）。錢鏐之子。五代十國吳越國國主，932 年至 941 年在位。傳見本書卷一三三、《新五代史》卷六七。　節度觀察留後：官名。唐、五代時，代行方鎮長官之職者稱留後。代行觀察使之職者，即爲觀察留後。掌一州或數州軍政。

[18]鎮東軍：方鎮名。唐舊鎮。治所在越州（今浙江紹興市）。　管內都招討使：官名。唐始置。戰時任命，兵罷則省。常以大臣、將帥或地方軍政長官兼任。掌招撫討伐等事務。　建武軍：方鎮名。治所在邕州（今廣西南寧市）。　蘇州：州名。治所在今江蘇蘇州市。　中吳軍：方鎮名。吳越置，治所在蘇州（今江蘇蘇州市）。　邕州：州名。治所在今廣西南寧市。　錢元璙：人名。祖籍臨安（今浙江杭州市臨安區）。錢鏐之子。事見本書本卷、卷三七、卷四四、卷七七、卷八〇、卷八一。

[19]監軍使：官名。後唐設置，派於諸道，掌監護軍隊。　柴重厚：人名。籍貫不詳。五代將領。事見本書本卷、卷一三二。右領衛將軍：官名。唐代置十六衛之一。掌宮禁宿衛。從三品。

[20]節度押牙：官名。"押牙"即"押衙"。唐、五代時期節度使辟署的屬官。掌領方鎮儀仗侍衛。參見劉安志《唐五代押牙（衙）考略》，武漢大學歷史系魏晋南北朝隋唐史研究室編《魏晋南北朝隋唐史資料》第 16 輯，武漢大學出版社 1998 年版。　李從溫：人名。後唐明宗之侄。後唐、後晋將領。傳見本書卷八八、

《新五代史》卷一五。　李從璋：人名。後唐明宗從子。後唐、後晉將領。傳見本書卷八八、《新五代史》卷一五。　李從榮：人名。後唐明宗次子。傳見本書卷五一、《新五代史》卷一五。　李從厚：人名。後唐愍帝（閔帝）。小名菩薩奴，後唐明宗第三子。長興四年（933）十二月，李從厚即皇帝位。應順元年（934）四月，李從珂入洛陽即帝位，令人毒殺愍帝。紀見本書卷四五、《新五代史》卷七。　李從璨：人名。後唐明宗之侄。因不屈從權臣安重誨，被重誨奏劾，貶謫賜死。傳見本書卷五一、《新五代史》卷一五。銀青光禄大夫：官名。漢代置光禄大夫。魏晉以後，光禄大夫之位重者，加銀章青綬，因稱銀青光禄大夫。北周、隋爲散官。唐貞觀後列入文散官。從三品。　檢校右散騎常侍：官名。爲散官或加官，以示恩寵，無實際執掌。　御史大夫：官名。秦始置，與丞相、太尉合稱三公。至唐代，在御史中丞之上設御史大夫一人，爲御史臺長官，專掌監察、執法。正三品。　李從臻：人名。籍貫不詳。後唐將領。事見本書本卷、卷三八。　檢校國子祭酒：官名。國子祭酒爲國子監的主管官。掌教授生徒。檢校國子祭酒無實際執掌。從三品。　御史中丞：官名。如不置御史大夫，則爲御史臺長官。掌司法監察。正四品下。

十一月丙申，靈武奏，甘州迴鶻可汗仁美卒，其弟狄銀權主國事。[1]吐渾白都督族帳移於代州東南。[2]己亥，幸六宅，[3]宴諸弟。壬寅，尚書左丞、判吏部尚書銓事崔沂貶麟州司馬，吏部侍郎崔貽孫貶朔州司馬，給事中鄭韜光貶寧州司馬，吏部員外盧損貶府州司户。[4]時有選人吳延皓取亡叔告身，改舊名求仕，事發，延皓付河南府處死，崔沂已下貶官。[5]宰相豆盧革、趙光裔、韋説詣閣門待罪，詔釋之。癸卯，帝畋於伊闕，[6]侍衛金槍馬萬餘騎從，帝一發中大鹿。是日，命從官拜梁祖之陵，物議非之。其夕，宿於張全義之別墅。甲辰，宿伊闕縣。乙巳，宿椹磵。[7]時騎士圍山，會夜，顛墜崖谷，死傷甚衆。丙午，復命衛兵分獵，殺獲萬計。是夜方歸京城，六街火炬如晝。丁未，賜群臣鹿肉有差。庚戌，制改節將一十一人功臣號。辛亥，以兵部侍郎李德休爲吏部侍郎。[8]壬子，日南至，百官拜表稱賀。以昭儀侯氏爲汧國夫人，昭容夏氏爲虢國夫人，昭媛白氏爲沛國夫人，出使美宣鄧氏爲魏國夫人，御正楚真張氏爲涼國夫人，司簿德美周氏爲宋國夫人，侍真吳氏爲渤海郡夫人，其餘並封郡夫人。[9]丁巳，河中節度使、守太師、尚書令、西平王李繼麟可依前守太師、兼尚書令、河中護國軍節度使、西平王，仍賜鐵券。[10]戊午，幸李嗣源、李紹榮之第，縱酒作樂。是日，鎮州地震。契丹寇蔚州。[11]

[1]靈武：方鎮名。治所在今寧夏吳忠市。　甘州迴鶻：部族名。亦稱"河西回鶻"。9世紀中葉遷入河西的回鶻之一支。居甘州（今甘肅張掖市），依附於吐蕃。其首領自稱可汗。後歷代可汗多受中原王朝册封，並與五代各王朝有頻繁的通貢互市關係。參見楊蕤《回鶻時代：10—13世紀陸上絲綢之路貿易研究》，中國社會科學出版社2015年版。　狄銀：人名。唐末、五代甘州回鶻人。仁美之弟。約920年前後，天睦可汗死，仁美可汗繼位。但狄銀勢力強盛，甘州内亂争權，狄銀終在後唐莊宗同光二年（924）十一月繼仁美爲甘州可汗。

[2]吐渾：古族名。本遼東鮮卑之種，姓慕容氏。西晋末，其首領吐谷渾率所部從東北西遷至今甘肅、青海及四川西北地區，建

立國家，以吐谷渾爲姓氏、姓名，亦爲國號。南北朝時先後屬宋、齊、北魏，至王夸吕時始稱可汗，建都伏俟城（今青海湖西四十五里）。吐谷渾立國三百餘年，傳二十餘主。唐龍朔三年（663）爲吐蕃所滅，唐移其部於靈州（今寧夏吳忠市），安樂州（今寧夏同心縣）等地以居之。安史之亂後又東遷朔方、河東等地。參見周偉洲《吐谷渾資料輯録》（增訂本），商務印書館 2017 年版。　白都督：此處指白承福。吐渾首領。後唐莊宗以吐谷渾部落置寧朔、奉化兩府，以承福爲都督。賜姓名爲李紹魯。事見《新五代史》卷七四。

代州：州名。治所在今山西代縣。

[3]六宅：唐時皇帝諸子年長後分院居住，並置十宅、六宅使負責管理諸宅院事務。後祇以“六宅”代稱。

[4]吏部尚書銓：官署名。吏部三銓（吏部尚書銓、吏部西銓、吏部東銓）之一。負責官員銓選。　麟州：州名。治所在今陝西神木縣。　司馬：官名。州軍佐官。名義上紀綱衆務，通判列曹，品高俸厚，實際上無具體職事，多用以安置貶謫官員，或用作遷轉官階。上州從五品下，中州正六品下，下州從六品上。　吏部侍郎：官名。尚書省吏部次官。協助吏部尚書掌文選、勳封、考課之政。正四品上。　朔州：州名。治所在今山西朔州市朔城區。寧州：州名。治所在今甘肅寧縣。　吏部員外：官名。二員。一人掌判南曹。曹在選曹之南，故謂之南曹。每歲選人，有解狀、簿書、資歷、考課，必由之以覈其實，乃上三銓。其三銓進甲則署焉。一人掌判曹務。凡預太廟齋郎帖試，如貢舉之制。從六品。府州：州名。治所在今陝西府谷縣。　司户：官名。即“司户參軍”。州級政府僚佐。掌本州屬縣之户籍、賦税、倉庫受納等事。上州從七品下，中州正八品下，下州從八品下。

[5]選人：候選官員。唐制，凡以科舉、門蔭、雜色入流等資格參加吏部銓選官吏的人，通稱爲選人。　吳延皓：人名。籍貫不詳。後唐官員。事見本書本卷。　告身：授官的文憑。唐沿北朝之制，凡任命官員，不論流内、視品及流外，均給以告身。　改舊名

求仕：中華書局本有校勘記：“‘改’，原作‘故’，據邵本校、《册府》卷一五四改。”《宋本册府》卷一五四《帝王部·明罰門三》載十二月壬午敕文，提及此事。　河南府：府名。唐玄宗開元元年（713）改洛州爲河南府，治所在今河南洛陽市。

[6]伊闕：縣名。治所在今河南伊川縣西南。

[7]湛碅：地名。又名龕潤。位於今河南洛陽市。《通鑑》卷二七四胡三省注：“自白沙至龕潤，其地皆在洛陽東。”

[8]兵部侍郎：官名。尚書省兵部次官。協助兵部尚書掌武官銓選、勳階、考課之政。正四品下。　李德休：人名。贊皇（今河北贊皇縣）人。唐末進士，五代官員。傳見本書卷六〇。

[9]昭儀侯氏：後唐莊宗嬪妃。　昭容夏氏：後唐莊宗嬪妃。昭媛白氏：後唐莊宗嬪妃。　沛國夫人：中華書局本有校勘記：“‘沛國夫人’，《五代會要》卷一作‘沂國夫人’。”見《會要》卷一内職條。　出使美宣鄧氏：後唐莊宗嬪妃。　御正楚真張氏：後唐莊宗嬪妃。　司簿德美周氏：後唐莊宗嬪妃。　侍真吳氏：後唐莊宗嬪妃。

[10]河中：方鎮名。治所在河中府（今山西永濟市）。　李繼麟：人名。即朱友謙，許州（今河南許昌市）人。唐末、五代軍閥。傳見本書卷六三、《新五代史》卷四五。　護國軍：方鎮名。護國軍原爲河中軍。治所在河中府（今山西永濟市）。

[11]蔚州：州名。治所在今河北蔚縣。

十二月戊辰，幸西苑校獵。己巳，詔汴州節度使李嗣源歸鎮。[1]庚午，帝與皇后劉氏幸張全義第，酒酣，帝命皇后拜全義爲養父，全義惶恐致謝，復出珍貨貢獻。翌日，皇后傳制，命學士草謝全義書，學士趙鳳密疏陳國后無拜人臣爲父之禮，帝雖嘉之，竟不能已其事。[2]壬申，以教坊使王承顔爲興州刺史。[3]丙子，詔取來年正月七日幸魏州。[4]庚辰，畋於近郊，至夕還宮。壬午，契丹寇嵐州。[5]党項遣使貢方物。乙酉，幸龍門佛寺祈雪。[6]丙戌，以徐州節度使李紹真爲北面行營副招討使。[7]戊子，李嗣源奏，部署大軍自宣武軍北征。淮南楊溥遣使貢獻。己丑，幸龍門。庚寅，詔河南尹張全義爲洛京留守，判在京諸軍事。是日，日傍有背氣，[8]凡十二。

[1]己巳，詔汴州節度使李嗣源歸鎮：《舊五代史考異》：“案：《通鑑》作己巳，命宣武軍節度使李嗣源將宿衛兵三萬七千人赴汴州，遂如幽州禦契丹。是嗣源因出師而歸鎮也。”見《通鑑》卷二七三同光二年（924）十二月己巳條。

[2]學士：官名。即翰林學士。由南北朝始設之學士發展而來，唐玄宗改翰林供奉爲翰林學士，備顧問，代王言，掌拜免將相、號令征伐等詔令的起草。　趙鳳：人名。幽州（今北京市）人。後唐大臣。傳見本書卷六七、《新五代史》卷二八。

[3]王承顔：人名。籍貫不詳。本書僅此一見。　興州：州名。治所在今陝西略陽縣。

[4]魏州：州名。治所在今河北大名縣。

[5]嵐州：州名。治所在今山西嵐縣。

[6]幸龍門佛寺祈雪：《輯本舊史》卷四二、卷四六、卷四八記幸龍門佛寺祈雪、祈雨事。

[7]北面行營副招討使：官名。不常置，爲一路或數路地區統兵官。掌招撫討伐等事務。兵罷則省。位於招討使下。

[8]日傍有背氣：《輯本舊史》之影庫本粘籤：“背氣，原本作‘眚氣’，今據《歐陽史·司天考》改正。”見《新五代史》卷五九《司天考二》。

　　同光三年春正月甲午朔，帝御明堂殿受朝賀，仗衛如式。[1]丙申，詔以昭宗、少帝山陵未備，[2]宜令有司別選園陵改葬，尋以年饑財匱而止。契丹寇幽州。戊戌，詔："起今後特恩授官及侍衛諸軍將校、内諸司等官，其告身官給，舊例朱膠錢、臺省禮錢並停，其餘合徵臺省禮錢，比舊數五分中許徵一分，特恩者不徵。兵、吏部兩司逐月各支錢四十貫文，充吏人食直。少府監鑄錢造印文，[3]今後不得徵納銅炭價直，其料物官給。"庚子，車駕發京師幸鄴。以前許州節度使李紹冲爲太子少保；以前邠州節度使韓恭爲右金吾大將軍，充兩街使；以前安州節度使朱漢賓爲左龍武統軍。[4]庚戌，車駕至鄴。命青州節度使符習修酸棗河堤。[5]先是，梁末帝決河隄，[6]引水東注至鄆、濮，[7]以限我軍，至是方修之。丙辰，幽州上言，節度使李存賢卒。[8]

　　[1]明堂殿：宮殿名。唐代洛陽（今河南洛陽市）宮城紫微城的正殿。原爲隋乾陽殿，唐高宗時又稱乾元殿，武周改作明堂。常舉行重大政治活動和接待各國使者。

　　[2]昭宗：即唐昭宗李曄。888 年至 904 年在位。紀見《舊唐書》卷二〇上、《新唐書》卷一〇。　　少帝：即唐哀帝李柷。唐昭宗之子。904 年至 907 年在位，年號天祐。爲朱温所殺。紀見《舊唐書》卷二〇下、《新唐書》卷一〇。　　詔以昭宗、少帝山陵未備：《輯本舊史》之影庫本粘籤："昭宗、少帝，原本作'詔宗大帝'，今據《舊唐書》改正。"見《舊唐書》卷二〇下《哀帝紀》。

　　[3]少府監：官名。少府監長官，隋初置，唐初廢，太宗時復置。掌百工技巧之事。從三品。

　　[4]李紹冲：人名。即温韜。京兆華原（今陝西銅川市耀州

區）人。唐末李茂貞部將，後梁、後唐將領。傳見本書卷七三、《新五代史》卷四〇。　太子少保：官名。與太子少傅、太子少師合稱"三少"，唐後期、五代多爲大臣、勳貴加官。從二品。　兩街使：官名。掌巡查京城六街。　安州：州名。治所在今湖北安陸市。　朱漢賓：人名。亳州譙縣（今安徽亳州市）人。後梁、後唐將領。傳見本書卷六四、《新五代史》卷四五。　左龍武統軍：官名。唐置六軍，分左右羽林、左右龍武、左右神武等，即"北衙六軍"。唐德宗興元元年（784），六軍各置統軍，以寵勳臣。其品秩，《通鑑》卷二二九記載爲"從三品"；《唐會要》卷七一、《舊唐書》卷一二記載爲"從二品"。

[5]青州：州名。治所在今山東青州市。　符習：人名。趙州（今河北趙縣）人。後唐將領。傳見本書卷五九、《新五代史》卷二六。　酸棗：縣名。治所在今河南延津縣西南。

[6]梁末帝：即後梁末帝朱友貞。後梁太祖朱温之子。913年至923年在位。紀見本書卷八至卷一〇、《新五代史》卷三。　決河隄：中華書局本有校勘記："'決'，原作'次'，據劉本、邵本校、《册府》卷四九七、《通鑑》卷二七二改。"見明本《册府》卷四九七《邦計部·河渠門二》、《通鑑》卷二七三同光三年（925）正月條。

[7]濮：州名。治所在今山東鄄城縣。

[8]李存賢：人名。許州（今河南許昌市）人。本名王賢。後唐將領。傳見本書卷五三、《新五代史》卷三六。

　　二月甲子朔，詔："興唐府管内有百姓隨絲鹽錢，每兩與減五十文。[1]逐年所俵蠶鹽，每斗與減五十文。小菉豆稅，每畝與減放三升。都城内所徵稅絲，永與除放。"丙寅，定州節度使王都來朝。[2]丁卯，畋於近郊。己巳，召從臣擊毬於鞠場。辛未，許州上言："襄城、葉縣準敕割隸汝州，其扶溝等縣請卻隸當州。"[3] 從之。甲戌，以滄州節度使李紹斌爲幽州節度使，依前檢校太保；以大同軍留後安元信爲滄州節度使。乙亥，幸王莽河射雁。[4] 丙子，李嗣源奏，涿州東南殺敗契丹，[5] 生擒首領三十人。符習奏，修隄役夫遇雪寒逃散。樞密使郭崇韜上表辭兼鎮。時帝命李紹斌鎮幽州，以其時望未重，欲以李嗣源爲鎮帥，且爲紹斌聲援，移郭崇韜兼領汴州。召崇韜議之，崇韜奏以爲當，因懇辭兼領。庚辰，以宣武軍節度使李嗣源爲鎮州節度使。辛巳，以皇子繼潼、繼嵩、繼蟾、繼嶢並檢校司徒，[6] 皆冲幼，未出閤。突厥、渤海國皆遣使貢方物。[7] 帝幸近郊射雁。甲申，以樞密使郭崇韜爲依前守侍中、監修國史、兼樞密使，[8] 加食邑實封。廣南劉巖遣使奉書於帝，稱"大漢國王致書上大唐皇帝"。[9] 乙酉，帝射鴨於郭泊。[10] 丙戌，定州節度使、檢校太尉、兼侍中王都進封開國公，加食邑實封。戊子，幸近郊射雁。工部尚書崔梲卒，贈右僕射。[11]

[1] 興唐府：府名。治所在今河北大名縣。後唐莊宗同光元年（923），改魏州爲興唐府，建號東京，三年改東京爲鄴都。　每兩與減五十文：《舊五代史考異》："案：《五代會要》作'每兩與減放五文'。"見《會要》卷二六鹽條所載同光三年二月敕："魏府每年所徵隨絲鹽錢，每兩與減放五文。"

[2] 定州：此處指義武鎮。治所在定州（今河北定州市）。王都：人名。中山陘邑（今河北定州市）人。本姓劉，後爲義武軍節度使王處直養子。五代軍閥。傳見本書卷五四。

[3]襄城：縣名。治所在今河南襄城縣。 葉縣：縣名。治所在今河南葉縣。 扶溝：縣名。治所在今河南扶溝縣。 其扶溝等縣請卻隸當州：《輯本舊史》之影庫本粘籤："卻隸當州，原本作'卻潁'，今據文改正。"

[4]王莽河：河道名。東漢以後，對西漢時黃河自濮陽（今河南濮陽市）以下故道的俗稱。因改徙於王莽時，故名。

[5]涿州：州名。治所在今河北涿州市。

[6]繼潼、繼嵩、繼蟾、繼嶢：人名。後唐莊宗子。傳見本書卷五一、《新五代史》卷一四。《輯本舊史》之影庫本粘籤："繼蟾，原本脱'繼'字，今據《歐陽史》增入。"見《新五代史》卷一四《唐太祖家人傳》。 檢校司徒：官名。爲散官或加官，加此官以示恩寵，無實際執掌。司徒，與太尉、司空並爲三公。

[7]突厥：部族名。6至8世紀活躍於北亞和中亞，稱雄於漠北、西域。隋文帝開皇二年（582），突厥汗國分裂爲東、西突厥。唐中期以後東、西突厥均已衰落。 渤海國：古國名。武周聖曆元年（698），粟末靺鞨首領大祚榮建立政權。唐玄宗先天二年（713），唐朝册封大祚榮爲渤海郡王，其國遂以渤海爲名。傳見本書卷一三八、《新五代史》卷七四。

[8]以樞密使郭崇韜爲依前守侍中、監修國史、兼樞密使：《輯本舊史》卷三〇："甲午，以樞密使、檢校太保、守兵部尚書、太原縣男郭崇韜爲開府儀同三司、守侍中、監修國史、兼真定尹、成德軍節度使。"

[9]廣南：指南漢。 劉巖：人名。又名劉龑。上蔡（今河南上蔡縣）人。劉謙之子，劉隱之弟。南漢國建立者。傳見本書卷一三五、《新五代史》卷六五。 大漢國王致書上大唐皇帝：中華書局本有校勘記："'大漢國主'，原作'大漢國王'，據本書卷一三五《劉陟傳》、《新五代史》卷六五《南漢世家》改。"明本《册府》卷二三二《僭僞部·稱藩門》作"大漢國王"。

[10]郭泊：地名。其地不詳，疑位於洛陽城外。《輯本舊史》

之影庫本粘籤："郭泊，原本作'郭伯'，今據《册府元龜》改正。"見明本《册府》卷一一五《帝王部·蒐狩門》。

[11]崔杞：人名。籍貫不詳。本書僅此一見。

三月癸巳朔，賜扈從諸軍將士優給，自二十千至一千。甲午，振武軍節度使、洛京内外蕃漢馬步使朱守殷奏，昨修月陂堤，至德宮南獲玉璽一紐，獻之。[1]詔示百官，驗其文曰"皇帝行寶"四字，方圓八寸，厚二寸，背紐交龍，光瑩精妙。守殷又於積善坊役所得古文錢四百六十六，内二十六文曰"得一元寶"，四百四十曰"順天元寶"，上之。[2]丙申，寒食節，帝與皇后出近郊，遙饗代州親廟。[3]庚子，詔取三月十七日車駕歸洛京。壬寅，符習奏，修河隄畢功。戊申，帝召郭崇韜謂曰："朕思在德勝寨時，[4]霍彦威、段凝皆予之勍敵，終日格鬭，戰聲相聞，安知二年之間，在吾廡下。吾無少康、光武之才，[5]一旦重興基構者，良由二三勳德同心輔翼故也。朕有時夢寐，如在戚城，[6]思念曩時挑戰鏖兵，勞則勞矣，然而揚旌伐鼓，差慰人心，殘壘荒溝，依然在目。予欲按德勝故寨，與卿再陳舊事。"崇韜曰："此去澶州不遠，[7]陛下再觀戰地，益知王業之艱難，豈不韙哉！"己酉，車駕發鄴宮。辛亥，至德勝城。[8]登城四望，指戰陣之處以諭宰臣。渡河南觀廢柵舊阯，至楊村寨，[9]沿河至戚城，置酒作樂而罷。壬子，淮南楊溥遣使朝貢。東京副留守張憲奏，[10]諸營家口一千二百人逃亡，以艱食故也。時宮苑使王允平、伶人景進爲帝廣採宮人，[11]不擇良家委巷，殆千餘人，車駕不給，載以牛車，縈纍於路焉。庚申，[12]車駕至自鄴。辛酉，詔本朝以雍州爲西京，洛州爲東都，并州爲北都。[13]近以魏州爲東京，宜依舊以洛京爲東都，魏州改爲鄴都，與北都並爲次府。

[1]洛京内外蕃漢馬步使：官名。總領洛陽駐軍。 朱守殷：人名。籍貫不詳。後唐將領。傳見本書卷七四、《新五代史》卷五一。 至德宮：宮殿名。位於今河南洛陽市。 至德宮南獲玉璽一紐：中華書局本有校勘記：“‘至德宮南’，《册府》卷二五、《五代會要》卷五作‘至立德坊南古岸’。”見《會要》卷五祥瑞條、明本《册府》卷二五《帝王部·符瑞門四》。

[2]積善坊：坊名。位於今河南洛陽市。 得一元寶：錢幣名。一説爲史思明時期鑄幣。 順天元寶：錢幣名。一説爲史思明時期鑄幣。 “守殷又於積善坊役所得古文錢四百六十六”至“上之”：“守殷又於積善坊役所得古文錢四百六十六”，中華書局本有校勘記：“‘積善坊’三字原闕，據《御覽》卷八三六引《後唐書》、《册府》卷二五、《五代會要》卷五、《文昌雜録》卷三補。‘四百六十六’，《御覽》卷八三六引《後唐書》、《册府》卷二五、《五代會要》卷五、《文昌雜録》卷三作‘四百五十六’。”“内二十六文曰得一元寶”，中華書局本有校勘記：“‘二十六’，《册府》卷二五作‘一十六’。”《舊五代史考異》：“案龐元英《文昌雜録》云：同光三年，洛京積善坊得古文錢，曰‘得一元寶’‘順天元寶’，史不載何代鑄錢。近見錢氏《錢譜》云：史思明再陷洛陽，鑄‘得一錢’，賊黨以爲‘得一’非佳號，乃改‘順天’。蓋史思明所鑄錢也。”此爲後出，見《太平御覽》卷八三六《資産部·錢下》引《後唐書》，但載：“所得古文錢四百五十六文曰得一元寶，四百四十文順天元寶。”

[3]寒食節：約在清明節前一、二日。晋文公時爲求介之推出

仕而焚林，之推抱木而死，全國哀悼，於是乃定是日禁火寒食。因介之推有《龍蛇歌》，故亦稱爲"龍歌節"。又稱爲"冷節""寒食"。　親廟：皇帝高、曾、祖、父四廟爲其親廟。

[4]德勝寨：地名。原爲德勝渡，黃河重要渡口之一。李存勗部將李存審築城於黃河津要處德勝口，有南、北二城。南城在今河南濮陽市東南五里，北城在今河南濮陽市區。

[5]少康：人名。夏朝君主。相之子。據《左傳·哀公元年》記載，少康曾逃奔有虞國（今河南虞城縣西南），爲庖正，"虞思於是妻之以二姚，而邑諸綸，有田一成，有衆一旅"。少康後得夏臣伯靡之助，滅寒浞，立爲夏王，恢復夏之勢力，夏朝進入了政治相對穩定的興盛局面，史家稱其爲"少康中興"。事見《史記》卷二《夏本紀》。　光武：即劉秀。南陽蔡陽（今湖北棗陽市西南）人。東漢王朝建立者，25 年至 57 年在位。西漢皇族，新莽末，與兄劉縯等率賓客起兵加入綠林起義軍。更始元年（23），被授爲破虜大將軍、行大司馬事，持節北度河，鎮慰州郡。更始三年（25）自立爲帝，年號建武，建都洛陽，國號漢，史稱東漢。先後鎮壓起義軍，削平各地割據勢力，於建武十二年（36）統一全國。即位之初，採取休養生息政策，重視農桑，興修水利，減輕賦役，組織軍隊屯田，發放賑濟，安撫流亡。精兵簡政，加強中央集權，削弱三公職權。妥善安置功臣，禁止外戚、宦官干政。提倡經學，強化思想統治。光武帝統治期間，社會安定，經濟發展，史稱"光武中興"。謚號光武，廟號世祖。紀見《後漢書》卷一。

[6]戚城：地名。位於今河南濮陽市區。

[7]此去澶州不遠：亦見明本《冊府》卷一一四《帝王部·巡幸門三》。

[8]己酉，車駕發鄴宮。辛亥，至德勝城：《舊五代史考異》："案：《五代春秋》作庚子，帝幸鄴都，遂幸德勝故城。據《薛史》，則己酉發鄴宮，辛亥至德勝城，與《五代春秋》異。蓋《五代春秋》祇以下詔之日爲據也。"見《五代春秋》卷上後唐莊

宗條。

　　[9]楊村寨：地名。位於今河南濮陽縣西南。

　　[10]東京：都城名。即鄴都。治所在今河北大名縣。後唐莊宗同光元年（923），改魏州爲興唐府，建號東京，三年改東京爲鄴都。　留守：官名。古代皇帝出巡或親征時指定親王或大臣留守京城，綜理國家軍事、行政、民事、財政的高級官員，稱京城留守。在陪都或軍事重鎮也常設留守。　張憲：人名。晋陽（今山西太原市）人。後唐官員。傳見本書卷六九、《新五代史》卷二八。

　　[11]宫苑使：官名。掌管京師地區宫苑和宫苑所屬的莊田管理事務。　王允平：人名。籍貫不詳。後唐官員。事見本書卷五七。

　　伶人：樂人。《國語·周語下》：“鍾成，伶人告和。”韋昭注：“伶人，樂人也。”　景進：人名。籍貫不詳。後唐莊宗朝伶官。傳見《新五代史》卷三七。

　　[12]庚申：《舊五代史考異》：“案：原本作庚辰，《歐陽史》作庚申，疑《永樂大典》傳寫之訛。考《通鑑》及《五代春秋》皆作庚辰，又疑原本不誤。據上文，正月甲午朔，二月甲子朔，三月癸巳朔，則三月不得有庚辰也。蓋其誤始於《薛史》，而《通鑑》《五代春秋》皆襲其訛耳。今姑從原本，仍爲辨正於此。”見《五代春秋》卷上《後唐莊宗紀》、《通鑑》卷二七三同光三年三月庚辰條、《新五代史》卷五《唐莊宗紀下》。此條記事，在壬子（二十日）之後、辛酉（二十九日）之前，今從《新五代史》改。

　　[13]雍州：州名。治所在今陝西西安市。　洛州：州名。治所在今河南洛陽市。　并州：州名。治所在今山西太原市。

　　夏四月癸亥朔，[1]日有蝕之。以租庸副使孔循權知汴州軍州事。[2]丙寅，淮南楊溥遣使貢方物。壬申，幸甘泉亭。癸酉，詔翰林學士承旨盧質覆試新及第進士。[3]租庸使奏：“時雨久愆，請下諸道州府，依法祈

禱。"從之。乙亥，帝與皇后幸郭崇韜第，又幸左龍武
統軍朱漢賓之第。戊寅，以耀州爲團練州，[4]其順義軍
額宜停。庚辰，帝侍皇太后幸會節園，遂幸李紹榮之
第。[5]辛巳，以旱甚，詔河南府徙市，造五方龍，集巫
禱祭。癸未，以兗州節度使李紹欽爲鄧州節度使。[6]丁
亥，以鎮州節度使李嗣源兼北面水陸轉運使，以徐州節
度使李紹真爲副。禮部貢院新及第進士四人，其王澈改
爲第一，桑維翰第二，符蒙正第三，成僚第四。[7]禮部
侍郎裴皞既無黜落，特議寬容。[8]今後新及第人，候過
堂日委中書門下精加詳覆。陝州奏，木連理。庚寅，中
書侍郎兼工部尚書、平章事趙光胤卒，廢朝三日。[9]

[1]夏四月癸亥朔：《舊五代史考異》："案：《五代春秋》作辛
亥朔，《通鑑》從《薛史》。"見《五代春秋》卷上《後唐莊宗
紀》、《通鑑》卷二七三同光三年（925）四月癸亥條。是月確爲癸
亥朔。

[2]權知汴州軍州事：官名。權知軍州事簡稱爲"知州"。此
處爲汴州行政長官。參見閆建飛《唐後期五代宋初知州制的實施過
程》，《文史》2019年第1期。

[3]癸酉，詔翰林學士承旨盧質覆試新及第進士：《舊五代史
考異》："案《五代會要》：時以新及第進士符蒙正等尚干浮議，故
命盧質覆試。"見《會要》卷二二進士條。

[4]耀州：州名。治所在今陝西銅川市耀州區。

[5]遂幸李紹榮之第：亦見明本《冊府》卷一一四《帝王部·
巡幸門三》。

[6]鄧州：方鎮名。即威勝軍。治所在鄧州（今河南鄧州市）。

[7]水陸轉運使：官名。掌一方水陸轉運、賦稅諸事。爲差遣

職事。　禮部：官署名。掌禮儀、祭享、貢舉之政。　　王澈：人名。籍貫不詳，後唐時狀元。本書僅此一見。中華書局本有校勘記：“《册府》卷六四一、卷六五一、《五代會要》卷二二作‘王徹’。”見《宋本册府》卷六四一《貢舉部·條制門三》、卷六五一《貢舉部·謬濫門》。　　桑維翰：人名。洛陽（今河南洛陽市）人。初爲石敬瑭節度掌書記，石敬瑭稱帝後出任翰林學士、知樞密院事等職。傳見本書卷八九、《新五代史》卷二九。　　符蒙正：人名。籍貫不詳。後唐進士。　　成僚：人名。籍貫不詳。後唐進士。本書僅此一見。

[8]禮部侍郎裴皞既無黜落，特議寬容：明本《册府》卷六四四《貢舉部·考試門二》：“但緣符蒙正等既無絀落，裴皞持議寬容。”

[9]趙光胤：人名。京兆奉天（今陝西乾縣）人。唐末宰相趙光逢之弟。唐末進士，後梁大臣、後唐宰相。傳見本書卷五八。
庚寅，中書侍郎兼工部尚書、平章事趙光胤卒：《舊五代史考異》：“《薛史》：二年六月，光胤加兼户部尚書，此處作工部，前後互異，未知孰是。”

五月壬辰朔，淮南楊溥貢端午節物。丁酉，皇太妃劉氏薨於晋陽，廢朝五日，帝於興安殿行服。[1]時皇太后欲奔喪於晋陽，百官上表請留，乃止。戊戌，以鎮州行軍司馬、知軍府事任圜爲工部尚書。[2]戊申，幸龍門廣化寺祈雨。[3]己酉，黑水、女真皆遣使朝貢。[4]戊午，以鳳州衙内馬步軍都指揮使李繼昶爲涇州節度使、檢校太傅。[5]己未，詔天下見禁罪人，如無大過，速令疏放。幸玄元廟禱雨。

［1］興安殿：宮殿名。位於今河南洛陽市。

［2］任圜：人名。京兆三原（今陝西三原縣）人。後唐將領、大臣。傳見本書卷六七、《新五代史》卷二八。

［3］廣化寺：寺廟名。位於今河南洛陽市。

［4］女真：中國東北古代民族之一。本源於唐代之靺鞨，五代時始稱女真。分佈於我國東北松花江、黑龍江中下游，東至於海。分生、熟女真兩大部分。11 世紀，女真完顏部逐漸強大，形成以完顏部爲中心的部落聯盟。1114 年，完顏部首領阿骨打發動反遼戰爭，次年稱帝，建國號爲“金”。先後滅遼和北宋，成爲與南宋對峙的一代王朝。

［5］鳳州：州名。治所在固道郡梁泉縣（今陝西鳳縣東北鳳州鎮）。中華書局本有校勘記：“‘鳳州’，朱玉龍《方鎮表》：‘按鳳州時屬蜀。據《世襲列傳》“十餘歲，署本道中軍使”文，此“鳳州”當爲“鳳翔”之誤。’” 衙內馬步軍都指揮使：官名。節度使所屬最重要的將領，統帥軍隊。 李繼昶：人名。籍貫不詳。五代將領。本書僅此一見。《輯本舊史》之影庫本粘籤：“李繼昶，原本作‘繼永’，今從《歐陽史》改正。”不見於《新五代史》。李繼昶即李從昶，茂貞之次子，《輯本舊史》卷一三二有其附傳。

六月癸亥，雲州上言，去年契丹從磧北歸帳，達靼因相掩擊，其首領于越族帳自磧北以部族羊馬三萬來降，[1]已到南界，今差使人來赴闕奏事。甲子，太白晝見。[2]丁卯，以滄州節度使安元信充北面行營馬步軍都排陣使。[3]辛未，以宗正卿李紓充昭宗、少帝改卜園陵使。[4]壬申，京師雨足。自是大雨，至於九月，晝夜陰晦，未嘗澄霽，江河漂溢，隄防壞決，天下皆訴水災。丁丑，詔吳越王錢鏐將行冊禮，準禮文合用竹册，宜令所司修製玉册。時郭崇韜秉政，以爲不可，樞密承旨段徊贊其事，故有是命。[5]癸丑，以天德軍節度使、管内蕃漢都知兵馬使劉承訓爲天德軍節度觀察留後。[6]丙戌，詔曰："關内諸陵，頃因喪亂，例遭穿穴，多未掩修。其下宫殿宇法物等，各令奉陵州府據所管陵園修製，仍四時各依舊例薦饗。每陵仰差近陵百姓二十户充陵户，以備灑掃。其壽陵等一十陵，亦一例修掩，量置陵户。"戊子，以刑部尚書李琪充昭宗、少帝改卜園陵禮儀使。[7]己丑，以工部郎中李途爲京兆少尹，充修奉諸陵使。[8]辛卯，詔括天下私馬，[9]將收蜀故也。《永樂大典》卷七千一百五十七。[10]

[1]達靼：部族名。其名始見於唐玄宗開元二十年（732）突厥文《闕特勤碑》。唐末活躍於陰山一帶。參見白玉冬《九姓達靼游牧王國史研究（8—11 世紀）》，中國社會科學出版社 2017 年版。 于越：官名。契丹大臣的榮譽頭銜。位在北、南院大王之上。地位崇高，無具體職掌，非功高德劭者不授。中華書局本有校勘記："原作'裕悦'，注云：'舊作"于越"，今改正。'按此係輯録《舊五代史》時所改，今恢復原文。"

[2]太白晝見：即金星晝見。古人認爲其預示將有兵禍。

[3]都排陣使：官名。多以任節度使的武臣出任，或由軍事指揮官兼任，多側重監督軍隊。參見王軼英《中國古代排陣使述論》，《西北大學學報》2010 年第 6 期。

[4]宗正卿：官名。秦始置宗正，南朝梁始有宗正卿之官。由宗室充任。掌皇族外戚屬籍。正三品。 李紓：人名。後唐宗室。歷任太僕卿、宗正卿。後唐明宗天成三年（928）七月除名。後敕配隴州，徒一年。事見本書卷三九《唐明宗紀》。 改卜園陵使：

官名。負責爲唐昭宗、少帝擇山陵、改葬事宜。係臨時差遣。

[5]樞密承旨：官名。五代設樞密院承旨和樞密院副承旨，以各衛將軍擔任。主管樞密院承旨司之事。 段伺：人名。籍貫不詳。後唐官員，時任樞密承旨。事見本書本卷、卷三三。

[6]天德軍：方鎮名。治天德軍城（今内蒙古烏拉特前旗烏梁素海土城子）。 劉承訓：人名。即劉承訓。劉知遠長子，死後追封魏王。傳見本書卷一〇五、《新五代史》卷一八。 以天德軍節度使、管内蕃漢都知兵馬使劉承訓爲天德軍節度觀察留後：中華書局本有校勘記："朱玉龍《中華版舊五代史考證》（《安徽史學》一九八九年第二期）疑爲'以天德軍節度觀察留後劉承訓爲天德軍節度使、管内蕃漢都知兵馬使'之倒文。"

[7]刑部尚書：官名。尚書省刑部主官。掌天下刑法及徒隸、勾覆、關禁之政令。正三品。 李琪：人名。河西敦煌（今甘肅敦煌市）人。後梁、後唐官員。傳見本書卷五八、《新五代史》卷五四。 改卜園陵禮儀使：官名。負責昭宗、少帝葬事禮儀，事畢即停。

[8]工部郎中：官名。尚書省屬官，位在侍郎之下、員外郎之上。主持尚書省工部工部司事務。從五品上。 李途：人名。籍貫不詳。本書僅此一見。 少尹：官名。唐、五代於三京、鳳翔等府均置少尹，爲尹的副職。協助尹通判列曹諸務。從四品下。 奉諸陵使：官名。負責奉祭唐代諸陵。

[9]詔括天下私馬：《舊五代史考異》："案《五代會要》：詔下河南、河北諸州，和市戰馬，官吏除一匹外，匿者坐罪。蓋當時私馬之禁如此。"見《會要》卷一二馬條。"蓋當時私馬之禁如此"，《會要》作"時將討蜀故也"。

[10]《大典》卷七一五七"唐"字韻"莊宗（四）"事目。此後《輯本舊史》引《舊五代史考異》："《三楚新録》：莊宗謂高季興曰：'今天下負固不服者，惟吳、蜀耳。朕欲先有事于蜀，而蜀地險阻，尤難，江南才隔荆南一水，朕欲先之，卿以爲何如？'

季興對曰：'臣聞蜀地富民饒，獲之可建大利；江南國貧，地狹民少，得之恐無益。臣願陛下釋吳先蜀。'時莊宗意亦欲伐蜀，及聞季興之言，果大悅。"見《三楚新録》卷三。

舊五代史　卷三三

唐書九

莊宗紀第七

　　同光三年秋七月丁酉，以久雨，詔河南府依法祈晴。[1]滑州上言，[2]黃河決。壬寅，皇太后崩於長壽宮，[3]帝執喪於内，出遺令以示於外。癸卯，帝於長壽宮成服，百官於長壽宮幕次成服後，於殿前立班奉慰。乙巳，宰臣上表請聽政，不允；表再上，敕旨宜廢朝七日。丁未，弘文館上言：“請依六典，改弘文館爲崇文館。”[4]從之。時樞密使郭崇韜亡父名弘，豆盧革希崇韜指，奏而改之。[5]洛水泛漲，壞天津橋，以舟濟渡，日有覆溺者。[6]己酉，宰臣百官上表請聽政，又請復常膳，表凡三上。以刑部尚書李琪充大行皇太后山陵禮儀使，河南尹張全義充山陵橋道排頓使，孔謙充監護使。[7]壬子，河陽、陝州上言，[8]河溢岸。以禮部尚書王正言爲户部尚書，[9]以御史中丞崔協爲禮部尚書，[10]以刑部侍郎、史館修撰、判館事崔居儉爲御史中丞，[11]以尚書左丞歸藹爲刑部侍郎。[12]陝州上言，河漲二丈二尺，壞浮橋，入城門，居人有溺死者。乙卯，汴州上言，[13]汴水泛漲，恐漂没城池，於州城東西權開壕口，引水入古河。澤潞上言，[14]自今月一日雨，至十九日未止。戊午，以刑部尚書、判太常卿兼判吏部尚書銓事李琪爲吏部尚書，[15]依前判太常卿；以兵部侍郎、集賢殿學士、判院事盧文紀爲吏部侍郎；[16]以給事中李光序爲尚書右丞。[17]許州、滑州奏，大水。[18]

[1]同光：後唐莊宗李存勗年號（923—926）。　河南府：府名。治所在今河南洛陽市。

[2]滑州：州名。治所在今河南滑縣。

[3]長壽宮：宮殿名。位於今河南洛陽市。

[4]弘文館：官署名。唐高祖武德四年（621）始置修文館，以安置文學之士，典司書籍。唐太宗即位，改爲弘文館。以後名稱多有異同，然以弘文館爲多。　崇文館：官署名。由弘文館設置。

[5]樞密使：官名。樞密院長官。五代時以士人爲之，備顧問、參謀議，出納詔奏，權侔宰相。（參見李全德《唐宋變革期樞密院研究》，國家圖書館出版社 2009 年版）　郭崇韜：人名。代州雁門（今山西代縣）人。後唐大臣。傳見本書卷五七、《新五代史》卷二四。　弘：人名。即郭弘。代州雁門（今山西代縣）人。郭崇韜之父。事見本書本卷。　豆盧革：人名。先世爲鮮卑慕容氏，後改豆盧氏。唐同州刺史豆盧籍之孫、舒州刺史豆盧瓚之子。後唐宰相。傳見本書卷六七、《新五代史》卷二八。　“丁未”至“奏而改之”：《舊五代史考異》：“案《五代會要》載同光三年敕云：崇文館比與宏文館並置，今請改稱，頗協舊典。蓋豆盧革曲爲之説也。”見《會要》卷一八弘文館條，又見明本《册府》卷三三六

《宰輔部·依違門》豆盧革條。《輯本舊史》卷三八《唐明宗紀四》天成二年（927）正月己卯條載："詔崇文館依舊爲弘文館。初，同光中，宰相豆盧革以同列郭崇韜父名弘，希其意奏改之，今乃復焉。"

［6］洛水：即今洛河。　天津橋：橋名。位於今河南洛陽市。

［7］刑部尚書：官名。尚書省刑部主官。掌天下刑法及徒隸、勾覆、關禁之政令。正三品。　李琪：人名。河西敦煌（今甘肅敦煌市）人。後梁、後唐官員。傳見本書卷五八、《新五代史》卷五四。　大行皇太后山陵禮儀使：官名。負責皇太后陵寢建造、禮儀。事畢即罷。　河南尹：官名。唐玄宗開元元年（713）改洛州爲河南府，治所在今河南洛陽市，河南府尹總其政務。從三品。張全義：人名。濮州臨濮（今山東鄄城縣）人。唐末將領，降於諸葛爽。傳見本書卷六三、《新五代史》卷四五。　山陵橋道排頓使：官名。負責皇太后陵寢配套的工程建造及相關事務。事畢即罷。孔謙：人名。魏州（今河北大名縣）人。後唐大臣，善聚斂錢財，爲李存勗籌畫軍需。傳見本書卷七三、《新五代史》卷二六。　監護使：官名。佐理皇太后藏事、禮儀。事畢即停。

［8］河陽：方鎮名。治所在孟州（今河南孟州市）。　陝州：州名。治所在今河南三門峽市陝州區。

［9］禮部尚書：官名。尚書省禮部主官。掌禮儀、祭享、貢舉之政。正三品。　王正言：人名。鄆州（今山東東平縣）人。後唐官員。傳見本書卷六九。　户部尚書：官名。户部最高長官。掌管全國土地、户籍、賦税、財政收支諸事。正三品。　以禮部尚書王正言爲户部尚書：《舊五代史考異》："案：原本作'直言'，今據《歐陽史》改正。"《新五代史》多見，如卷二六《孔謙傳》、卷三七《史彥瓊傳》、卷四六《趙在禮傳》等；《輯本舊史》亦多見，如卷二九《唐莊宗紀三》同光元年（923）四月條載："以魏博節度判官王正言爲禮部尚書，行興唐尹。"卷三一《唐莊宗紀五》同光二年正月甲寅條載："以禮部尚書、興唐尹王正言依前禮部尚書，

充租庸使。"

[10]御史中丞：官名。如不置御史大夫，則爲御史臺長官。掌司法監察。正四品下。　崔協：人名。清河（今河北清河縣）人。唐末進士，後梁時仕至中書舍人，後唐時爲宰相。傳見本書卷五八。

[11]刑部侍郎：官名。尚書省刑部次官。協助刑部尚書掌天下刑法及徒隸、勾覆、關禁之政令。正四品下。　史館修撰：官名。唐天寶以後，他官兼領史職者，稱史館修撰。　判館事：官名。唐天寶以後，他官兼領史職者，稱史館修撰；初入史館者稱爲直館。唐憲宗元和六年（811）宰相裴垍建議：登朝官領史職者爲修撰，以官階高的一人判館事；未登朝官均爲直館。　崔居儉：人名。清河（今河北清河縣）人。五代後梁至後晉官員。傳見本書附錄、《新五代史》卷五五。

[12]尚書左丞：官名。尚書省佐貳官。唐中期以後，與尚書右丞實際主持尚書省日常政務，權任甚重。正四品上。　歸藹：人名。吳郡人。唐末、五代官員。傳見本書卷六八。　以尚書左丞歸藹爲刑部侍郎：中華書局本有校勘記："'左'，本書卷六八《歸藹傳》、《册府》卷八六六作'右'。'歸藹'，原作'歸靄'，據殿本、劉本、孔本、邵本、彭本改。按本書卷六八有《歸藹傳》。影庫本粘籤：'歸藹，原本作"歸藹"，今據《通鑑》改正。'今檢《通鑑》未記此人。"見明本《册府》卷八六六《總錄部·貴盛門》。

[13]汴州：州名。治所在今河南開封市。

[14]澤潞：方鎮名。治所在潞州（今山西長治市）。

[15]太常卿：官名。太常寺長官。掌宗廟禮儀。正三品。　吏部尚書銓：官名。與吏部西銓、吏部東銓合稱吏部三銓。負責官員銓選。　吏部尚書：官名。尚書省吏部主官，與二侍郎分掌六品以下文官選授、勳封、考課之政令。正三品。

[16]兵部侍郎：官名。兵部副長官，與尚書分掌武官銓選、勳階、考課之政。正四品下。　集賢殿學士：官名。唐中葉置，位在

集賢殿大學士之下。掌修書之事。　盧文紀：人名。京兆萬年（今陝西西安市長安區）人。唐末進士，五代宰相。傳見本書卷一二七、《新五代史》卷五五。　吏部侍郎：官名。尚書省吏部次官。協助吏部尚書掌文選、勳封、考課之政。正四品上。

[17]給事中：官名。秦始置。隋唐以來，爲門下省屬官。掌讀署奏抄，駁正違失。正五品上。　李光序：人名。五代官員。事見本書本卷、卷三二、卷四〇、卷四四。　尚書右丞：官名。尚書省佐貳官。唐中期以後，與尚書左丞實際主持尚書省日常政務，權任甚重。後梁開平二年（908）改爲右司侍郎，後唐同光元年（923）復舊爲右丞。唐時爲正四品下，後唐長興元年（930）升爲正四品。

[18]許州：州名。治所在今河南許昌市。

八月壬戌，詔諸司人吏，不許諸處奏薦，如有勞績，只許本司奏聞。詔有司，吳越王印宜以黃金鑄成，其文曰："吳越國王之印"。丁卯，帝釋服，百官奉慰於長壽宮。戊辰，客省使李嚴使蜀回。[1]初，帝令往市蜀中珍玩，蜀法嚴峻，不許奇貨東出，其許市者謂之"入草物"。[2]嚴不獲珍貨，歸而奏之。帝大怒曰："物歸中夏者命之曰'入草'，王衍寧免爲入草之人耶！"[3]由是伐蜀之意銳矣。庚辰，幸壽安山陵作所。[4]鄴都大水，[5]御河泛溢。癸未，河南縣令羅貫長流崖州，[6]尋委河南府決痛杖一頓，處死，坐部內橋道不修故也。及死，人皆冤之。甲申，山陵禮儀使奏："山陵封域之內，先有丘墳，合令子孫改卜。舊例給其所費，無子孫者官爲瘞藏。如是五品以上官，所司仍以禮致祭。"從之。鳳翔奏，[7]大水。乙酉，[8]中書門下上言："據禮儀使狀，準故事，太常少卿定大行太后謚議，太常卿署定訖，告天地宗廟。^[9]伏準禮文：賤不得誄貴，子不得爵母，后必謚於廟者，受成於祖宗。今大行太后謚，請太常卿署定後，集百官連署謚狀訖，讀於太廟太祖皇帝室，然後差丞郎一人撰册文，別定日，命太尉上謚册於西宮靈座，同日差官告天地、太微宮、宗廟，如常告之儀。"^[10]從之。青州大水、蝗。^[11]己丑，以襄州留後李紹珙爲襄州節度使，以邠州留後董璋爲邠州節度使。^[12]

　　[1]客省使：官名。唐代宗時始置，五代沿置。客省長官，掌接待四方奏計及外族使者。　李嚴：人名。幽州（今北京市）人。五代、後唐官員。傳見本書卷七〇、《新五代史》卷二六。　蜀：即五代十國之前蜀。五代時十國之一，王建所建。唐末，王建爲壁州刺史。大順二年（891）王建攻佔成都，任成都尹、劍南西川節度使。天復三年（903），唐封王建爲蜀王，兼併東川、山南。天祐四年（907）唐亡，王建稱帝於成都，建國號蜀，史稱前蜀。917年改國號爲漢，次年復國號蜀。前蜀統治地區有今四川、重慶和甘肅東南部、陝西南部、湖北西部，共四十六州。王建在位期間，政權較爲安定，生產有所發展。前蜀後期，朝政落入宦官手中，國力日趨衰微。咸康元年（925）爲後唐所滅。凡二主，共二十三年。王建傳見本書卷一三六、《新五代史》卷六三。

　　[2]"初"至"入草物"：《舊五代史考異》："案：原本'入草'訛'全草'，今據《通鑑》及《册府元龜》所引《薛史》改正。"見明本《册府》卷二三三《僭僞部·矜大門》、《新五代史》卷二六《李嚴傳》、《通鑑》卷二七三同光二年（924）五月戊申條。

　　[3]王衍：人名。許州舞陽（今河南舞陽縣）人。王建幼子，五代十國前蜀皇帝，918年至925年在位。傳見本書卷一三六、《新五代史》卷六三。

[4]壽安山陵：後唐莊宗之母曹太后陵墓。位於壽安縣（今河南宜陽縣）。

[5]鄴都：都城名。治所在今河北大名縣。後唐莊宗同光元年（923），改魏州爲興唐府，建號東京。三年，改東京爲鄴都。

[6]河南：縣名。治所在今河南洛陽市。　縣令：官名。爲縣的行政長官，掌治本縣。唐代之縣，分赤（京）、次赤、畿、次畿、望、緊、上、中、中下、下十等。縣令分六等，正五品上至從七品下。　羅貫：人名。籍貫不詳。後唐官員，進士及第。傳見本書卷七一。　崖州：州名。治所在今海南海口市瓊山區。

[7]鳳翔：方鎮名。治所在鳳翔府（今陝西鳳翔縣）。

[8]乙酉：《輯本舊史》原作“己酉”，中華書局本有校勘記：“按是月辛酉朔，無己酉。此事繫於甲申、己丑之間，或爲‘乙酉’，乙酉爲二十五日。”但未改。甲申（二十四日）、己丑（二十九日）、乙酉（二十五日），己酉當爲乙酉之誤，今改。

[9]中書門下：官署名。唐代以來爲宰相處理政務的機構。參見劉後濱《唐代中書門下體制研究——公文形態·政務運行與制度變遷》，齊魯書社2004年版。　太常少卿：官名。太常寺次官。佐太常卿掌宗廟祭祀禮樂及教育等。正四品上。

[10]太廟：又稱大廟。祭祀帝王祖宗之廟，省稱祖廟。　太祖皇帝：即李克用。沙陀族，生於神武川新城（一說是今山西朔州市朔城區之梵王寺村，一說是今山西應縣縣城，一說在今山西懷仁縣之日中城）。唐末軍閥，後唐太祖。紀見本書卷二五、卷二六。太尉：官名。與司徒、司空並爲三公，唐後期、五代多爲大臣、勳貴加官。正一品。　太微宮：唐朝尊老子爲祖，建玄元廟奉祀。唐玄宗天寶二年（743）改西京玄元廟爲太清宮，東京爲太微宮，天下諸郡爲紫極宮，又改譙郡紫極宮爲太清宮。　宗廟：帝王的祖廟。用以供奉、祭祀皇帝先祖。

[11]青州：州名。治所在今山東青州市。

[12]襄州：方鎮名。治所在襄州（今湖北襄陽市）。　留後：

官名。唐、五代節度使多以子弟或親信爲留後，以代行節度使職務，亦有軍士、叛將自立爲留後者。掌一州或數州軍政。　李紹琪：人名。原名劉訓。隰州永和（今山西永和縣）人。五代藩鎮將領。傳見本書卷六一。　節度使：官名。唐時在重要地區所設掌握一州或數州軍、民、財政的長官。　邠州：方鎮名。治所在邠州（今陝西彬縣）。　董璋：人名。籍貫不詳。五代後梁、後唐將領。傳見本書卷六二、《新五代史》卷五一。

　　九月辛卯朔，河陽奏，黃河漲一丈五尺。癸巳，中書上言：“大行皇太后謚議合讀於太廟太祖室，其日，集兩省御史臺五品已上、尚書省四品已上、諸司三品已上官，於太廟序立。”[1]從之。鎮州、衛州奏，[2]水入城，壞廬舍。乙未，制封第三子鄴都留守、興聖宮使、檢校太尉、同平章事、判六軍諸衛事繼岌爲魏王。[3]幸壽安陵。庚子，襄州奏，漢江漲溢，漂溺廬舍。[4]是日，命大舉伐蜀，詔曰：

　　[1]中書：官署名。“中書門下”的簡稱。　兩省：指中書省、門下省。　御史臺：官署名。秦、漢始置。古代國家的監察機構。掌糾察官吏違法，肅正朝廷綱紀。大事廷辯，小事奏彈。　尚書省：官署名。東漢設置，稱尚書臺，或稱中臺。南北朝時始稱尚書省，下分各曹，爲中央執行政務的總機構。唐代曾改稱文昌臺、都臺、中臺，旋復舊稱。尚書省與中書省、門下省合稱三省。長官爲尚書令，其副職爲左、右僕射。　諸司：唐前期，由各寺、監分管各項事務。玄宗始置諸使專管某項事務，其後各寺、監所管事務亦多歸諸使，朝廷每有詔令，常統稱諸司諸使。多以内侍省官員或將軍兼充，唐末、五代方用外朝大臣，以卿監、將軍及刺史以上官

領使。

[2]鎮州：州名。治所在今河北正定縣。《舊五代史考異》："案：原本脫'鎮州'二字，今據《册府元龜》所引《薛史》增入。"《册府》未見記載。　衛州：州名。治所在今河南衛輝市。

[3]留守：官名。古代皇帝出巡或親征時指定親王或大臣留守京城，綜理國家軍事、行政、民事、財政等事務，稱京城留守。在陪都或軍事重鎮也常設留守，以地方長官兼任。　興聖宮使：官名。提領洛陽大西宮興聖宮。　檢校太尉：官名。爲散官或加官，以示恩寵，無實際執掌。太尉，與司徒、司空並爲三公。　同平章事：官名。唐高宗以後，實際任宰相之職者，常在其本官後加同平章事的職銜。後成爲宰相專稱。　判六軍諸衛事：官名。後唐沿唐代舊制，置六軍、諸衛，以判六軍諸衛事爲禁軍六軍與諸衛的最高統帥。　繼岌：人名。即李繼岌。後唐莊宗長子，時封魏王。傳見本書卷五一、《新五代史》卷一四。

[4]漢江：水名。長江支流，即今漢江。源出今陝西西南部，在今湖北武漢市匯入長江。

　　朕夙荷丕基，乍平僞室，非不欲寵綏四海，[1]協和萬邦，庶正朔以遐同，俾人倫之有序。其或地居陬裔，位極驕奢，[2]殊乖事大之規，但蘊偷安之計，則必徵諸典訓，振以皇威，爰興伐罪之師，冀遏亂常之黨。蠢茲蜀主，世負唐恩，間者父總藩宣，任居統制，[3]屬朱溫東離汴水，[4]致昭皇西幸岐陽，[5]不務扶持，反懷顧望，盜據劍南之土宇，[6]全虧闕外之忱誠。[7]先皇帝早在并門，將興霸業，彼既曾馳書幣，此亦復展謝儀。[8]後又特發使人，專持聘禮，彼則更不迴一介之使，答咫尺之書，星歲俄移，歡盟頓阻。朕頃遵崇遺訓，[9] 嗣統列藩，追昔日之來誠，繼先皇之舊好，累馳信幣，皆絶酬還，背惠食言，棄同即異。今觀孽豎，紹據山河，委閹宦以持權，憑阻修而借號。早者，曾上秦王緘札，張皇蜀地聲塵，形侮黷之言辭，謗親賢之勳德。昨朕風驅鋭旅，電掃兇渠，復已墜之宗祧，纘中興之曆數。捷音旋報，復命仍稽，使來而尚抗書題，[10] 情動而先誇險固。加以宋光葆輒陳狂計，別啟奸謀，將欲北顧秦川，東窺荆渚，人而無禮，罪莫大焉。[11]

[1] 非不欲寵綏四海：《輯本舊史》之影庫本粘籤：“寵綏，原本作‘寵維’，今據文改正。”

[2] 位極驕奢：中華書局本有校勘記：“‘極’，《册府》卷一二三作‘處’。”見明本《册府》卷一二三《帝王部·征討門三》。

[3] 任居統制：中華書局本有校勘記：“‘居’，原作‘君’，據劉本、邵本、彭本、《册府》卷一二三改。”

[4] 朱温：人名。宋州碭山（今安徽碭山縣）人。後梁開國皇帝。紀見本書卷一至卷七及《新五代史》卷一、卷二。　汴水：水名。隋開通濟渠，因自滎陽至開封一段即原來的汴水，故唐、宋人遂將出自河至入淮之通濟渠東段全流統稱爲汴水或汴渠。

[5] 昭皇：即唐昭宗李曄，888 年至 904 年在位。紀見《舊唐書》卷二〇上、《新唐書》卷一〇。　岐陽：縣名。治所在今陝西岐山縣。

[6] 劍南：方鎮名。指劍南東川、劍南西川。簡稱兩川或東、西川。唐肅宗至德二載（757）分劍南節度使東部地區置劍南東川節度使，治所在梓州（今四川三臺縣）。中華書局本有校勘記：

“‘劍南’，《册府》卷一二三作‘山南’。”

[7]全虧闈外之忱誠：中華書局本有校勘記：“‘忱誠’，孔本、《册府》卷一二三作‘臣誠’。”

[8]并門：指并州。治所在今山西太原市。　彼既曾馳書幣：中華書局本有校勘記：“‘曾’，原作‘會’，據《册府》卷一二三改。”

[9]朕頃遵崇遺訓：中華書局本有校勘記：“‘崇’字原闕，據《册府》卷一二三補。”

[10]使來而尚抗書題：《輯本舊史》之影庫本粘籤：“尚抗書題，原本作‘尚挽’，考《通鑑》：蜀主遣歐陽彬聘于唐，書題稱‘大蜀皇帝奉書大唐皇帝’。知原本‘挽’字殊誤，據《册府元龜》所引《薛史》作‘尚抗’，今改正。”《册府》未見記載。見《通鑑》卷二七三同光二年（924）五月戊申條《考異》。

[11]宋光葆：人名。籍貫不詳。前蜀宦官。事見本書本卷。秦川：地區名。泛指今陝西、甘肅二省秦嶺以北的平原。　荆渚：地區名。泛指荆楚地區。

　　昨客省使李嚴奉使銅梁，[1]近歸金闕，凡於奏對，備述端由。其宋光嗣相見之時，於坐上便有言說，先問契丹强弱，次數秦王是非，度此苞藏，可見情狀。加以疏遠忠直，朋比奸邪。[2]内則縱恣輕華，競貪寵位；[3]外則滋彰法令，蠹耗生靈。既德力以不量，在人祇之共憤。[4]今命興聖宮使、魏王繼岌充西川四面行營都統，[5]命侍中、樞密使郭崇韜充西川東北面行營都招討制置等使，[6]荆南節度使高季興充西川東南面行營都招討使，[7]鳳翔節度使李曮充都供軍轉運應接等使，[8]同州節度使李令德充行營招討副使，[9]陝府節度使李紹琛充行營蕃漢馬步軍都排陣斬斫使，[10]西京留守張筠充西川管内安撫應接使，[11]華州節度使毛璋充行營左廂馬步都虞候，[12]邠州節度使董璋充行營右廂馬步都虞候，[13]客省使李嚴充西川管内招撫使。[14]總領闕下諸軍兼四面諸道馬步兵士，[15]取九月十八日進發。凡爾中外，宜體朕懷。

[1]銅梁：縣名。治所在今重慶市潼南區。

[2]宋光嗣：人名。籍貫不詳。前蜀宮廷宦官。王衍時一度大權在握，後爲王衍所殺。事見本書本卷。　契丹：古部族、政權名。4世紀中葉宇文部爲前燕攻破，始分離而成單獨的部落，自號契丹。唐貞觀中，置松漠都督府，以其首領爲都督。唐末強盛，916年迭剌部耶律阿保機建立契丹國（遼）。先後與五代、北宋並立，遼天祚帝保大五年（1125）爲金所滅。參見張正明《契丹史略》，中華書局1979年版。　朋比奸邪：中華書局本有校勘記："'邪'，原作'雄'，據《册府》卷一二三改。"

[3]競貪寵位：《輯本舊史》之影庫本粘籤："競貪，原本作'竟食'，今據《册府元龜》改正。"見明本《册府》卷一二三。

[4]在人祇之共憤：中華書局本有校勘記："'人'，原作'神'，據《册府》卷一二三改。"

[5]行營都統：官名。唐末設諸道行營都統，作爲各道出征兵士的統帥。

[6]侍中：官名。秦始置。隋、唐前期爲門下省長官。唐後期多爲大臣加銜，不參與政務，實際職務由門下侍郎執行。正二品。

[7]荊南：方鎮名。治所在荊州（今湖北荊州市）。　高季興：人名。原名高季昌，陝州硤石（今河南三門峽市）人。南平（即荊南）開國君主。傳見本書卷一三三、《新五代史》卷六九。

[8]李曮：人名。岐王李茂貞之子。深州博野（今河北蠡縣）人。唐末、五代軍閥，長期割據鳳翔。事見本書本卷、卷一三二。

都供軍轉運應接等使：官名。五代轉運使的一種。於戰時設置，或由軍中將領充任，或以地方文臣充任，負責軍需物資的籌集、調運、供給。中華書局本有校勘記：“‘都’字原闕，據《冊府》卷一二三、《通鑑》卷二七三補。”《通鑑》卷二七三同光三年九月庚子條載：“鳳翔節度使李繼曮充都供軍轉運應接等使。”

[9]同州：州名。治所在今陝西大荔縣。　李令德：人名。原名朱令德。許州（今河南許昌市）人。朱友謙之子。五代軍閥。事見本書卷六三、《新五代史》卷四五。　行營招討副使：官名。爲招討使副將，多以大臣、將帥或地方軍政長官兼任，掌管鎮壓起義、抗禦外敵、討伐叛亂等事。

[10]陝府：府名。治所在今河南三門峽市陝州區。　李紹琛：人名。原名康延孝。代北（今山西代縣）人。五代、後唐將領。傳見本書卷七四、《新五代史》卷四四。　行營蕃漢馬步軍都排陣斬斫使：武官名。唐節度使所屬武官，後梁時亦設，爲先鋒之職。中華書局本有校勘記：“句下《冊府》卷一二三、《通鑑》卷二七三有‘兼馬步軍都指揮使’八字。”見《通鑑》卷二七三同光三年九月庚子條。

[11]西京：都城名。位於今陝西西安市。　張筠：人名。海州（今江蘇連雲港市海州區）人。唐末軍閥。傳見本書卷九〇、《新五代史》卷四七。　西川管内安撫應接使：官名。於戰時設置，或由軍中將領充任，或以地方文臣充任，負責安撫戰區秩序。

[12]華州：州名。治所在今陝西渭南市華州區。　毛璋：人名。滄州（今河北滄縣舊州鎮）人。後唐將領。傳見本書卷七三、《新五代史》卷二六。　行營左廂馬步都虞候：官名。五代時期出征軍隊高級統兵官。

[13]行營右廂馬步都虞候：官名。五代時期出征軍隊高級統兵官。

[14]西川管内招撫使：官名。掌招撫征伐之事。係臨時設置之統兵官。

[15]總領闕下諸軍兼四面諸道馬步兵士：中華書局本有校勘記："'士'，原作'事'，據殿本、《册府》卷一二三改。"

辛丑，授魏王繼岌諸道行營都統，餘如故。繼岌既受都統之命，以梁漢顒充中軍馬步都虞候兼馬步軍都指揮使，[1]張廷蘊爲中軍步軍都指揮使，[2]牛景章充中軍左廂馬軍都指揮使，[3]沈斌充中軍右廂馬軍都指揮使，[4]卓璟充中軍左廂步軍都指揮使，[5]王贄充中軍右廂步軍都指揮使，[6]供奉官李從襲充中軍馬步軍都監，[7]高品李廷安、吕知柔充魏王衙通謁。[8]詔工部尚書任圜、翰林學士李愚參魏王軍事。[9]丁未夕，徧天陰雲，北方有聲如雷，野雉皆鳴，俗所謂"天狗落"。戊申，魏王繼岌、樞密使侍中郭崇韜進發西征。[10]太子少師致仕薛廷珪卒，[11]贈右僕射。甲寅，幸壽安陵。司天上言："自七月三日大雨，至九月十八日後方晴，三辰行度不見。"[12]丁巳，幸尖山射雁。[13]

[1]梁漢顒：人名。太原（今山西太原市）人。五代將領。傳見本書卷八八。　中軍馬步都虞候：官名。出征時中軍馬步軍高級統兵官。　馬步軍都指揮使：官名。唐末、五代行軍統兵主帥。詳見杜文玉《晚唐五代都指揮使考》，《學術界》1995年第1期。

[2]張廷蘊：人名。襄邑（今河南睢縣）人。唐末、五代將領。傳見本書卷九四、《新五代史》卷四七。　中軍步軍都指揮使：官名。出征時中軍步軍高級統兵官。

[3]牛景章：人名。籍貫不詳。五代將領。本書僅此一見。

中軍左廂馬軍都指揮使：官名。出征時中軍馬軍高級統兵官。

[4]沈斌：人名。一作"沈贇"。徐州下邳（今江蘇睢寧縣）人。後梁、後唐、後晋將領。傳見本書卷九五、《新五代史》卷三三。　中軍右廂馬軍都指揮使：官名。出征時中軍馬軍高級統兵官。

[5]卓璘：人名。籍貫不詳。五代將領。事見本書本卷。　中軍左廂步軍都指揮使：官名。出征時中軍步軍高級統兵官。

[6]王贊：人名。籍貫不詳。五代將領。本書僅此一見。　中軍右廂步軍都指揮使：官名。出征時中軍步軍高級統兵官。《輯本舊史》之影庫本粘籤："中軍右廂，原本脱'廂'字，今據《册府元龜》增入。"見明本《册府》卷二六九《宗室部·將兵門》魏王繼岌條。

[7]供奉官：官名。泛指侍奉皇帝左右的臣僚，亦爲東、西頭供奉官通稱。　李從襲：人名。籍貫不詳。後唐宦官。事見《通鑑》卷二七四。　都監：官名。唐代中葉命將出征，常以宦官爲監軍、都監。後爲臨時委任的統兵官，稱都監、兵馬都監。掌屯戍、邊防、訓練之政令。

[8]高品：官名。即"内侍高品"。宦官，位次於供奉官。李廷安：人名。籍貫不詳。後唐宦官。事見本書卷七四。　吕知柔：人名。籍貫不詳。後唐宦官。事見本書本卷。　通謁：官名。《新五代史》作"典謁"。東宮屬官。掌引見賓客。從九品下。高品李廷安、吕知柔充魏王衙通謁：《輯本舊史》之影庫本粘籤："充魏王衙通謁，原本作'王衛'，今據《册府元龜》改正。"見明本《册府》卷二六九《宗室部·將兵門》魏王繼岌條，並可考《宋本册府》卷六七○《内臣部·誣構門》李廷安等條。

[9]工部尚書：官名。尚書省工部主官。掌百工、屯田、山澤之政令。正三品。　任圜：人名。京兆三原（今陜西三原縣）人。後唐明宗時拜同中書門下平章事，後與權臣安重誨失和，被誣與叛臣朱守殷通謀而見殺。傳見本書卷六七、《新五代史》卷二八。

翰林學士：官名。由南北朝始設之學士發展而來，唐玄宗改翰林供奉爲翰林學士，備顧問，代王言。掌拜免將相、號令征伐等詔令的起草。　李愚：人名。渤海無棣（今山東慶雲縣）人。唐末進士，唐末、五代大臣。傳見本書卷六七、《新五代史》卷五四。

[10]戊申，魏王繼岌、樞密使侍中郭崇韜進發西征：《舊五代史考異》：“案：原本衍‘辛巳幸壽安陵甲寅’八字，今删去。”

[11]太子少師：官名。與太子少傅、太子少保合稱“三少”，唐後期、五代多爲大臣、勳貴加官。從二品。　致仕：官員告老辭官。　薛廷珪：人名。河東（今山西永濟市）人。唐末、五代文臣。傳見本書卷六八。　太子少師致仕薛廷珪卒：《舊五代史考異》：“案：原本作‘少保’，今據《列傳》改正。”見《輯本舊史》卷六八《薛廷珪傳》，《輯本舊史》卷三一《唐莊宗紀五》：同光二年正月，“戊午，以前太子少師薛廷珪爲檢校戶部尚書、太子少師致仕”。

[12]司天：官署名。即司天監。其長官亦稱司天監，掌天文、曆法以及占候等事。參見趙貞《唐宋天文星占與帝王政治》，北京師範大學出版社2016年版。　三辰：中國古代對日、月、星的稱謂。

[13]尖山：地名。位於今河南宜陽縣。

　　冬十月庚申朔，宰臣及文武三品以上官赴長壽宮，上大行皇太后謚曰貞簡皇太后。辛酉，幸甘泉，[1]遂幸壽安陵。壬戌，魏王繼岌率師至鳳翔，先遣使馳檄以諭蜀部。丁卯，奉皇太后尊謚寶册赴西宮靈座，[2]宰臣豆盧革攝太尉讀册文，吏部尚書李琪讀寶文，百官素服班於長壽宮門外奉慰。淮南楊溥遣使進慰禮。[3]己巳，中書上言：“貞簡太后陵請以坤陵爲名。”從之。初卜山陵，帝欲祔於代州武皇陵，[4]奏議：“天子以四海爲家，不當分其南北。”乃於壽安縣界別卜是陵。[5]丙子，以前翰林學士、户部侍郎馮道依前本官充職。[6]戊寅，西征之師入大散關，僞命鳳州節度使王承捷、故鎮屯駐指揮使唐景思次第迎降，得兵一萬二千、軍儲四十萬。[7]又下三泉，[8]得軍儲三十餘萬。自是師無匱乏，軍聲大振。辛巳，僞興州刺史王承鑒、成州刺史王承朴棄城遁去，[9]康延孝大破蜀軍於三泉。時王衍將幸秦州，以其軍五萬屯於利州。[10]聞我師至，遣步騎三萬逆戰於三泉，延孝與李嚴以勁騎三千擊之，蜀軍大敗，斬首五千級，餘衆奔潰。王衍聞敗，自利州奔歸成都，斷吉柏津浮梁而去。[11]丁亥，文武百官上表，以貞簡皇太后靈駕發引，請車駕不至山陵所。戊子，葬貞簡太后於坤陵。己丑，魏王繼岌至興州，僞東川節度使宋光葆以梓、綿、劍、龍、普五州來降，[12]武定軍使王承肇以洋、蓬、壁三州來降，[13]興元節度使王宗威以梁、開、通、渠、潾五州來降，[14]階州刺史王承岳納符印請命，[15]秦州節度使王承休棄城自扶州路奔於西川。[16]

[1]甘泉：水名。位於今河南洛陽市。

[2]奉皇太后尊謚寶册赴西宮靈座：中華書局本有校勘記：“‘西宮’，原作‘西京’，據劉本、邵本校及本卷上文改。”

[3]淮南：方鎮名。治所在揚州（今江蘇揚州市）。唐昭宗景福元年（892）以楊行密爲節度使。　楊溥：五代十國吳睿帝，後禪位於徐知誥。傳見本書卷一三四、《新五代史》卷六一。

[4]代州：州名。治所在今山西代縣。　武皇陵：即後唐太祖

李克用陵墓。

[5]壽安縣：縣名。治所在今河南宜陽縣。 "初卜山陵"至"乃於壽安縣界別卜是陵"：《舊五代史考異》："案《五代會要》載中書門下奏議云：'人君以四海爲家，不當分異南北。洛陽是帝王之宅，四時朝拜，理須便近，不能遠幸代州。且漢朝諸陵，皆近秦雍，國朝陵寢，布列京畿。後魏文帝自代遷洛之後，園陵皆在河南，兼敕勳臣之家，不許北葬，今魏氏諸陵尚在京畿。祔葬代州，理未爲允。'從之。"見《會要》卷四皇后陵條後唐同光三年（925）十月記事。

[6]户部侍郎：官名。尚書省户部次官。協助户部尚書掌天下田户、均輸、錢穀之政令。正四品下。 馮道：人名。瀛州景城（今河北滄縣）人。五代時官拜宰相，歷仕後唐、後晋、後漢、後周，亦曾臣服於契丹。傳見本書卷一二六、《新五代史》卷五四。

[7]大散關：關隘名。位於今陝西寶鷄市大散嶺上。 西征之師入大散關：《舊五代史考異》："案《九國志·趙廷隱傳》云：自入敵境，即禁兵士焚廬舍，剽財物，蜀人德之。"見《九國志》卷七《後蜀·趙廷隱傳》。 鳳州：州名。治所在今陝西鳳縣。 王承捷：人名。籍貫不詳。前蜀將領。事見本書本卷、卷五一、卷五七。 鎮屯駐指揮使：官名。駐屯軍將領。 唐景思：人名。秦州（今甘肅天水市）人。五代將領。傳見本書卷一二四、《新五代史》卷四九。

[8]三泉：地名。位於今重慶市南川區。

[9]興州：州名。治所在今陝西略陽縣。 刺史：官名。漢武帝時始置。州一級行政長官。總掌考覈官吏、勸課農桑、地方教化等事。唐中期以後，節度、觀察使轄州而設，刺史爲其屬官，職任漸輕。從三品至正四品下。 王承鑒：人名。籍貫不詳。本書僅此一見。 成州：州名。治所在今甘肅成縣。 王承朴：人名。籍貫不詳。本書僅此一見。

[10]秦州：州名。治所在今甘肅天水市。 利州：州名。治所

在今四川廣元市。

[11]成都：府名。治所在今四川成都市。　吉柏津：渡口。在吉柏江上。位於今四川廣元市西南昭化鎮北。　斷吉柏津浮梁而去：《舊五代史考異》：“《通鑑》作桔柏，考《歐陽史》亦作吉柏，今仍其舊。”《宋本冊府》卷二九一《宗室部・立功門二》魏王繼岌條作“吉柏津”，《新五代史》卷一四《莊宗子繼岌傳》作“吉柏江浮橋”，《通鑑》卷二七三同光三年十月戊子條作“桔柏津浮梁”。

[12]東川：方鎮名。治所在梓州（今四川三臺縣）。　梓：州名。治所在今四川三臺縣。　綿：州名。治所在今四川綿陽市。劍：州名。治所在今四川劍閣縣。　龍：州名。治所在今四川平武縣。　普：州名。治所在今四川安岳縣。

[13]武定軍：方鎮名。治所在洋州（今陝西洋縣）。　王承肇：人名。籍貫不詳。前蜀將領。事見本書本卷、卷五一。　洋：州名。治所在今陝西洋縣。　蓬：州名。治所在今四川儀隴縣。壁：州名。治所在今四川通江縣。　武定軍使王承肇以洋蓬壁三州來降：中華書局本有校勘記：“‘洋蓬壁’，原作‘達蓬壁’，據本書卷五一《魏王繼岌傳》、《冊府》卷二九一、《通鑑》卷二七三改。按《太平寰宇記》卷一三七記達州，唐爲通州，宋乾德二年始改爲達州；又據同書卷一四〇，山南西道有壁州。”見《輯本舊史》卷五一《魏王繼岌傳》、《宋本冊府》卷二九一、《通鑑》卷二七三同光三年十月乙丑條。

[14]興元：府名。治所在今陝西漢中市。　王宗威：人名。籍貫不詳。前蜀將領。事見本書本卷、卷五一。　梁：州名。治所在今陝西漢中市。　開：州名。治所在今重慶市開州區。　通：州名。治所在今四川達州市。　渠：州名。治所在今四川渠縣。潾：州名。治所在潾山縣（今四川大竹縣東南，一説今四川鄰水縣東南）。　興元節度使王宗威以梁、開、通、渠、潾五州來降：潾，中華書局本沿《輯本舊史》作“麟”，且有校勘記：“《通鑑》

卷二七三胡注：'渠州潾山縣，唐武德元年置潾州，八年州廢，以潾山縣屬渠州；當是蜀復置潾州也。"麟"當作"潾"。'"但未改。見《通鑑》卷二七三同光三年十月己丑條胡注，今據改。

[15]階州：州名。治所在今甘肅隴南市武都區。 王承岳：人名。籍貫不詳。事見本書本卷。

[16]王承休：人名。籍貫不詳。前蜀宦官。傳見《十國春秋》卷四六《前蜀十二·王承休傳》。《輯本舊史》之影庫本粘籤："原本作'成休'，今據《通鑑》及《十國春秋》改正。"見《通鑑》卷二七三同光三年十月己丑條、《十國春秋》卷四六。但《十國春秋》爲清人吳任臣著，如僅有《十國春秋》，不足爲據。下同。扶州：州名。治所在今四川九寨溝縣東北。 西川：方鎮名。劍南西川的簡稱。治所在成都府（今四川成都市）。 階州刺史王承岳納符印請命，秦州節度使王承休棄城自扶州路奔於西川：《舊五代史考異》卷二《唐書九·莊宗紀七》："案《太平廣記》引《王氏見聞記》云：王承休握銳兵於天水，兵刃不舉。既知東軍入蜀，遂擁麾下之師及婦女孩幼萬餘口、金銀繒帛，於西蕃買路歸蜀。沿路爲西蕃擄奪，凍餓相踐而死，迨至蜀，存者百餘人，唯與田宗汭等脫身而至。魏王使人問之曰：'親握重兵，何得不戰？'曰：'畏大王神武，不敢當其鋒。'曰：'何不早降？'曰：'蓋緣王師不入封部，無門納款。'曰：'初入蕃部幾許人？'曰：'萬餘口。''今存者幾何？'曰：'纔及百數。'魏王曰：'汝可償萬人之命。'遂斬之。"見《太平廣記》卷二四一引《王氏見聞記·諂佞三》王承休條。其中，"沿路爲西蕃擄奪"，中華書局本有校勘記："'西蕃'，《太平廣記》卷二四一引《王氏聞見錄》作'左袵'。"

十一月庚寅朔，帝幸壽安，號慟於坤陵。戊戌，以振武節度使朱守殷爲兗州節度使。[1]徐州、鄆都上言，十月二十五日夜，地大震。[2]康延孝至利州，修吉柏津浮梁。僞昭武軍節度使林思諤來降。[3]辛丑，魏王過利州，帝賜王衍詔，諭以禍福。甲辰，魏王至劍州，僞武信軍節度使王宗壽以遂、合、渝、瀘、忠五州來降。[4]丁未，高麗國遣使貢方物。[5]康延孝、李嚴至漢州，[6]王衍遣人送牛酒請降，李嚴遂先入成都。戊申，祔貞簡皇太后神主於太廟。己酉，魏王至綿州，[7]王衍遣使上牋歸命。庚戌，皇弟鄆州節度使存霸、滑州節度使存渥、左金吾大將軍晋州節度使存乂、邢州節度使存紀，[8]並授起復雲麾將軍、右金吾大將軍同正。[9]荆南節度使高季興奏，收復歸、夔、忠等州。[10]辛亥，魏王至德陽。[11]僞六軍使王宗弼報，王衍舉家遷於西宅，宗弼權稱西川兵馬留後；又報僞樞密使宋光嗣景潤澄、宣徽使李周輅歐陽晃同有異謀，惑亂蜀主，已梟斬訖。[12]壬子，王衍遣使上表請降。癸丑，以吳越國馬步統軍使、檢校太傅錢元球爲檢校太尉、守侍中，充靜海軍節度使。[13]乙卯，魏王至西川城北。[14]丙辰，蜀主王衍出降，語在《衍傳》。[15]丁巳，大軍入成都，法令嚴峻，市不易肆。自興師凡七十五日蜀平，得兵士三萬、兵仗七百萬、糧三百五十三萬、錢一百九十二萬貫、金銀共二十二萬兩、珠玉犀象二萬、紋錦綾羅五十萬，得節度州十、郡六十四、縣二百四十九。[16]己丑，禮儀使奏：“貞簡皇太后升祔禮畢，一應宗廟伎樂及諸祀並請仍舊。”從之。

[1]振武：方鎮名。後梁末帝貞明二年（916）以前，治所位於單于都護府城（今内蒙古和林格爾縣）。貞明二年單于都護府城

爲契丹占據。此後至後唐末帝清泰三年（936），治所位於朔州（今山西朔州市朔城區）。後晉隨燕雲十六州割予契丹，改名順義軍。

　　朱守殷：人名。籍貫不詳。後唐將領。傳見本書卷七四、《新五代史》卷五一。　　兗州：方鎮名。治所在今山東濟寧市兗州區。

　　[2]徐州：州名。治所在今江蘇徐州市。

　　[3]昭武軍：方鎮名。治所在利州（今四川廣元市）。　　林思諤：人名。籍貫不詳。前蜀將領。事見本書本卷、卷三四。《舊五代史考異》：“案：原本作‘世諤’，今據《通鑑》《十國春秋》改正。”見《通鑑》卷二七三同光二年八月乙亥條、卷二七四同光三年十一月戊戌條，《十國春秋》卷四三《前蜀九·林思諤傳》。

　　[4]武信軍：方鎮名。治所在遂州（今四川遂寧市）。　　王宗壽：人名。許州（今河南許昌市）人。王建養子。事見本書本卷、卷一三六，《新五代史》卷六三、卷六九。　　遂：州名。治所在今四川遂寧市。　　合：州名。治所在今重慶市合川區。　　渝：州名。治所在今重慶市。　　瀘：州名。治所在今四川瀘州市江陽區。　　忠：州名。治所在今重慶市忠縣。　　僞武信軍節度使王宗壽以遂、合、渝、瀘、忠五州來降：中華書局本改“忠”作“昌”，有校勘記：“‘昌’，原作‘忠’，據《通鑑》卷二七四改。按《新唐書》卷六八《方鎮表五》：‘（乾寧四年）置武信軍節度使，領遂、合、昌、渝、瀘五州。’”《舊五代史考異》：“案《九國志·王宗壽傳》：王衍時爲武信軍節度使，唐師入境，郭崇韜遣使遺宗壽書，宗壽不納，聞衍降，乃治裝赴闕。《歐陽史·蜀世家》亦言，宗壽獨不降，聞衍已銜璧，大慟，從衍東遷。據《薛史》，則王衍未送款，宗壽已降矣，與《九國志》異。”見《九國志》卷六《前蜀·王宗壽傳》，《通鑑》卷二七四同光三年十一月甲辰條。其中，“歐陽史蜀世家亦言宗壽獨不降聞衍已銜璧大慟從衍東遷”，中華書局本有校勘記：“以上二十四字原闕，據殿本考證補。”

　　[5]高麗國：古國名。又稱高句麗。故地在今朝鮮半島北部。4世紀後強大，與新羅、百濟鼎足爭雄。總章元年（668），爲唐所

滅。918 年，後三國（即朝鮮新羅、後百濟、泰封）之一泰封國武將王建推翻其統治者弓裔，稱王，改國號高麗，都開京（今朝鮮開城市），史稱"王氏高麗"。漸合併新羅、後百濟，重新統一朝鮮半島。參見鄭麟趾等《高麗史》，西南師範大學出版社 2014 年；楊軍《高句麗民族與國家的形成和演變》，中國社會科學出版社 2006年版。

［6］漢州：州名。治所在今四川廣漢市。

［7］綿州：州名。治所在今四川綿陽市。

［8］鄆州：方鎮名。治所在鄆州（今山東東平縣）。　存霸：人名。即李存霸。沙陀部人。李克用之子，五代軍閥。傳見本書卷五一、《新五代史》卷一四。　存渥：人名。李克用之子，後唐莊宗李存勗之弟。傳見本書卷五一、《新五代史》卷一四。　左金吾大將軍：官名。掌宫禁宿衛。唐代置十六衛，即左右衛、左右驍衛、左右武衛、左右威衛、左右領軍衛、左右金吾衛、左右監門衛、左右千牛衛，各置上將軍，從二品；大將軍，正三品；將軍，從三品。　晉州：州名。治所在今山西臨汾市。　存義：人名。即李存義。李克用子，李存勗弟。後唐莊宗同光三年（925）封睦王。後以郭崇韜之婿故爲李存勗所殺。傳見本書卷五一、《新五代史》卷一四。　邢州：方鎮名。治所在邢州（今河北邢臺市）。　存紀：人名。即李存紀。李克用子，李存勗弟。傳見本書卷五一、《新五代史》卷一四。

［9］雲麾將軍：官名。武散官，無實際執掌。從三品。　右金吾大將軍：官名。唐代置十六衛之一。掌宫禁宿衛。正三品。　同正：即"員外置同正員"。古代官員名額有定數，是爲"正員額"。在正員額以外所任官員，稱爲"員外置"。"員外置同正員"是指雖在正員額之外，但待遇同於正員官。

［10］歸：州名。治所在今湖北秭歸縣。　夔：州名。治所在今重慶市奉節縣。

［11］德陽：縣名。治所在今四川德陽市。

[12]六軍使：官名。總領左右羽林、左右龍武、左右神武六部皇宮禁軍。　王宗弼：人名。籍貫不詳。王建養子，前蜀高級官員。事見本書本卷、卷五七。　兵馬留後：官名。唐、五代時，代行方鎮長官之職者稱留後。代行州兵馬使之職者，即爲兵馬留後。掌本州兵馬。　景潤澄：人名。籍貫不詳。前蜀宦官。事見本書本卷。　宣徽使：官名。唐後期置。宣徽院的長官，初用宦官，五代以後改用士人。掌內諸司及三班內侍之名籍，郊祀、朝會、宴享供帳之儀，應內外進奉，悉檢視名物，用其印。　李周輅：人名。籍貫不詳。前蜀官員。事見本書本卷、卷一三六。　歐陽晃：人名。籍貫不詳。前蜀宦官。事見本書本卷、卷一三六。　"僞六軍使王宗弼報"至"已梟斬訖"："宣徽使"，《輯本舊史》之影庫本粘籤："原本作'宣崇'，今據《十國春秋》改正。"《十國春秋》卷三九《前蜀五·王宗弼傳》無宗弼斬宣徽使李周輅等事。此據《通鑑》卷二七四同光三年十一月己酉條、《太平廣記》卷二四一《詭佞三·王承休傳》引《王氏見聞記》。《舊五代史考異》："案《九國志·王宗弼傳》：唐師陷鳳州，衍遣三招討屯三泉以拒唐師，未戰，三招討俱遁走，因令宗弼守綿谷而誅三招討，宗弼遂與三招討同送款於魏王。乃還成都，斬宋光嗣等，函首送於魏王，遷衍及母妻於西宮。《通鑑》作李嚴至成都，宗弼猶乘城爲守備，與《九國志》異。"見《九國志》卷六《前蜀·王宗弼傳》、《通鑑》卷二七四同光三年十一月丁未條。

[13]吳越國：政權名。五代時十國之一，錢鏐所建。唐景福二年（893），錢鏐任鎮海、鎮東兩節度使，以杭州爲治所。天復二年（902）錢鏐受唐封爲越王。後梁開平元年（907）又封錢鏐爲吳越王。吳越國建都杭州，統治地區有今浙江、江蘇西南部、福建東北部等，共十三州。吳越在十國中相對安定，修築了錢塘江石塘等水利事業，農業、手工業、商業比較發達。錢鏐死後，宋太宗太平興國三年（978），錢俶向北宋納土，吳越亡。凡五主，共七十二年。錢鏐傳見本書卷一三三、《新五代史》卷六七。　馬步統軍使：官

名。吳越國馬步軍長官。　錢元球：人名。臨安（今浙江杭州市）人。吳越國官員。事見本書本卷、卷三七、卷四七。　静海軍：方鎮名。唐時舊鎮。治所在今越南河內市。

[14] 西川城：即成都府，治所在今四川成都市。

[15] 丙辰，蜀主王衍出降，語在《衍傳》：《舊五代史考異》："案：王衍出降在十一月丙辰，《通鑑》與《薛史》同，《歐陽史》作己酉，蓋據其上牋歸命之日而先書之，其實己酉唐師尚在綿州，未入成都也。《五代春秋》作十二月，蜀王衍降，尤誤。"《輯本舊史》卷一三六《王衍傳》引《大典》卷六八四九爲"王"字韻"姓氏（三四）"事目，其載："十一月二十一日（庚戌）衍上表歸降，二十七日（丙辰）衍出降。"《五代春秋》卷上《唐莊宗紀》作"十一月，蜀王衍降"，不誤。又見《新五代史》卷五《唐莊宗紀下》、《通鑑》卷二七四同光三年十一月丙辰條。

[16] 得兵士三萬：中華書局本有校勘記："'三萬'，《册府》卷二〇作'一十三萬'，《新五代史》卷二四《郭崇韜傳》作'三十萬'。"見明本《册府》卷二〇《帝王部·功業門二》。　糧三百五十三萬：中華書局本有校勘記："'三百五十三萬'，《册府》卷二〇、《新五代史》卷二四《郭崇韜傳》作'二百五十三萬'。"明本《册府》卷二〇作"三百五十三萬"。　錢一百九十二萬貫：中華書局本有校勘記："'一百九十二萬'，《册府》卷二〇作'一百九十三萬'。"

十二月壬戌，以前雲州節度使李存敬爲同州節度使；以同州節度使、檢校太保、同平章事李令德爲遂州節度使，以邠州節度使、檢校太保董璋爲劍南東川節度副大使、知節度事；以華州節度使毛璋爲邠州節度使，以左金吾大將軍史敬鎔爲華州節度使。[1] 丁卯，以武寧軍節度副使李紹文爲洋州觀察留後。[2] 庚午，宴諸王武臣於長春殿，始用樂。[3]丙子，以北京副留守、知留守事太原尹孟知祥爲檢校太傅、同平章事、成都尹、劍南西川節度副大使、知節度事、西山八國雲南都招撫等使；[4]以户部尚書王正言爲檢校吏部尚書、守興唐尹，充鄴都副留守；[5]以鄴都副留守、興唐尹張憲檢校吏部尚書、太原尹，充北京副留守、知留守事。[6]己卯，以臘辰狩於白沙，[7]皇后、皇子、宫人畢從。庚辰，次伊闕。[8]辛巳，次潭泊。壬午，次龕潤。[9]癸未，還宫。是時大雪苦寒，吏士有凍踣於路者。伊汝之民，飢乏尤甚，衛兵所至，責其供餉，既不能給，因壞其什器，撤其廬舍而焚之，甚於剽劫。縣吏畏恐，竄避於山谷間。甲申，出御札示中書門下，以今歲水災異常，所在人户流徙，以避徵賦，關市之征，抽納繁碎，宜令宰臣商量條奏。丙戌，第三姑宋氏封義寧大長公主，長姊孟氏封瓊華長公主，第十一妹張氏封瑶英長公主。[10]

[1]雲州：方鎮名。治所在今山西大同市。　李存敬：人名。籍貫不詳。後唐將領。事見本書本卷、卷二七。　檢校太保：官名。爲散官或加官，以示恩寵，無實際執掌。太保，與太師、太傅合稱三師。　節度副大使：官名。方鎮中僅次於節度使之使職，如持節，則位同於節度使。　史敬鎔：人名。太原（今山西太原市）人。後唐將領。傳見本書卷五五。

[2]武寧軍：方鎮名。治所在徐州（今江蘇徐州市）。　節度副使：官名。唐、五代方鎮屬官。位在行軍司馬之下、判官之上。　李紹文：人名。鄆州（今山東東平縣）人，原名張從楚。後唐將領。傳見本書卷五九。　觀察留後：官名。唐、五代時，代行方鎮長官之職者稱留後。代行觀察使之職者，即爲觀察留後。掌一州或

數州軍政。　以武寧軍節度副使李紹文爲洋州觀察留後：中華書局本有校勘記："'洋州'，原作'兗州'，據本書卷三四《唐莊宗紀八》、卷五九《李紹文傳》改。"見《輯本舊史》卷三四《唐莊宗紀八》同光四年（929）二月戊申條，《輯本舊史》卷五九《李紹文傳》作"洋州節度留後，領鎮江軍節度"。

　　[3]長春殿：宮殿名。位於今河南洛陽市。　始用樂：《輯本舊史》之影庫本粘籤："原本作'紹用'，今據文改正。"

　　[4]北京副留守、知留守事：官名。名義上爲北京留守副官，實際執掌政務。北京，即太原府（今山西太原市）。古代在都城、陪都或軍事重鎮所設留守、副留守，由地方行政長官兼任。中華書局本有校勘記："'北京副留守知留守事'，原作'北京副留守事'，據《册府》（宋本）卷八六五改。殿本作'北京副留守'。"《宋本册府》卷八六五《總錄部·報恩門》郭崇韜條載郭崇韜報孟知祥推舉之恩事，作"北京副留守孟知祥"。　太原尹：官名。唐玄宗開元十一年（723）改并州爲太原府，治所在今山西太原市。太原尹總其政務。從三品。　孟知祥：人名。邢州龍岡（今河北邢臺市）人。李克用女婿，後蜀開國皇帝。傳見本書卷一三六、《新五代史》卷六四。　成都尹：官名。成都府最高行政長官。　劍南西川：方鎮名。治所在成都府（今四川成都市）。　西山八國雲南：又稱"雲南八國"。泛指西川南邊和西邊的少數民族諸部。詳見劉復生《"雲南八國"辨析——兼談北宋與大理國的關係》，《四川大學學報》2002年第6期。　都招撫等使：官名。掌招撫征伐之事。係臨時設置之統兵官。

　　[5]檢校吏部尚書：官名。爲散官或加官，以示恩寵，無實際執掌。　興唐尹：官名。後唐莊宗同光元年，改魏州爲興唐府。以興唐尹總其政務。從三品。　副留守：官名。古代在都城、陪都或軍事重鎮所設留守，由地方行政長官兼任。副留守爲留守之貳。

　　[6]張憲：人名。晉陽（今山西太原市）人。後唐官員。傳見本書卷六九、《新五代史》卷二八。

［7］白沙：地名。位於今河南洛陽市。《通鑑》卷二七四胡三省注：“自白沙至龕澗，其地皆在洛陽東。”

［8］伊闕：山名。又名闕塞山、龍門山。位於今河南洛陽市。因兩山相對如闕，伊水流經其間而得名。

［9］龕澗：地名。位於今河南洛陽市。　辛巳，次潭泊。壬午，次龕澗：中華書局本有校勘記：“原作‘壬寅’，據殿本、《通鑑》卷二七四改。按是月庚申朔，無壬寅，壬午爲二十三日。”《舊五代史考異》：“案：原本‘潭泊’訛‘覃泊’，‘龕澗’訛‘寵澗’，今並從《通鑑》改正。”見《通鑑》卷二七四同光三年十二月辛巳、壬午條。

［10］義寧大長公主：後唐莊宗第三姑。適宋氏。本書僅此一見。　瓊華長公主：孟知祥之妻。事見本書本卷、卷一三六。《舊五代史考異》：“案：《通鑑》以瓊華爲克讓女，則莊宗之從姊也。《隆平集》《東都事略·孟昶傳》並云：‘父知祥，尚唐莊宗妹。’俱與《薛史》異。”見《隆平集》卷一二《僞國西蜀》孟昶條、《東都事略》卷二三《孟昶傳》。《通鑑》卷二七五天成二年（927）四月丙申條未言瓊華爲克讓女之事，《會要》卷二公主條作：“後唐武皇長女瓊華長公主（降孟知祥，同光三年十二月封）。”“則莊宗之從姊也”，中華書局本有校勘記：“‘莊宗’，原作‘莊公’，據殿本《考證》改。”瓊華長公主爲武皇女抑從女，有兩説。

閏十二月甲午，[1]賜中書門下詔曰：

朕聞古先哲王，臨御天下，上則以無偏無黨爲至治，次則以足食足兵爲遠謀，緬惟前修，誠可師範。朕纂承鳳曆，嗣守鴻圖，三載於兹，萬機是總，非不知五兵未弭，兆庶多艱，蓋賴卿等寅亮居懷，康濟爲務，冀盡賦輿之理，[2]洞詢盍徹之規。今則潛按方區，備聆謡俗，或力役罕均其勞逸，或賦租莫辨於後先，但以督促爲名，煩苛不已。被甲胄者何嘗充給，趨朝省者轉困支持，州閭之貨殖全疎，天地之災祥屢應。以至星辰越度，[3]旱潦不時，農桑失業於丘園，道殣相望於郊野，生靈及此，寢食寧遑，豈非朕德政未孚，焦勞自掇者耶！[4]

[1]閏十二月甲午：中華書局本有校勘記：“‘閏’字原闕，據殿本、《册府》卷一〇三補。按十二月庚申朔，無甲午，閏十二月己丑朔，甲午爲初六。”見明本《册府》卷一〇三《帝王部·招諫門二》。

[2]冀盡賦輿之理：中華書局本有校勘記：“‘賦’，原作‘數’，據《册府》卷一〇三改。”

[3]以至星辰越度：《輯本舊史》之影庫本粘籤：“越度，原本作‘越展’，今據文改正。”明本《册府》卷一〇三作“越度”，可爲書證。

[4]焦勞自掇者耶：中華書局本有校勘記：“‘掇’，原作‘拙’，據《册府》卷一〇三改。”

朕昨親援毫翰，軫念瘝痍，一則詢爾謀猷，一則表予宵旰，未披來奏，轉撓於懷，敢不翼翼罪躬，乾乾軫慮。咨爾四岳，弼予一人，何不舉賢才，裨寡昧。百辟之內，群后之間，莫不有盡忠者被掩其能，抱器者艱陳其力。或草澤有遺逸之士，山林多屈滯之人，爾所不知，吾將安訪。卿等位尊調鼎，名顯代天，既逢不諱之朝，何悋由衷之説，[1]當宜歷告中外，急訪英髦。應在任及前資文武官已下，至草澤之士，[2]有濟國治民、除姦革弊者，並宜各獻封章，朕當選擇施行。其近宣御札，亦告諭内外，體朕意焉。

是時，兩河大水，戶口流亡者十四五，都下供饋不充，軍士乏食，乃有鬻子去妻，老弱採拾於野，殍踣於行路者。州郡飛輓，旋給京師，租庸使孔謙日於上東門外佇望其來，[3]算而給之。加以所在泥潦，輦運艱難，愁歎之聲，盈於道路，四方地震，天象乖越。帝深憂之，問所司濟贍之術。孔謙比以吏進，故無保邦濟民之要務，唯以急刻賦斂爲事。樞密承旨段徊奏曰：“臣見本朝時或遇歲時災歉，國用不足，天子將求經濟之要，則内出朱書御札，以訪宰臣，請陛下依此故事行之。”[4]即命學士草詞，帝親札以訪宰臣，非帝憂民之實也。時宰相豆盧革等依阿狗旨，竟無所陳，但云：“陛下威德冠天下，今西蜀平定，珍寶甚多，可以給軍。水旱作沴，天之常道，不足以貽聖憂。”中官李紹宏奏曰：“俟魏王旋軍之後，若兵額漸多，饋輓難給，請且幸汴州，以便漕輓。”[5]時群臣獻議者亦多，大較詞理迂闊，不中時病。唯吏部尚書李琪引古田租之法，從權救弊之道，上疏言之，帝優詔以獎之。丁酉，詔僞蜀私署官員等：“惟名與器，不可假人，況是遐僻偏方，借竊僞署，因時亂而濫稱名位，歸國體而悉合削除。但恐當本朝屯否之時，有歷代簪纓之士，既陷彼土，遂授僞官。又慮有曾受本朝渥恩，當時已居班秩，須爲升降，不可通同。應僞署官至太師、太傅及三少，并太尉、司徒、司空、侍中、中書令、左右僕射已上，並宜降至六尚書，臨時更約僞署高低爲六行次第。[6]階至開府、特進、金紫者，宜令文班降至朝散大夫，武班降至銀青。[7]爵僞署將相已上與開國男，[8]餘並不得更稱封爵，其有功臣者削去。[9]如是僞署節鎮，伐罪之初，率先向化及立功效者，宜委繼岌、崇韜臨時獎任。其刺史但許稱使君，不得更有檢校官。[10]其僞署班行正四品已上，[11]酌此降黜，五品已下，如不曾經本朝授官，若材智有聞，即許於府縣中量材任使；如無材智可録，[12]止是蜀地土人，並宜放歸田里。如是西班有稱統軍上將軍者，[13]若是本朝功臣子孫及將相之嗣，並據人材高下，與諸衛小將軍、府率、中郎將，[14]次第授任。如是小將軍已下，據人材堪任使者，宜委西川節度使銜前補押銜；[15]不堪任使者，亦宜放歸田里。應已前降官，除軍前量事迹任使外，餘並稱前銜，候朝廷續據才行任使。"庚子，彰武、保大等節度使高萬興卒。[16]甲辰，淮南楊溥遣使朝貢。乙巳，以晋州節度使李存乂爲鄜州節度使，以相州刺史李存確爲晋州節度使。[17]丙午，兩省諫官上疏，請車駕不巡幸汴州，凡三上章，乃允。庚戌，魏王繼岌奏，遣秦州副史徐藹齎書招諭南詔蠻。[18]又奏，點到兩川馬九千五百三十匹。[19]辛亥，制皇第二弟存霸可封永王，第三弟存美可封邕王，第四弟存渥可封申王，第五弟存乂可封睦王，第六弟存確可封通王，第七弟存紀可封雅王。[20]是歲，日傍有背氣，凡十三。《永樂大典》卷七千一百五十七。[21]

　　[1]何慳由衷之説：中華書局本有校勘記：“‘慳’，原作‘怯’，據殿本、劉本、邵本、彭本、《册府》卷一〇三改。影庫本批校：‘“怯”應作“慳”。’”

　　[2]應在任及前資文武官已下，至草澤之士：中華書局本有校勘記：“‘任’，原作‘仕’，據明本《册府》卷一〇三改。”《册府》卷一〇三作“應在任及前資文武官，下至草澤之士”。

　　[3]租庸使：官名。唐代爲主持催徵租庸地税的財政官員。後梁、後唐時，租庸使取代鹽鐵、度支、户部，成爲中央財政長官。

　　上東門：城門名。爲洛陽城門。位於今河南洛陽市。《輯本舊史》之影庫本粘籤：“上東門，原本作‘尚東門’，據《通鑑》注云：洛城東面三門，中曰建春，左曰上東，右曰永通。今改正。”見《通鑑》卷二七四同光三年（925）十二月己卯條胡注。

　　[4]樞密承旨：官名。五代設樞密院承旨和樞密院副承旨，以各衛將軍擔任。主管樞密院承旨司之事。　段徊：人名。籍貫不詳。後唐官員，時任樞密承旨。事見本書本卷、卷三二。　國用不足：中華書局有校勘記：“‘用’，原作‘費’，據《通鑑》卷二六三胡注引《薛史》改。”《通鑑》卷二六三天復三年（906）正月辛亥條胡注引《薛史》作：“《薛史》載莊宗朝段徊奏曰：‘唐制，或歲時災歉，國用不足，天子將求經濟之要，則内出朱書御札以訪群臣。’”

　　[5]李紹宏：人名。籍貫不詳。後唐莊宗近臣。事見本書卷二九、卷三四、卷三五、卷五七。　俟魏王旋軍之後：《輯本舊史》之影庫本粘籤：“俟魏王，原本脱‘王’字，今據文增入。”

　　[6]太師：官名。與太傅、太保合稱三師，唐後期、五代多爲大臣、勳貴加官。正一品。　太傅：官名。與太師、太保合稱三師，唐後期、五代多爲大臣、勳貴加官。正一品。　三少：指太子少師、太子少傅、太子少保。唐後期、五代多爲大臣、勳貴加官。從二品。　司徒：官名。與太尉、司空並爲三公。唐後期、五代多爲大臣、勳貴加官。正一品。　司空：官名。與太尉、司徒並爲三

公。唐後期、五代多爲大臣、勳貴加官。正一品。　中書令：官名。漢代始置，隋、唐前期爲中書省長官，屬宰相之職；唐後期多爲授予元勳大臣的虛銜。正二品。　左右僕射：官名。秦始置。隋、唐前期以左、右僕射佐尚書令總理六官，綱紀庶務，如不置尚書令，則總判省事，爲宰相之職。唐後期多爲大臣加銜。從二品。

　六尚書：即尚書省六部尚書。

　[7]開府：官名。即開府儀同三司。文散官階品。從一品。特進：官名。文散官階品。正二品。　金紫：官名。即金紫光禄大夫。文散官階品。正三品。　朝散大夫：官名。文散官階品。從五品。　銀青：官名。即銀青光禄大夫。文散官階品。從三品。

　[8]開國男：官名。爵位。從五品。　爵僞署將相已上與開國男：中華書局本有校勘記：“‘上’，原作‘下’，據《五代會要》卷一七改。‘開國男’下《五代會要》卷一七有‘三百户’三字。”見《會要》卷一七僞官條。

　[9]其有功臣者削去：《舊五代史考異》：“案：此句疑有脱誤，據《五代會要》作其有功臣名號，並宜削去。”見《會要》卷一七僞官條。

　[10]不得更有檢校官：中華書局本有校勘記：“‘檢校官’，《五代會要》卷一七作‘檢校及兼官’。”《會要》卷一七僞官條作“如刺史有見任政績可稱者，但許稱使君，不得更有檢校及兼官”。

　[11]其僞署班行正官四品已上：中華書局本有校勘記：“‘官’字原闕，據《五代會要》卷一七補。”

　[12]如無材智可録：《輯本舊史》之影庫本粘籤：“原本脱‘無’字，今據《五代會要》增入。”見《會要》卷一七僞官條。

　[13]如是西班有稱統軍上將軍者：《舊五代史考異》：“原本作‘兩班’，今據《五代會要》改正。”見《會要》卷一七僞官條。

　[14]府率：中華書局本有校勘記：“《五代會要》卷一七作‘率府副率’。”見《會要》卷一七僞官條。

　[15]宜委西川節度使銜前補押衙：中華書局本有校勘記：“‘補

衙前’，原作‘衙前補’，據《五代會要》卷一七改。”見《會要》卷一七僞官條，作“補衙前押衙以下職”。

[16]彰武：方鎮名。治所在延州（今陝西延安市）。 保大：方鎮名。治所在鄜州（今陝西富縣）。 高萬興：人名。延州（今陝西延安市）人。五代將領，高懷遷之子。傳見本書卷一三二、《新五代史》卷四○。

[17]鄜州：此處指保大軍。治所在鄜州（今陝西富縣）。 相州：方鎮名。即昭德軍。治所在相州（今河南安陽市）。 李存確：人名。李克用之子，後唐莊宗李存勖之弟。傳見本書卷五一、《新五代史》卷一四。

[18]徐藹：人名。籍貫不詳，本書僅此一見。 南詔：古國名。即蒙舍詔。隋末唐初，在今雲南大理洱海附近分佈有烏蠻、白族等少數民族，形成“六詔”，其中蒙舍詔因地處最南，故稱南詔。唐貞觀二十三年（649），其首領細奴邏建立“大蒙國”，附屬於唐，遣使進貢。唐玄宗開元年間，南詔主皮邏閣在唐朝支持下統一六詔，都於太和城（今雲南大理市太和村），唐封其爲雲南王。南詔大部分時間同唐保持密切聯繫，政治、經濟、文化制度受唐王朝影響，吸收了中原先進的生產技術。通用漢文，流行佛教。唐後期南詔因戰爭頻仍，國內矛盾加劇。唐昭宗天復二年（902）爲權臣鄭買嗣所滅。南詔立國二百五十四年，傳十三主。傳見《新五代史》卷七四。

[19]又奏，點到兩川馬九千五百三十匹：《舊五代史考異》：“案《清異錄》：莊宗滅梁平蜀，志頗自逸，命蜀匠織十幅無縫錦爲被材。被成，賜名‘六合被’。”見《清異錄》卷下《陳設門》六合被條，“蜀匠”下有“旋”字。

[20]存美：人名。李克用之子，後唐莊宗李存勖之弟。傳見本書卷五一、《新五代史》卷一四。 第七弟存紀可封雅王：《舊五代史考異》：“原本作‘睢王’，考《通鑑》及《歐陽史》皆作雅王，《薛史·宗室傳》亦作雅王，今改正。”見《輯本舊史》卷五

一《宗室傳三》、《新五代史》卷五《唐莊宗紀下》、《通鑑》卷二七四同光三年閏十二月辛亥條。

[21]《大典》卷七一五七"唐"字韻"莊宗（四）"事目。

唐書九

莊宗紀第七

舊五代史　卷三四

唐書十

莊宗紀第八

　　同光四年春正月戊午朔，帝不受朝賀。[1]契丹寇渤海。[2]壬戌，[3]詔以去歲災沴，物價騰踊，自今月三日後避正殿，減膳撤樂，以答天譴。應去年遭水災州縣，秋夏稅賦並與放免。自壬午年已前所欠殘稅及諸色課利，已有敕命放免者，尚聞所在却有徵收，宜令租庸司切準前敕處分。[4]應京畿内人户，有停貯斛斗者，並令減價出糶，如不遵行，當令檢括。西川王衍父子僞署將相官吏，[5]除已行刑憲外，一切釋放。天下禁囚，除十惡五逆、官典犯贓、屠牛鑄錢、放火劫舍、持刃殺人，[6]準律常赦不原外，應合抵極刑者，遞降一等。其餘罪犯，悉與減降。逃背軍健，並放逐便。癸亥，河中節度使李繼麟來朝。[7]諸州上言，準宣，爲去年十月地震，集僧道起消災道場。甲子，魏王繼岌殺樞密使郭崇韜於西川，[8]夷其族。丙寅，百官上表，請復常膳，[9]凡三上表，乃允之。西川行營都監李廷安進西川樂官二百九十八人。[10]契丹寇女真、渤海。[11]戊寅，契丹阿保機遣使貢良馬。庚辰，帝異母弟鄜州節度使存乂伏誅。[12]存乂，郭崇韜之子壻也，故亦及於禍。是日，以河中節度使、守太師、兼尚書令、西平王李繼麟爲滑州節度使，[13]尋令朱守殷以兵圍其第，[14]誅之，夷其族。辛巳，吐渾、奚各遣使貢馬。[15]鎮州上言，[16]部民凍死者七千二百六十人。又奏，準宣，進花果樹栽及抽樂人梅審鐸赴京。[17]甲申，以鄆州節度使、永王存霸爲河中節度使，以滑州節度使、申王存渥爲鄆州節度使。[18]乙酉，內人景姵上言：“昭宗遇難之時，皇屬千餘人同時遇害，爲三穴瘞於宮城西古龍興寺北，請改葬。”[19]從之，仍詔河南府監護其事。[20]丙戌，迴鶻可汗阿咄欲遣使貢良馬。[21]鎮州上言，平棘等四縣部民，[22]餓死者二千五十人。丁亥，詔朱友謙同惡人史武等七人，[23]已當國法，並籍没家產。武等友謙舊將，時皆爲刺史，並以無罪族誅。[24]

[1]同光：後唐莊宗李存勖年號（923—926）。

[2]契丹：古部族、政權名。4世紀中葉宇文部爲前燕攻破，始分離而成單獨的部落，自號契丹。唐貞觀中，置松漠都督府，以其首領爲都督。唐末強盛，916年迭剌部耶律阿保機建立契丹國（遼）。先後與五代、北宋並立，遼天祚帝保大五年（1125）爲金所滅。參見張正明《契丹史略》，中華書局1979年版。　渤海：古國名。武周聖曆元年（698），粟末靺鞨首領大祚榮建立政權。唐玄宗先天二年（713），唐朝册封大祚榮爲渤海郡王，其國遂以渤海爲

名。傳見本書卷一三八、《新五代史》卷七四。

[3]壬戌：《輯本舊史》之影庫本粘籤："壬戌，原本作'丙戌'，據上文爲戊午朔，下文有癸亥、甲子，不得先敘丙戌。《歐陽史》作壬戌，降死罪以下囚。今改正。"見《新五代史》卷五《唐本紀五》同光四年（926）正月壬戌條。明本《册府》卷九二《帝王部·赦宥門一一》有同光四年正月壬戌制。壬戌爲五日，癸亥爲六日，甲子爲七日。

[4]租庸司：官署名。唐時主持催徵租庸地稅。後梁、後唐時，取代鹽鐵、度支、户部，成爲中央財政机构。

[5]西川：方鎮名。治所在成都府（今四川成都市）。　王衍：人名。許州舞陽（今河南舞陽縣）人。王建幼子，前蜀皇帝。傳見本書卷一三六、《新五代史》卷六三。　西川王衍父子僞署將相官吏：中華書局本有校勘記："'父子'下原有'及'字，據《册府》卷九二删。按所放者爲亡蜀官吏，不包括蜀主王衍父子。"明本《册府》卷九二作"王衍父子僞署將相文武官及諸色職吏"。

[6]除十惡五逆、官典犯贓、屠牛鑄錢、放火劫舍、持刃殺人：中華書局本有校勘記："'鑄錢'，原作'毀錢'，據《册府》卷九二改。按顧炎武《日知録》卷二九：'唐時赦文每曰十惡五逆、火光行劫、持刃殺人、官典犯贓、屠牛鑄錢、合造毒藥不在原赦之限。'"見《日知録》卷二九吐蕃回紇條、明本《册府》卷九二同光四年正月壬戌制。

[7]河中：方鎮名。治所在河中府（今山西永濟市）。　節度使：官名。唐時在重要地區所設掌握一州或數州軍、民、財政的長官。　李繼麟：人名。即朱友謙。許州（今河南許昌市）人。唐末、五代軍閥。傳見本書卷六三、《新五代史》卷四五。

[8]繼岌：人名。即李繼岌。後唐莊宗長子，時封魏王。傳見本書卷五一、《新五代史》卷一四。　樞密使：官名。樞密院長官。五代時以士人爲之，備顧問、參謀議，出納詔奏，權侔宰相。參見李全德《唐宋變革期樞密院研究》，國家圖書館出版社2009年版。

郭崇韜：人名。代州雁門（今山西代縣）人。後唐大臣。傳見本書卷五七、《新五代史》卷二四。

[9]請復常膳：中華書局本有校勘記："'常'，原作'帝'，據邵本校、彭校改。"

[10]行營：統帥出征時辦公的地方。　都監：官名。唐代中葉命將出征，常以宦官爲監軍、都監。後爲臨時委任的統兵官，稱都監、兵馬都監。掌屯戍、邊防、訓練之政令。　李廷安：人名。籍貫不詳。後唐宦官。事見本書卷七四。　西川行營都監李廷安進西川樂官二百九十八人：《輯本舊史》之影庫本粘籤："進西川樂官，原本脱'西'字，今據文增入。"

[11]女真：部族名。源自肅慎部，五代時始稱女真。分布於今松花江、黑龍江下游，東至海。參見孫進己、孫泓《女真民族史》，廣西師範大學出版社 2010 年版。

[12]鄜州：方鎮名。治所在鄜州（今陝西富縣）。　存乂：人名。即李存乂。李克用子，李存勗弟。後唐莊宗同光三年（925）封睦王。後以郭崇韜之婿故爲李存勗所殺。傳見本書卷五一、《新五代史》卷一四。

[13]太師：官名。與太保、太傅並爲三師。唐後期、五代多爲大臣、勳貴加官。正一品。　尚書令：官名。秦始置。隋、唐前期爲尚書省長官，與中書令、侍中並爲宰相。因以李世民爲之，後皆不授，唐高宗廢其職。唐後期以李適、郭子儀有功而特授此職，爲大臣榮銜，不參與政務。五代因之。唐時爲正二品，後梁開平三年（909）升爲正一品。　滑州：方鎮名。治所在滑州（今河南滑縣）。

[14]朱守殷：人名。籍貫不詳。後唐將領。傳見本書卷七四、《新五代史》卷五一。　尋令朱守殷以兵圍其第：《舊五代史考異》："案：《歐陽史》作圍其館，胡三省云：《歐陽史》蓋謂朱友謙無私第在洛陽也。據《雲谷雜記》，唐末藩鎮入朝，館舍皆稱邸第，似無庸更易其字，《通鑑》仍從《薛史》作'第'。"見《新五代史》卷四五《朱友謙傳》、《通鑑》卷二七四天成元年（926）正

月庚辰條。

[15]吐渾：部族名。吐谷渾的省稱。源出鮮卑，後游牧於今甘肅、青海一帶。參見周偉洲《吐谷渾資料輯録》（增訂本），商務印書館 2017 年版。　奚：部族名。源出鮮卑宇文部。原稱庫莫奚，後省稱奚。參見畢德廣《奚族文化研究》，科學出版社 2016 年版。

[16]鎮州：州名。治所在今河北正定縣。

[17]梅審鐸：人名。籍貫不詳。本書僅此一見。　進花果樹栽及抽樂人梅審鐸赴京：中華書局本有校勘記：“‘梅審鐸’下《册府》卷一六九有‘等’字。”明本《册府》卷一六九《帝王部・納貢獻門》作：“四年正月，鎮州知州梁文矩奏，准宣，進花果樹栽及樂官梅審鐸等並已赴闕。”

[18]鄆州：方鎮名。治所在鄆州（今山東東平縣）。　存霸：人名。即李存霸。沙陀部人。李克用之子，五代軍閥。傳見本書卷五一、《新五代史》卷一四。　存渥：人名。即李存渥。李克用之子，後唐莊宗李存勖之弟。傳見本書卷五一、《新五代史》卷一四。

[19]景妘：人名。籍貫不詳。唐末宮女。事見本書本卷。　昭宗：即唐昭宗李曄，888 年至 904 年在位。紀見《舊唐書》卷二〇上、《新唐書》卷一〇。　古龍興寺：位於今河南開封市。

[20]河南府：府名。治所在今河南洛陽市。

[21]迴鶻：古部族名。原係突厥鐵勒部的一支。唐玄宗天寶三載（744）建立回鶻汗國，9 世紀中葉，回鶻汗國瓦解。其中一支爲甘州回鶻。11 世紀初，甘州回鶻爲西夏所滅。參見楊蕤《回鶻時代：10—13 世紀陸上絲綢之路貿易研究》，中國社會科學出版社 2015 年版。　阿咄欲：人名。又作仁裕。五代甘州回鶻可汗。本名阿咄欲，仁美之弟。後唐莊宗同光二年，兄仁美卒後，權知國事，稱權知可汗。天成三年被後唐明宗册封爲順化可汗。後晉天福四年（939），被後晉高祖册封爲奉化可汗。事見本書卷三九。

[22]平棘：縣名。治所在今河北趙縣。

[23]朱友謙：人名。許州（今河南許昌市）人。唐末、五代

軍閥。傳見本書卷六三、《新五代史》卷四五。　史武：人名。籍貫不詳。五代軍閥朱友謙部將，隨朱友謙事後梁、後唐。事見《新五代史》卷五。

[24]"丁亥"至"並以無罪族誅"：《舊五代史考異》："案《通鑑》云：友謙舊將史武等七人，時爲刺史，皆坐族誅。蓋以《薛史》爲據，於七人姓名不爲全載。考《歐陽史》，丁亥，殺李繼麟之將史武、薛敬容、周唐殷、楊師太、王景、來仁、白奉國，滅其族。可補《薛史》所未備。"見《新五代史》卷五《唐本紀五》同光四年（即天成元年）正月丁亥條、《通鑑》卷二七四天成元年正月庚辰條。對《舊五代史考異》所引《歐陽史》之"滅其族"，中華書局本有校勘記："以上三字原闕，據殿本、《新五代史》卷五《唐本紀》補。"

二月己丑，以宣徽南院使、知內侍省、兼內勾、特進、右領軍衛上將軍李紹宏爲驃騎大將軍、守左武衛上將軍、知內侍省，[1]充樞密使。甲午，以鄭州刺史李紹奇爲河陽節度使，以樂人景進爲銀青光禄大夫、檢校右散騎常侍、守御史大夫。[2]進以俳優嬖幸，善採訪閭巷鄙細事以啟奏，復密求妓媵以進，恩寵特厚。魏州錢穀諸務，[3]及招兵市馬，悉委進監臨。孔謙附之以希寵，[4]常呼爲"八哥"。諸軍左右無不托附，至於士人，亦有因之而求仕進者。每入言事，左右紛然屏退，惟以陷害熒惑爲意焉。是日，帝幸冷泉校獵。[5]乙未，宰臣豆盧革上言，[6]請支州縣官實奉，以責課效。丙申，武德使史彥瓊自鄴馳報稱："今月六日，貝州屯駐兵士突入都城，剽劫坊市。"[7]初，帝令魏博指揮使楊仁晸率兵戍瓦橋，[8]至是代歸，有詔令駐於貝州。上歲天下大水，十月鄴地大震，自是居人或有亡去他郡者，每日族談巷語，云：“城將亂矣！”人人恐悚，皆不自安。十二月，以户部尚書王正言爲興唐尹、知留守事。[9]正言年耄風病，事多忽忘，比無經治之才。武德使史彦瓊者，以伶官得幸，帝待以腹心之任，都府之中，威福自我，正言以下，皆脅肩低首，曲事不暇。由是政無統攝，姦人得以窺圖。洎郭崇韜伏誅，人未測其禍始，皆云：“崇韜已殺繼岌，自王西川，故盡誅郭氏。”先是，有密詔令史彦瓊殺朱友謙之子澶州刺史建徽。[10]史彦瓊夜半出城，不言所往。詰旦，閽報正言曰：“史武德夜半馳馬而去，不知何往。”是日，人情震駭，訛言云：“劉皇后以繼岌死於蜀，[11]已行弑逆，帝已晏駕，故急徵彦瓊。”其言播於鄴市，貝州軍士有私寧親於都下者，掠此言傳於貝州。軍士皇甫暉等因夜聚蒱博不勝，[12]遂作亂，劫都將楊仁晸曰：[13]“我輩十有餘年爲國家效命，甲不離體，已至吞併天下，主上未垂恩澤，翻有猜嫌。防戍邊遠，經年離阻鄉國，及得代歸，去家咫尺，不令與家屬相見。今聞皇后弑逆，京邑已亂，將士各欲歸府寧親，請公同行。”仁晸曰：“汝等何謀之過耶！今英主在上，天下一家，從駕精兵不下百萬，西平巴、蜀，威振華夷，公等各有家族，何事如此！”軍人乃抽戈露刃環仁晸曰：“三軍怨怒，咸欲謀反，苟不聽從，須至無禮。”仁晸曰：“吾非不知此，但丈夫舉事，須計萬全。”軍人即斬仁晸。神將趙在禮聞軍亂，[14]衣不及帶，將踰垣而遁，亂兵追及，白刃環之曰：“公能爲帥否？否則頭隨刃落！"在禮懼，即曰："吾能爲之。"衆遂呼譟，中夜燔劫貝郡。詰旦，擁在禮趨臨清，剽永濟、館陶。[15]五日晚，有自貝州來者，言亂兵將犯都城，都巡檢使孫鐸等急趨史彥瓊之第，告曰："賊將至矣，請給鎧仗，登陴拒守。"[16]彥瓊曰："今日賊至臨清，計程六日方至，爲備未晚。"孫鐸曰："賊來寇我，必倍道兼行，一朝失機，悔將何及！請僕射率衆登陴，鐸以勁兵千人伏於王莽河逆擊之，賊既挫勢，須至離潰，然後可以剪除。[17]如俟甚凶徒薄於城下，必慮奸人內應，則事未可測也。"彥瓊曰："但訓士守城，何須即戰。"時彥瓊疑孫鐸等有他志，故拒之。是夜三更，賊果攻北門，彥瓊時以部衆在北門樓，聞賊呼譟，即時驚潰。彥瓊單騎奔京師。遲明，亂軍入城，孫鐸與之巷戰，不勝，携其母自水門而出，獲免。晡晚，趙在禮引諸軍據宮城，署皇甫暉、趙進等爲都虞候、斬斫使，[18]諸軍大掠。興唐尹王正言謁在禮，望塵再拜。是日，衆推在禮爲兵馬留後，[19]草奏以聞。帝怒，命宋州節度使元行欽率騎三千赴鄴都招撫，[20]詔徵諸道之師進討。丁酉，淮南楊溥遣使賀平蜀。[21]己亥，魏王繼岌奏，康延孝擁衆反，迴寇西川。[22]遣副招討使任圜率兵追討之。[23]庚子，福建節度副使王延翰奏，節度使王審知委權知軍府事。[24]邢州左右步直軍四百人據城叛，[25]推軍校趙太爲留後，[26]詔東北面副招討使李紹真率兵討之。[27]辛丑，元行欽至鄴都，進攻南門，以詔書招諭城中，趙在禮獻羊酒勞軍，登城遥拜行欽曰："將士經年離隔父母，不取敕旨歸寧，上貽聖憂，追悔何及！儻公善爲敷奏，俾從渙汗，某等亦不敢不改過自新。"行欽曰："上以汝輩有社稷功，必行赦宥。"因以詔書諭之。皇甫暉聚衆大訽，即壞詔。行欽以聞，帝怒曰："收城之日，勿遺噍類!"壬寅，行欽自鄴退軍，保澶州。甲辰，從馬直宿衛軍士王温等五人夜半謀亂，[28]殺本軍使，爲衛兵所擒，磔於本軍之門。丙午，以右散騎常侍韓彥惲爲户部侍郎。[29]丁未，鄴都行營招撫使元行欽率諸道之師再攻鄴都。[30]戊申，以洋州留後李紹文爲夔州節度使。[31]詔河中節度使、永王存霸歸藩。己酉，以樞密副使宋唐玉爲特進、左威衛上將軍，[32]充宣徽南院使。庚戌，諸軍大集於鄴都，進攻其城，不克。行欽又大治攻具。城中知其無赦，晝夜爲備。朝廷聞之益恐，連發中使促繼岌西征之師。繼岌以康延孝據漢州，中軍之士從任圜進討，繼岌端居利州，不獲東歸。[33]是日，飛龍使顔思威部署西川宮人至。[34]辛亥，淮南楊溥遣使貢方物。西京上言，客省使李嚴押蜀主王衍至本府。[35]壬子，以守太尉、中書令、河南尹兼河陽節度使、齊王張全義爲檢校太師、兼尚書令，充許州節度使。[36]東川董璋奏，準詔誅遂州節度使李令德於本州，夷其族。[37]癸丑，湖南馬殷奏，福建節度使王審知疾甚，副使王延翰已權知軍府事，請降旄節。[38]司天監上言：自二月上旬後，晝夜陰雲，不見天象，自二十六日方晴，至月終，星辰無變。[39]以右衛上將軍朱漢賓知河南府事。[40]甲寅，命蕃漢總管李嗣源統親軍赴鄴都，以討趙在禮。[41]帝素倚愛元行欽，鄴城軍亂，即命爲行營招討使，[42]久而無功。時趙太據邢州，王景戢據滄州，[43]自爲留後，河朔郡邑多殺長吏。帝欲親征，樞密使與宰臣奏言：“京師者，天下根本，雖四方有變，陛下宜居中以制之，但命將出征，無煩躬御士伍。”帝曰：“紹榮討亂未有成功，繼岌之軍尚留巴、漢，餘無可將者，斷在自行。”[44]樞密使李紹宏等奏曰：“陛下以謀臣猛將取天下，今一州之亂而云無可將者，何也？總管李嗣源是陛下宗臣，創業已來，艱難百戰，何城不下，何賊不平，威略之名，振於夷夏，以臣等籌之，若委以專征，鄴城之寇不足平也。”帝素寬大容納，無疑於物，自誅郭崇韜、朱友謙之後，閹宦伶官交相讒諂，邦國大事皆聽其謀，繇是漸多猜惑，不欲大臣典兵，既聞奏議，乃曰：“予恃嗣源侍衛，卿當擇其次者。”又奏曰：“以臣等料之，非嗣源不可。”河南尹張全義亦奏云：“河朔多事，久則患生，宜令總管進兵。如倚李紹榮董，未見其功。”帝乃命嗣源行營。是日，延州知州白彦琛奏，綏、銀兵士剽州城謀叛。[45]魏王繼岌傳送郭崇韜父子首函至闕下，[46]詔張全義收瘞之。乙巳，以右武衛上將軍李蕭爲安邑、解縣兩池榷鹽使，以吏部尚書李琪爲國計使。[47]

[1]宣徽南院使：官名。唐始置。宣徽南院的長官。初用宦官，五代以後改用士人。與宣徽北院使通掌內諸司及三班內侍之名籍，郊祀、朝會、宴享供帳之儀，檢視內外進奉名物。參見王永平《論唐代宣徽使》，《中國史研究》1995 年第 1 期；王孫盈政《再論唐代的宣徽使》，《中華文史論叢》2018 年第 3 期。　內侍省：官署

名。管理宫廷内部事務的機構。　内勾：官名。即内勾使。後唐莊宗時，以馬紹宏爲内勾使，掌勾三司財賦。　特進：官名。西漢末期始置，授給列侯中地位較特殊者。隋唐時期，特進爲散官，授給有聲望的文武官員。正二品。　右領軍衛上將軍：官名。唐置，掌宫禁宿衛。唐代置十六衛，即左右衛、左右驍衛、左右武衛、左右威衛、左右領軍衛、左右金吾衛、左右監門衛、左右千牛衛。各置上將軍，從二品；大將軍，正三品；將軍，從三品。　李紹宏：人名。又作馬紹宏。籍貫不詳。後唐莊宗近臣。傳見本書卷七二。驃騎大將軍：官名。武散官，無實際執掌。從一品。　左武衛上將軍：官名。唐代置十六衛之一。掌宫禁宿衛。從二品。　"以宣徽南院使"至"知内侍省"：《輯本舊史》之影庫本粘籤："南院，原本作'北院'，考《歐陽史》及《通鑑》俱作'南院'，今改正。"見《新五代史》卷五《唐本紀五》同光四年（926）二月己丑條、《通鑑》卷二七四天成元年（926）二月己丑條。

　　[2]鄭州：州名。治所在今河南鄭州市。　刺史：官名。漢武帝時始置。州一級行政長官，總掌考覈官吏、勸課農桑、地方教化等事。唐中期以後，節度、觀察使轄州而設，刺史爲其屬官，職任漸輕。從三品至正四品下。　李紹奇：人名。原名夏魯奇。青州（今山東青州市）人。後唐將領。傳見本書卷七○、《新五代史》卷三三。　河陽：方鎮名。全稱"河陽三城"。治所在孟州（今河南孟州市）。　景進：人名。籍貫不詳。後唐莊宗朝伶官。傳見《新五代史》卷三七。　銀青光禄大夫：官名。文散官，無實際執掌。從三品。　檢校右散騎常侍：官名。爲散官或加官，以示恩寵，無實際執掌。　御史大夫：官名。秦始置，與丞相、太尉合稱三公。至唐代，在御史中丞之上設御史大夫一人，爲御史臺長官，專掌監察、執法。正三品。

　　[3]魏州：州名。治所在今河北大名縣。

　　[4]孔謙：人名。魏州（今河北大名縣）人。後唐大臣，善聚斂錢財，爲李存勗籌畫軍需。傳見本書卷七三、《新五代史》卷

二六。

[5]冷泉：宮名。其地不詳，疑位於洛陽城外。

[6]豆盧革：人名。先世爲鮮卑慕容氏，後改豆盧氏。唐同州刺史豆盧籍之孫，舒州刺史豆盧瓚之子。後唐宰相。傳見本書卷六七、《新五代史》卷二八。

[7]武德使：官名。後唐置，爲武德司長官，掌檢校皇城啟閉與警衛。　史彥瓊：人名。後唐莊宗時伶人。爲武德使，居鄴都，掌魏博六州之政。傳見本書附録、《新五代史》卷三七。　鄴：地名。後晋陪都。治所在今河北大名縣。　貝州：州名。治所在今河北清河縣。

[8]魏博：方鎮名。治所在魏州（今河北大名縣）。　指揮使：官名。唐末、五代軍隊多置都指揮使、指揮使，爲統兵將領。　楊仁晸：人名。或作“楊仁罴”“楊晟”。籍貫不詳。唐末、五代將領。事見本書卷九〇、《新五代史》卷四九。　瓦橋：關隘名。位於今河北雄縣。

[9]户部尚書：官名。户部長官。掌管全國土地、户籍、賦税、財政收支諸事。正三品。　王正言：人名。鄆州（今山東東平縣）人。後唐官員。傳見本書卷六九。　興唐尹：官名。後唐莊宗同光元年，改魏州爲興唐府。以興唐尹總其政務。從三品。　留守：官名。皇帝出巡或親征時指定親王或大臣留守京城，綜理軍事、行政、民事、財政等事務，稱京城留守。在陪都或軍事重鎮也常設留守，以地方長官兼任。　以户部尚書王正言爲興唐尹、知留守事：《輯本舊史》之影庫本粘籤：“爲興唐尹，原本脱‘唐’字，今據《列傳》增入。”見《輯本舊史》卷六九《王正言傳》，又見《通鑑》卷二七四同光三年十二月丙子條。

[10]澶州：州名。唐、五代初，治所在今河南清豐縣。後晋高祖天福四年（939）移治於今河南濮陽縣。　建徽：人名。即朱建徽。朱友謙之子。事見本書本卷、卷六三。

[11]劉皇后：指後唐莊宗皇后劉氏。魏州成安（今河北成安

縣）人。傳見本書卷四九、《新五代史》卷一四。

[12]皇甫暉：人名。魏州（今河北大名縣）人。五代將領。傳見本書附録、《新五代史》卷四九。

[13]都將：官名。唐、五代時節度使屬將。

[14]裨將：亦稱裨將軍。副將的統稱，相對主將而言。　趙在禮：人名。涿州（今河北涿州市）人。後唐、後晉將領。傳見本書卷九〇、《新五代史》卷四六。

[15]臨清：縣名。治所在今河北臨西縣。　永濟：縣名。治所在今河北館陶縣。《輯本舊史》之影庫本粘籤：“永濟，原本作‘求齊’，今據《通鑑》改正。”見《通鑑》卷二七四天成元年二月己丑條。　館陶：縣名。治所在今河北館陶縣。

[16]都巡檢使：官名。五代始設巡檢於京師、陪都、重要的州及邊防重鎮。設於都城的稱京城巡檢使、都巡檢、都巡檢使。掌京城治安。　孫鐸：人名。籍貫不詳。後唐將領。事見本書本卷。

[17]僕射：官名。秦始置。隋、唐前期以左、右僕射佐尚書令總理六官，綱紀庶務，如不置尚書令，則總判省事，爲宰相之職。唐後期多爲大臣加銜。從二品。　王莽河：河道名。東漢以後，對西漢時黄河自濮陽（今河南濮陽市）以下故道的俗稱。因改徙於王莽時，故名。

[18]趙進：人名。籍貫不詳。後唐將領。事見本書本卷、卷九〇。　都虞候：官名。唐、五代方鎮高級軍官。　斬斫使：武官名。唐節度使所屬武官，後梁時亦設，爲先鋒之職。　“晡晚”至“斬斫使”：“宮城”，《輯本舊史》之影庫本粘籤：“原本作‘官城’，《通鑑》作宮城，胡三省注云：帝即位于魏州，以牙城爲宮城。今改正。”見《通鑑》卷二七四天成元年二月癸巳條胡注。《舊五代史考異》：“案《九國志·趙進傳》云：莊宗入洛，猶行遣屯，廩禄既薄，又不時給，士卒多怨憤，思亂者十七。同光末，進與本軍皇甫暉等共推趙在禮相率夜犯鄴城，鄴中士卒莫有鬭志，進等因陷其城。未踰旬，兵數萬。在禮署進衙内都虞候、三城巡檢

使。《通鑑》作趙在禮據宮城，署皇甫暉及軍校趙進爲馬步都指揮使。與《九國志》異。"見《九國志》卷七《趙進傳》、《通鑑》卷二七四天成元年二月癸巳條。

[19]兵馬留後：官名。唐、五代時，代行方鎮長官之職者稱留後。代行州兵馬使之職者，即爲兵馬留後。掌本州兵馬。

[20]宋州：州名。治所在今河南商丘市睢陽區。 元行欽：人名。幽州（今北京市）人。後唐將領。傳見本書卷七〇、《新五代史》卷二五。

[21]淮南：方鎮名。治所在揚州（今江蘇揚州市）。 楊溥：人名。五代十國南吳睿帝，920 年至 937 年在位，後禪位於徐知誥。傳見本書卷一三四、《新五代史》卷六一。

[22]康延孝：人名。代北（今山西代縣）人。後唐將領。傳見本書卷七四、《新五代史》卷四四。

[23]副招討使：官名。行營統兵官。位次行營都統、招討使。掌招撫討伐事務。 任圜：人名。京兆三原（今陝西三原縣）人。後唐將領、大臣。傳見本書卷六七、《新五代史》卷二八。 遣副招討使任圜率兵追討之：追討之，中華書局本沿《輯本舊史》作"追討次"，今據殿本、劉本改。

[24]福建：方鎮名。治所在今福建福州市。 王延翰：人名。閩太祖王審知長子，五代十國閩國國君。傳見本書卷一三四、《新五代史》卷六八。 王審知：人名。光州固始（今河南固始縣）人。五代十國閩國建立者。909 年至 925 年在位。傳見本書卷一三四、《新五代史》卷六八。

[25]邢州：方鎮名。治所在今河北邢臺市。 步直軍：節度使親兵番號。《輯本舊史》之影庫本粘籤："步直，原本作'徒直'，《通鑑》作步直，胡三省注云：步直，謂步兵長直者也。今改正。"見《通鑑》卷二七四天成元年二月庚子條胡注。

[26]趙太：人名。籍貫不詳。後唐將領。事見本書本卷。

[27]李紹真：人名。即霍彥威。洺州曲周（今河北曲周縣）

人。後梁將領霍存養子，後梁、後唐將領。傳見本書卷六四、《新五代史》卷四六。

[28]王温：人名。籍貫不詳。後唐士兵。事見本書本卷。

[29]右散騎常侍：官名。中書省屬官。掌侍奉規諷，備顧問應對。正三品下。　韓彦惲：人名。籍貫不詳。後唐大臣。本書僅此一見。　户部侍郎：官名。尚書省户部次官。協助户部尚書掌天下田户、均輸、錢穀之政令。正四品下。

[30]行營招撫使：官名。掌招撫征伐之事。係臨時設置之統兵官。

[31]洋州：州名。治所在今陝西洋縣。　李紹文：人名。鄆州（今山東東平縣）人。原名張從楚。後唐莊宗賜名李紹文。五代將領。傳見本書卷五九。　夔州：州名。治所在今重慶市奉節縣。

[32]樞密副使：官名。樞密院副長官。　宋唐玉：人名。籍貫不詳。事見本書本卷、卷三一、卷三二。　左威衛上將軍：官名。唐代置十六衛之一。掌宫禁宿衛。從二品。　以樞密副使宋唐玉爲特進左威衛上將軍：中華書局本有校勘記："本卷下文：'（三月癸亥）兩樞密使及宋唐玉、景進等各貢助軍錢幣。'則至本年三月，宋唐玉仍非樞密使；又據本書卷三二《唐莊宗紀六》，同光二年五月記樞密副使宋唐玉齎敕書招撫楊立事，疑'樞密使'係'樞密副使'之訛。"但未改。見《輯本舊史》卷三二《唐莊宗紀六》同光二年五月乙卯條。明本《册府》卷六六五《内臣部·恩寵門》載："宋唐玉，莊宗時爲樞密副使、通議大夫、行内侍省内侍，賜紫。同光二年四月，加唐玉金紫光禄大夫、左監門衛將軍同正，仍賜推忠翊佐功臣，依前充樞密副使。"終莊宗一朝，不見宋唐玉任樞密使的記載，今據上述諸書改補。

[33]漢州：州名。治所在今四川廣漢市。　利州：州名。治所在今四川廣元市。《輯本舊史》之影庫本粘籤："利州，原本作'則州'，今據《十國春秋》改正。"見《十國春秋》卷三九《前蜀五》，但《十國春秋》爲清人吴任臣所著。且《通鑑》卷二七四天

成元年載:"二月己亥,魏王繼岌至利州,李紹琛遣人斷桔柏津。繼岌聞之,以任圜爲副招討使,將步騎七千,與都指揮使梁漢顒、監軍李延安追討之。"此證則州乃利州之誤,五代利州多見,無則州。

〔34〕飛龍使:官名。唐置飛龍厩,以飛龍使爲長官。掌天子御馬。 顏思威:人名。籍貫不詳。事見本書本卷。

〔35〕西京:指京兆府,治所在今陝西西安市。 客省使:官名。唐代宗時始置,五代沿置。客省長官,掌接待四方奏計及外族使省。 李嚴:人名。幽州(今北京市)人。後唐官員。傳見本書卷七〇、《新五代史》卷二六。

〔36〕太尉:官名。與司徒、司空並爲三公,唐後期、五代多爲大臣、勳貴加官。正一品。 中書令:官名。漢代始置,隋、唐前期爲中書省長官,屬宰相之職;唐後期多爲授予元勳大臣的虛銜。正二品。 河南尹:官名。唐玄宗開元元年(713)改洛州爲河南府,治所在今河南洛陽市。以河南府尹總其政務。從三品。 張全義:人名。濮州臨濮(今山東鄄城縣)人。唐末、後梁、後唐將領。傳見本書卷六三、《新五代史》卷四五。 檢校太師:官名。爲散官或加官,以示恩寵,無實際執掌。 許州:州名。治所在今河南許昌市。

〔37〕東川:方鎮名。治所在梓州(今四川三臺縣)。 董璋:人名。籍貫不詳。後梁、後唐將領。傳見本書卷六二、《新五代史》卷五一。 遂州:方鎮名。即武信軍。治所在遂州(今四川遂寧市)。 李令德:人名。原名朱令德。許州(今河南許昌市)人。五代軍閥。朱友謙之子。事見本書卷六三、《新五代史》卷四五。

〔38〕湖南:方鎮名。又稱武安軍節度。治所在潭州(今湖南長沙市)。 馬殷:人名。許州鄢陵(今河南鄢陵縣)人,一説上蔡(今河南上蔡縣)人。五代十國南楚開國君主。傳見本書卷一三三、《新五代史》卷六六。《輯本舊史》之影庫本粘籤:"原本脫'馬'字,今據文增入。"湖南馬殷多見,《輯本舊史》卷一三三

《世襲列傳二》即有《馬殷傳》，此乃書證。

[39]司天監：官署名。其長官稱司天監，掌天文、曆法以及占候等事。參見趙貞《唐宋天文星占與帝王政治》，北京師範大學出版社 2016 年版。

[40]右衛上將軍：官名。唐代置十六衛之一。掌宮禁宿衛。從二品。　朱漢賓：人名。譙（今安徽亳州市）人。後唐將領。傳見本書卷六四、《新五代史》卷四五。　河南府：府名。即後唐都城洛陽河南府（今河南洛陽市）。

[41]蕃漢總管：官名。即蕃漢馬步軍都總管。後唐置，爲蕃漢馬步軍總指揮官。　李嗣源：人名。沙陀部人。原名邈佶烈，李克用養子。後唐明宗，926 年至 933 年在位。紀見本書卷三五至卷四四、《新五代史》卷六。　“甲寅”至“以討趙在禮”：“甲寅”，中華書局本沿《輯本舊史》作甲辰，有校勘記：“《通鑑》卷二七四作‘甲寅’。按本月甲辰前已見，庚戌、辛亥、壬子、癸丑之後應是甲寅，作‘甲辰’誤。自本日以後至四月朔日，《本紀》所書干支均較《通鑑》早十日，《新五代史》亦同本書，知原文如此。凡本卷下文干支與他書歧異而注文未涉及者，出校以備參考。”但未改，《新五代史》卷五《唐本紀五》同《輯本舊史》繫於二月甲辰，卷六《唐本紀六》則繫於三月前，未書月。《通鑑》卷二七四則繫於二月甲寅（二十七日），今據改。

[42]招討使：官名。唐貞元年間始置。戰時任命，兵罷則省。常以大臣、將帥或地方軍政長官兼任。掌招撫討伐等事務。

[43]王景戡：人名。籍貫不詳。後唐將領。事見本書本卷、卷三七、卷三九、卷四〇、卷四二。　滄州：州名。治所在今河北滄縣舊州鎮。

[44]紹榮：人名。即李紹榮。原名元行欽。幽州（今北京市）人。後唐將領。傳見本書卷七〇、《新五代史》卷二五。　巴：州名。治所在今四川巴中市巴州區。

[45]延州：州名。治所在今陝西延安市。　白彥琛：人名。籍

貫不詳。本書僅此一見。　綏：州名。治所在今陝西綏德縣。銀：州名。治所位於今陝西榆林市。　綏、銀兵士剽州城謀叛：《輯本舊史》之影庫本粘籤：“綏、銀，原本作‘經銀’，據《通鑑》注云：綏、銀爲夏州所屬。今改正。”見《通鑑》卷二七四天成元年二月甲寅條胡注：“綏、銀時爲夏州巡屬，延州以鄰鎮奏言之耳。”

　　[46]魏王繼岌傳送郭崇韜父子首函至闕下：中華書局本有校勘記：“‘闕’，原作‘關’，據殿本、劉本、邵本校改。”

　　[47]右武衛上將軍：官名。唐代置十六衛之一。掌宮禁宿衛。從二品。　李肅：人名。籍貫不詳。五代後唐官員。事見本書本卷、卷一〇、卷四二、卷四五、卷四六、卷七六、卷九三、卷一一一等。　安邑、解縣兩池榷鹽使：官名。唐中後期行鹽專賣。安邑、解縣兩池鹽先屬度支使管理。唐德宗貞元十六年（800）置榷鹽使，掌兩池鹽專賣及查禁私鹽。　吏部尚書：官名。尚書省吏部長官，與二侍郎分掌六品以下文官選授、勳封、考課之政令。正三品。　李琪：人名。河西敦煌（今甘肅敦煌市）人。後梁、後唐官員。傳見本書卷五八、《新五代史》卷五四。　國計使：官名。五代始置，後梁、後唐及閩國皆有設置，掌財賦稅收、錢穀用度。

　　三月丁巳朔，[1]李紹真奏，收復邢州，擒賊首趙太等二十一人，狗於鄴都城下，皆磔於軍門。庚申，李紹真自邢州赴鄴都城下。[2]辛酉，[3]以威武軍節度副使、福建管内都指揮使、檢校太傅、守江州刺史王延翰爲福建節度使，[4]依前檢校太傅。壬戌，李嗣源領軍至鄴都，營於西南隅。甲子，進營於觀音門外，下令諸軍，詰旦攻城。是夜，城下軍亂，[5]迫嗣源爲帝。遲明，亂軍擁嗣源及霍彥威入於鄴城，復爲皇甫暉等所脅，[6]嗣源以詭詞得出，[7]夜分至魏縣。[8]時嗣源遥領鎮州，詰旦，議欲歸藩，上章請罪，安重誨以爲不可，語在《明宗紀》中。[9]翌日，遂次於相州。[10]元行欽部下兵退保衛州，[11]以飛語上奏，嗣源一日之中遣使上章申理者數四。帝遣嗣源子從審與中使白從訓齎詔以諭嗣源，[12]行至衛州，從審爲元行欽所械，不得達。是日，西面行營副招討使任圜奏，收復漢州，擒逆賊康延孝。丙寅，[13]荆南高季興上言，[14]請割峽内夔、忠、萬等三州却歸當道，[15]依舊管係，又請雲安監。[16]初，將議伐蜀，詔高季興令率本軍上峽，自收元管屬郡。軍未進，夔、忠、萬三州已降，季興數請之，因賂劉皇后及宰臣樞密使，内外叶附，乃俞其請。戊辰，[17]詔河南府預借今年夏秋租税。[18]時年飢民困，百姓不勝其酷，京畿之民，多號泣於路，議者以爲劉盆子復生矣。[19]庚午，詔潞州節度使孔勍赴闕，以右龍虎統軍安崇阮權知潞州。[20]是日，忠武軍節度使、齊王張全義薨。[21]壬申，宰臣豆盧革率百官上表，以魏博軍變，請出内府金帛優給將士。不報。時知星者上言：“客星犯天庫，宜散府藏。”[22]又云：“流星犯天棓，主御前有急兵。”[23]帝召宰臣於便殿，皇后出宮中粧匳、銀盆各二，并皇子滿哥三人，[24]謂宰臣曰：“外人謂内府金寶無數，向者諸侯貢獻旋供賜與，今宮中有者，粧匳、嬰孺而已，可鬻之給軍。”革等惶恐而退。癸酉，以僞置昭武軍節度使林思諤爲閬州刺史。[25]是日，出錢帛給賜諸軍，兩樞密使及宋唐玉、景進等各貢助軍錢幣。[26]是時，軍士之家乏食，婦女掇蔬於野，及優給軍人，皆負物而訴曰："吾妻子已殍矣，用此奚爲！"甲戌，[27]元行欽自衛州率部下兵士歸，帝幸耀店以勞之。[28]西川輦運金銀四十萬至闕，分給將士有差。元行欽請車駕幸汴州，帝將發京師，遣中官向延嗣馳詔所在誅蜀主王衍，仍夷其族。[29]乙亥，車駕發京師。戊寅，遣元行欽將騎軍沿河東向。壬午，帝至滎澤，以龍驤馬軍八百騎爲前軍，遣姚彥溫董之，彥溫行至中牟，率所部奔於汴州。[30]時潘環守王村寨，有積粟數萬，亦奔汴州。[31]是時，李嗣源已入於汴，帝聞諸軍離散，精神沮喪，至萬勝鎮即命旋師。[32]登路旁荒塚，置酒，視諸將流涕。俄有野人進雉，因問塚名，對曰："里人相傳爲愁臺。"帝彌不悦，罷酒而去。是夜，次氾水。[33]初，帝東出關，從駕兵二萬五千，及復至氾水，已失萬餘騎。乃留秦州都指揮使張璜以步騎三千守關。[34]帝過罌子谷，[35]道路險狹，每遇衛士執兵仗者，皆善言撫之曰："適報魏王繼岌又進納西川金銀五十萬，到京當盡給爾等。"軍士對曰："陛下賜與太晚，人亦不感聖恩。"帝流涕而已。又索袍帶賜從官，内庫使張容哥對曰："頒給已盡。"[36]衛士叱容哥曰；"致吾君社稷不保，是此閹豎！"抽刀逐之，或救而獲免。容哥謂同黨曰："皇后惜物不散，軍人歸罪於吾輩，事若不測，吾輩萬段，願不見此禍。"因投河而死。[37]甲申，次石橋，[38]帝置酒野次，悲啼不樂，謂元行欽等諸將曰："鄴下亂離，寇盜蜂起，總管迫於亂軍，存亡未測，今訛言紛擾，朕實無聊。卿等事余已來，富貴急難，無不共之，今兹危蹙，賴爾籌謀，而竟默默無言，坐觀成敗。予在滎澤之日，欲單騎渡河，訪求總管，面爲方略，招撫亂軍，卿等各吐胸襟，共陳利害，今日俾余至此，卿等如何！”元行欽等百餘人垂泣而奏曰：“臣本小人，蒙陛下撫養，位極將相，危難之時，不能立功報主，雖死無以塞責，乞申後効，以報國恩。”於是百餘人皆援刀截髮，置髻於地，[39]以斷首自誓，上下無不悲號，識者以爲不祥。是日，西京留守張筠部署西征兵士到京，見於上東門外，晡晚，帝還宮。[40]初，帝在氾水，衛兵散走，京師恐駭不寧，及帝至，人情稍安。乙酉，百官進名起居。安義節度使孔勍奏，[41]點校兵士防城，準詔運糧萬石，進發次。時勍已殺監軍使據城，詭奏也。丙戌，[42]樞密使李紹宏與宰相豆盧革、韋説會於中興殿之廊下，商議軍機，因奏：“魏王西征兵士將至，車駕且宜控氾水，以俟魏王。”[43]從之。午時，帝出上東門親閱騎軍，誠以詰旦東幸，申時還宮。

　　[1]三月丁巳朔：中華書局本沿《輯本舊史》誤作丁未朔。《舊五代史考異》：“案：《通鑑》作丁巳朔，與《薛史》異。”見《通鑑》卷二七四天成元年（926）三月丁巳條。天成元年三月確爲丁巳朔，本月干支中華書局本均沿《輯本舊史》之誤，如庚申誤庚戌，辛酉誤辛亥等，各條校勘記不一一説明。

　　[2]庚申，李紹真自邢州赴鄴都城下：《舊五代史考異》：“案：《通鑑》作庚申，李紹真引兵至鄴都，營於城西北，以太等狗於鄴城下而殺之。與《薛史》異。”見《通鑑》卷二七四天成元年三月庚申條。

[3]辛酉：中華書局本有校勘記："《新五代史》卷七一《十國世家年譜》徐無黨注引《五代舊史》同，《九國志》卷一〇、《通鑑》卷二七四作'辛酉'。按是月丁巳朔，無辛亥，辛酉爲初五。"但未改。見《九國志》卷一〇《閩世家·嗣主》、《通鑑》卷二七四天成元年三月辛酉條。

[4]威武軍：方鎮名。治所在福州（今福建福州市）。 節度副使：官名。唐、五代方鎮屬官。位於行軍司馬之下、判官之上。 管内都指揮使：官名。五代時藩鎮軍隊長官。 檢校太傅：官名。爲散官或加官，以示恩寵，無實際職掌。 江州：州名。治所在今江西九江市。

[5]是夜，城下軍亂：《舊五代史考異》："案：《通鑑》作壬戌，李嗣源至鄴都，甲子夜，軍亂。《考異》引《莊宗實録》作壬戌，至鄴都，癸亥夜，軍士張破敗作亂。與《薛史》異日，《通鑑》從《薛史》。"《通鑑》卷二七四天成元年三月甲子條《考異》載："《莊宗實録》：'壬戌，今上至鄴都。癸亥夜，張破敗作亂，明日，入鄴都。'《明宗實録》：'三月六日，帝至鄴都，八日夜，破敗作亂。'《薛史·莊宗紀》：'壬子，嗣源至鄴都；甲寅夜，破敗作亂。'《明宗紀》與《實録》同。按長曆，此月丁巳朔，無壬子、甲寅。今從《實録》及《明宗本紀》。"應爲壬戌、甲子，今據改。

[6]復爲皇甫暉等所脅：中華書局本有校勘記："'皇甫暉'下殿本有'趙進'二字。"

[7]嗣源以詭詞得出：《輯本舊史》之影庫本粘籤："詭詞，原本作'詭記'，今據文改正。"

[8]魏縣：縣名。治所在今河北魏縣。

[9]安重誨：人名。應州（今山西應縣）人。後唐大臣。傳見本書卷六六、《新五代史》卷二四。

[10]相州：州名。治所在今河南安陽市。

[11]衛州：州名。治所在今河南衛輝市。

[12]從審：人名。即李從審。又名李從璟。後唐明宗李嗣源之

子。傳見本書卷五一、《新五代史》卷一五。　白從訓：人名。籍
貫不詳。後唐宦官。事見本書本卷、卷三五、卷七〇。　帝遣嗣源
子從審與中使白從訓賫詔以諭嗣源：《舊五代史考異》："案：從審，
《歐陽史》作從璟。考《通鑑》，從審自衛州歸莊宗，賜名繼璟，
與《歐陽史》異。"見《新五代史》卷一五《李繼璟傳》、《通鑑》
卷二七四天成元年三月戊寅條。從璟初名從審，後莊宗又賜名繼
璟。《輯本舊史》卷五一《李從審傳》載："從審，明宗長子，性忠
勇沈厚，摧堅陷陣，人罕偕焉。從莊宗於河上，累有戰功，莊宗器
賞之，用爲金槍指揮使。明宗在魏府爲軍士所逼，莊宗詔從審曰：
'爾父于國有大功，忠孝之心，朕自明信，今爲亂兵所劫，爾宜自
去宣朕旨，無令有疑。'從審行至中途，爲元行欽所制，復與歸洛
下。莊宗改其名爲繼璟，以爲己子，命再往，從審固執不行，願死
於御前，以明丹赤。從莊宗赴汴州，明宗之親舊多策馬而去，左右
或勸從璟令自脫，終無行意，尋爲元行欽所殺。天成初，贈太保。"
但《輯本舊史·李從審傳》實採自《册府》卷二七一、二八六、
二九一，不能證明其録自《舊五代史·李從審傳》。

　　[13]丙寅：中華書局本沿《輯本舊史》之誤作丙辰，有校勘
記："《通鑑》卷二七五《考異》引《莊宗實録》，高季興請割三州
事在三月丙寅。"見《通鑑》卷二七五天成元年六月條《考異》。

　　[14]荆南：方鎮名。治所在荆州（今湖北荆州市）。　高季
興：人名。原名高季昌，陝州硤石（今河南三門峽市）人。南平
（即荆南）開國君主。傳見本書卷一三三、《新五代史》卷六九。

　　[15]夔：州名。治所在今重慶市奉節縣。　忠：州名。治所在
今重慶市忠縣。　萬：州名。治所在今重慶市萬州區。

　　[16]雲安監：鹽監名。治所在今重慶市雲陽縣東北雲安鎮。

　　[17]戊辰：中華書局本沿《輯本舊史》之誤，有校勘記：
"《通鑑》卷二七四作'戊辰'。"見《通鑑》卷二七四天成元年三
月戊辰條。

　　[18]詔河南府預借今年夏秋租税：中華書局本有校勘記："'夏

秋’，原作‘秋夏’，據殿本、《通鑑》卷二七四乙正。"《通鑑》卷二七四天成元年三月戊辰條載："以軍食不足，敕河南尹豫借夏秋税，民不聊生。"

[19]劉盆子：人名。太山式（今山東泰安市泰山區）人，漢代城陽景王劉章之後。傳見《後漢書》卷一一。

[20]潞州：州名。治所在今山西長治市。　孔勍：人名。兗州（今山東濟寧市兗州區）人。唐末、五代藩鎮軍閥。傳見本書卷六四。　右龍虎統軍：官名。後梁禁衛部隊右龍虎軍統兵官。　安崇阮：人名。潞州上黨（今山西長治市）人。後唐、後晋將領。傳見本書卷九〇。

[21]忠武軍：方鎮名。治所在許州（今河南許昌市）。

[22]客星：指忽然出現、忽隱忽現或不常見的星體。　天庫：星名。庫樓十星之一，有時亦代指庫樓全體。屬二十八宿的角宿，在半人馬座。

[23]天棓：星名。共五星，屬紫微垣。在紫微宮右、女床星北。星占家認爲是天子的先驅，主禦兵。

[24]滿哥：《輯本舊史》之影庫本粘籤："滿哥，原本作‘蒲哥’，今據《歐陽史·家人傳》改正。"《新五代史》卷一四《莊宗敬皇后劉氏傳》同光四年三月條作"滿喜"，《宋本册府》卷一八〇《帝王部·失政門》唐莊宗條作"滿哥"。

[25]昭武軍：方鎮名。治所在利州（今四川廣元市）。　林思諤：人名。籍貫不詳。前蜀將領。事見本書本卷、卷三三。　閬州：州名。治所在今四川閬中市。

[26]出錢帛給賜諸軍，兩樞密使及宋唐玉、景進等各貢助軍錢幣：《通鑑》卷二七四："帝乃出金帛給賜諸軍，樞密宣徽使及供奉内使景進等皆獻金帛以助給賜。"

[27]甲戌：中華書局本沿《輯本舊史》之誤作"甲子"，有校勘記："《通鑑》卷二七四作‘甲戌’。下文‘乙丑’‘戊辰’‘壬申’，《通鑑》卷二七四作‘乙亥’‘戊寅’‘壬午’。"下文乙亥

（十九日）、戊寅（二十二日）、壬午（二十六日）三條，中華書局本仍作乙丑、戊辰、壬申。

[28]耀店：地名。位於今河南孟津縣。《舊五代史考異》："《通鑑》作鸕店。胡三省注云：《薛史》作耀店。今仍其舊。"見《通鑑》卷二七四天成元年三月甲戌條。

[29]汴州：州名。治所在今河南開封市。　向延嗣：人名。籍貫不詳。後唐宦官。事見《通鑑》卷二七四。

[30]滎澤：縣名。治所在今河南鄭州市。　龍驤：禁軍名。後梁置左、右龍驤軍，後唐沿置。　姚彦温：人名。籍貫不詳。五代將領。事見本書本卷、卷三五。　中牟：縣名。治所在今河南中牟縣。

[31]潘環：人名。洛陽（今河南洛陽市）人。五代官員。傳見本書卷九四。　王村寨：地名。位於今河南濮陽市。

[32]萬勝鎮：地名。位於今河南中牟縣。

[33]愁臺：地名。位於今河南中牟縣。　汜水：縣名。治所在今河南滎陽市汜水鎮。

[34]秦州：州名。治所在今甘肅天水市。　張瑭：人名。籍貫不詳。本書僅此一見。中華書局本有校勘記："《通鑑》卷二七四作'張唐'。"見《通鑑》卷二七四天成元年三月壬午條。

[35]罌子谷：地名。位於今河南滎陽市西北。《輯本舊史》之影庫本粘籤："罌子谷，原本作'罌子谷'，考《舊唐書》罌子谷在成皋，《通鑑》亦作'罌'，今改。"見《舊唐書》卷九《玄宗紀》天寶十四載十二月丙申條、《通鑑》卷二七四天成元年三月癸未條。

[36]內庫使：官名。後唐莊宗置，爲內諸司使之一，以宦者爲之，掌內庫財物之出納。　張容哥：人名。籍貫不詳。後唐宦官。事見本書本卷。

[37]"又索袍帶賜從官"至"因投河而死"：《舊五代史考異》："案《隆平集》：內臣李承進逮事唐莊宗，太祖嘗問莊宗時事，對曰：'莊宗好畋獵，每次近郊，衛士必控馬首曰："兒郎輩寒冷，

望陛下與救接。”莊宗隨所欲給之，如此者非一。晚年蕭牆之禍，由賞賫無節，威令不行也。’太祖歎曰：‘二十年夾河戰争，不能以軍法約束此輩，誠兒戲。’”見《隆平集》卷二革弊條。

[38]甲申，次石橋：“甲申”，中華書局本沿《輯本舊史》之誤作“甲戌”，《舊五代史考異》：“案：《通鑑》作甲申，次石橋西，與《薛史》異。《歐陽史》作甲戌，至自萬勝，與《薛史》合。”見《新五代史》卷五《唐本紀五》同光四年三月甲戌條、《通鑑》卷二七四天成元年三月甲申條。

[39]置髻於地：中華書局本有校勘記：“‘髻’，原作‘鬚’，據劉本、邵本校改。”《通鑑》卷二七四天成三年三月甲申條作“截髮置地”。

[40]張筠：人名。海州（今江蘇連雲港市海州區）人。唐末、五代軍閥。傳見本書卷九〇、《新五代史》卷四七。　上東門：城門名。爲洛陽城門。位於今河南洛陽市。

[41]安義：方鎮名。治所在潞州（今山西長治市）。唐時爲昭義。後梁末帝時改曰匡義。後唐滅梁，改曰安義。後晋復曰昭義。

[42]丙戌：中華書局本沿《輯本舊史》之誤作“丙子”，有校勘記：“《通鑑》卷二七四作‘丙戌’。”見《通鑑》卷二七四天成元年三月丙戌條。

[43]韋説：人名。籍貫不詳。五代官員。傳見本書卷六七。中興殿：宫殿名。在洛陽宫城内。位於今河南洛陽市。　車駕且宜控氾水：《輯本舊史》之影庫本粘籤：“宜控氾水，原本作‘宜撫氾水’，今從《通鑑》改正。”見《通鑑》卷二七四天成元年三月丙戌條，作“車駕宜且控扼氾水”。

四月丁亥朔，[1]以永王存霸爲北都留守，[2]申王存渥爲河中節度使。是日，車駕將發京師，從駕馬軍陳於宣仁門外，[3]步兵陳於五鳳門外。[4]帝内殿食次，從馬直指揮使郭從謙自本營率所部抽戈露刃，[5] 至興教門大呼，與黃甲兩軍引弓射興教門。[6] 帝聞其變，自宮中率諸王、近衛禦之，逐亂兵出門。既而焚興教門，緣城而入，登宮牆譁譟，帝御親軍格鬭，殺亂兵數百。俄而帝爲流矢所中，亭午，崩於絳霄殿之廡下，時年四十二。[7] 是時，帝之左右例皆奔散，唯五坊人善友斂廊下樂器簇於帝尸之上，[8] 發火焚之。及明宗入洛，止得其燼骨而已。天成元年七月丁卯，有司上諡曰光聖神閔孝皇帝，廟號莊宗。是月丙子，葬於雍陵。[9]《永樂大典》卷七千一百五十八。[10]

[1] 四月丁亥朔：《舊五代史考異》：“案：《歐陽史》及《通鑑》《五代春秋》俱作四月丁亥朔。考《遼史》，天顯元年即同光四年，亦作四月丁亥朔。唯《薛史》作丁丑，與諸書異。案：是年正月係戊午朔，三月係丁未朔，則四月朔日自當爲丁丑。蓋《薛史》據當時實錄，其月日有可徵信也。”“蓋薛史據當時實錄其月日有可徵信也”，中華書局本有校勘記：“《舊五代史考異》卷二作‘然《薛史·明宗紀》亦作四月丁亥朔，蓋各據《莊宗實錄》《明宗實錄》未及合考’。”見《輯本舊史》卷三五《明宗紀一》同光四年（926）四月丁亥條、《新五代史》卷五《唐本紀五》同光四年四月丁亥條、《通鑑》天成元年（926）四月丁亥條、《五代春秋》後唐莊宗同光四年四月丁亥條。

[2] 北都：指太原（今山西太原市）。《新五代史》卷五《莊宗紀》載，同光元年“十一月乙巳，復北都爲鎮州，太原爲北都”。

[3] 宣仁門：洛陽皇城東門。位於今河南洛陽市。中華書局本有校勘記：“原作‘寬仁門’，據《新五代史》卷三七《伶官傳》、《通鑑》卷二七五改。按《舊唐書》卷二〇下《哀帝紀》：‘（天祐

二年）延喜門改爲宣仁門。’”見《通鑑》卷二七五天成元年四月丁亥條。

　　[4]五鳳門：洛陽皇城南門。位於今河南洛陽市。

　　[5]從馬直指揮使：官名。後唐親軍將領。“從馬直”爲部隊番號。後唐明宗李嗣源創置。其兵丁選自諸軍驍勇敢戰者，没有額定兵員。平時宿衛，戰時隨駕親征。　　郭從謙：人名。籍貫不詳。五代後唐將領、伶人。傳見本書附録、《新五代史》卷三七。

　　[6]興教門：洛陽皇宫南面三門之一。位於今河南洛陽市。

　　[7]絳霄殿：後唐皇宫宫殿名。　　時年四十二：中華書局本有校勘記：“‘二’，原作‘三’，據殿本、劉本、《通曆》卷一三、《五代會要》卷一、《通鑑》卷二七五改。按莊宗生于唐光啓元年十月二十二日，至同光四年四月崩，得年四十二。”見《通曆》卷一三《唐莊宗》、《會要》卷一《帝號》後唐莊宗條、《通鑑》卷二七五天成元年四月丁亥條。《舊五代史考異》：“《琬琰集》載《宋實録·王全斌傳》云：同光末，蕭牆有變，亂兵逼宫城，近臣宿將，皆釋甲潛遁，惟全斌與符彦卿等十數人居中拒戰。莊宗中流矢，扶掖歸絳霄殿，全斌慟哭而去。《東都事略·符彦卿傳》云：郭從謙之亂，莊宗左右皆引去，惟彦卿力戰，殺十餘人。莊宗崩，彦卿慟哭而去。參考《薛史·何福進傳》，時莊宗親軍，惟彦卿、福進數十而已。”見《東都事略》卷一九《符彦卿傳》。“參考薛史何福進傳時莊宗親軍惟彦卿福進數十而已”，中華書局本有校勘記：“以上二十二字原闕，據孔本補。”

　　[8]五坊：官署名。《新唐書·百官志二》載：“閑厩使押五坊，以供時狩：一曰鵰坊，二曰鶻坊，三曰鷂坊，四曰鷹坊，五曰狗坊。”五坊各以奉御爲主官，初由閑厩使兼領，後總領於五坊使。

　　善友：人名。籍貫不詳。後唐官員。事見本書本卷、《新五代史》卷三七。《舊五代史考異》：“案：《通鑑》作鷹坊人善友，胡三省注云：鷹坊，唐時五坊之一也。善，姓也。”見《通鑑》卷二七五天成元年四月丁亥條。

[9]"天成元年七月丁卯"至"葬於雍陵":《輯本舊史》之案語:"《五代史補》:莊宗之嗣位也,志在渡河,但恨河東地狹兵少,思欲百練其衆,以取必勝於天下,乃下令曰:'凡出師,騎軍不見賊不許騎馬,或步騎前後已定,不得越軍分以避險惡。其分路並進,期會有處,不得違晷刻。並在路敢言病者,皆斬之。'故三軍懼法而戮力,皆一以當百,故朱梁舉天下而不能禦,卒爲所滅,良有以也。初,莊宗爲公子,雅好音律,又能自撰曲子詞。其後凡用軍,前後隊伍皆以所撰詞授之,使揭聲而唱,謂之'御製'。至於入陣,不論勝負,馬頭纔轉,則衆歌齊作。故凡所鬭戰,人忘其死,斯亦用軍之一奇也。莊宗好獵,每出,未有不蹂踐苗稼。一旦至中牟,圍合,忽有縣令,忘其姓名,犯圍諫曰:'大凡有國家者,當視民如赤子,性命所繫。陛下以一時之娛,恣其蹂踐,使比屋囂然動溝壑之慮,爲民父母,豈其若是耶!'莊宗大怒,以爲遭縣令所辱,遂叱退,將斬之。伶官鏡新磨者,知其不可,乃與衆伶齊進,挽住令,佯爲訽責曰:'汝爲縣,可以指麾百姓爲兒,即天子好獵,即合多留閑地,安得縱百姓耕鋤皆徧,妨天子鷹犬飛走耶!而又不能自責,更敢咄咄,吾知汝當死罪。'諸伶亦皆嘻笑繼和,於是莊宗默然,其怒少霽,頃之,恕縣令罪。《五代史闕文》:莊宗嘗因博戲,覩骰子采有暗相輪者,心悅之,乃自置暗箭格,凡博戲並認采之在下者。及同光末,鄴都兵亂,從謙以兵犯興教門,莊宗禦之,中流矢而崩。識者以爲暗箭之應。""莊宗爲公子時",中華書局本有校勘記:"'時'字原闕,據殿本、孔本、《五代史補》卷二補。""汝爲縣",中華書局本有校勘記:"'縣'下原有'令'字,據殿本、孔本、《五代史補》卷二删。"今據删。見《五代史補》卷二莊宗能訓練兵士、莊宗爲縣令所諫條。

[10]《大典》卷七一五八"唐"字韻"莊宗(五)"事目。

史臣曰:莊宗以雄圖而起河汾,以力戰而平汴洛,家讎既雪，國祚中興，雖少康之嗣夏配天，光武之膺圖受命，亦無以加也。然得之孔勞，失之何速？豈不以驕於驟勝，逸於居安，忘櫛沐之艱難，狗色禽之荒樂。外則伶人亂政，內則牝雞司晨。靳吝貨財，激六師之憤怨；徵搜輿賦，竭萬姓之脂膏。大臣無罪以獲誅，衆口吞聲而避禍。夫有一於此，未或不亡，矧咸有之，不亡何待！靜而思之，足以爲萬代之炯誡也。《永樂大典》卷七千一百五十八。[1]

[1]《大典》卷七一五八"唐"字韻"莊宗（五）"事目。

舊五代史　卷三五

唐書十一

明宗紀第一

　　明宗聖德和武欽孝皇帝，諱亶，初名嗣源，及即位，改今諱，代北人也。世事武皇，[1] 及其錫姓也，遂編於屬籍。四代祖諱聿，皇贈麟州刺史，天成初，追尊爲孝恭皇帝，廟號惠祖，陵曰遂陵；高祖妣衛國夫人崔氏，追謚爲孝恭昭皇后。[2] 三代祖諱教，皇贈朔州刺史，追尊爲孝質皇帝，廟號毅祖，陵曰衍陵；曾祖妣趙國夫人張氏，追謚爲孝質順皇后。[3] 皇祖諱琰，皇贈蔚州刺史，追尊爲孝靖皇帝，廟號烈祖，陵曰奕陵；皇祖妣秦國夫人何氏，追謚爲孝靖穆皇后。[4] 皇考諱霓，皇贈汾州刺史，追尊爲孝成皇帝，廟號德祖，陵曰慶陵；皇妣宋國夫人劉氏，追謚爲孝成懿皇后。[5] 帝即孝成之元子也。以唐咸通丁亥歲九月九日，懿皇后生帝於應州之金城縣。[6]

[1]武皇：即李克用。沙陀部人，生於神武川新城（一説是今山西朔州市朔城區之梵王寺村，一説是今山西應縣縣城，一説在今山西懷仁縣之日中城）。唐末軍閥，受封晉王。五代後唐追尊爲太祖。紀見本書卷二五、卷二六及《新五代史》卷四。

[2]聿：後唐明宗李嗣源高祖。本書僅此一見。　麟州：州名。治所在今陝西神木縣。　刺史：官名。漢武帝始置。州一級行政長官，總掌考覈官吏、勸課農桑、地方教化等事。唐中期以後，節度使、觀察使轄州而設，刺史爲其屬官，職任漸輕。從三品至正四品下。　天成：後唐明宗李嗣源年號（926—930）。　妣衛國夫人崔氏：後唐明宗李嗣源高祖母。本書僅此一見。

[3]教：後唐明宗李嗣源曾祖。本書僅此一見。《輯本舊史》之案語：“原本作‘諱敎’，今從《五代會要》改正。”中華書局本改作“諱教”，校勘記：“‘教’，《册府》卷一、卷三一、《新五代史》卷六《唐本紀》作‘敎’。按本書卷九三《鄭雲叟傳》、《新五代史》卷三四《鄭遨傳》均記雲叟本名遨，因避唐明宗廟諱，以字行，可知明宗曾祖諱敎。”見《輯本舊史》卷九三《鄭雲叟傳》，明本《册府》卷一《帝王部·帝系門》、卷三一《帝王部·奉先門四》，《新五代史》卷六《唐本紀六》、卷三四《鄭遨傳》。　朔州：州名。治所在今山西朔州市朔城區。　趙國夫人張氏：後唐明宗李嗣源曾祖母。本書僅此一見。

[4]琰：後唐明宗李嗣源祖父。本書僅此一見。　蔚州：州名。治所在今河北蔚縣。中華書局本有校勘記：“‘蔚州’，原作‘尉州’，據劉本、邵本、彭本、《册府》卷一、卷三一改。”

[5]霓：後唐明宗李嗣源之父。爲雁門部將。《舊五代史考異》：“《歐陽史》云：父電，未知孰是。”見《新五代史》卷六。　汾州：州名。治所在今山西汾陽市。　宋國夫人劉氏：後唐明宗李嗣源之母。本書僅此一見。

[6]應州：州名。治所在今山西應縣。　金城縣：縣名。治所在今山西應縣。　懿皇后生帝於應州之金城縣：中華書局本有校勘

記："'皇'字原闕，據殿本、劉本及本卷上文補。"

　　初，孝成事唐獻祖爲愛將，獻祖之失振武，爲吐渾所攻，部下離散，孝成獨奮忠義，解蔚州之圍。[1]武皇之鎮雁門也，[2]孝成厭代，帝年甫十三，善騎射，獻祖見而撫之曰："英氣如父，可侍吾左右。"每從圍獵，仰射飛鳥，控弦必中，尋隸武皇帳下。武皇遇上源之難，[3]將佐罹害者甚衆，帝時年十七，翼武皇踰垣脱難，於亂兵流矢之内，獨無所傷。武皇鎮河東，[4]以帝掌親騎。時李存信爲蕃漢大將，[5]每總兵征討，師多不利，武皇遂選帝副之，所向克捷。

　　[1]孝成：即後唐明宗李嗣源之父霓。　唐獻祖：即李國昌，又名朱邪赤心。沙陀部首領。唐末軍閥。李克用之父。其孫後唐莊宗李存勖即帝位後，追謚其爲文皇，廟號獻祖。事見《舊唐書》卷一九上、卷一九下。　振武：方鎮名。後梁貞明二年（916）以前，治所在單于都護府城（今内蒙古和林格爾縣）。貞明二年單于都護府城爲契丹占據。此後至後唐清泰三年（936），治所在朔州（今山西朔州市朔城區）。後晉時隨燕雲十六州割予契丹，改名順義軍。
　　吐渾：部族名。吐谷渾的省稱。源出鮮卑，後游牧於今甘肅、青海一帶。參見周偉洲《吐谷渾資料輯録》（增訂本），商務印書館2017年版。
　　[2]雁門：方鎮名。唐僖宗中和二年（882），以河東忻、代二州隸雁門節度。治所在代州（今山西代縣）。
　　[3]上源：驛站名。位於今河南開封市。　武皇遇上源之難：《輯本舊史》之影庫本粘籤："原本作'武后'，今據文改正。"從前後文即可證其爲武皇而非武后。

[4]河東：方鎮名。治所在太原（今山西太原市）。

[5]李存信：人名。本姓張。回鶻人。唐末將領。傳見本書卷五三、《新五代史》卷三六。

帝嘗宿於雁門逆旅，媪方娠，不時具饌，媪聞腹中兒語云：“大家至矣，速宜進食。”媪異之，遽起，親奉庖爨甚恭，帝詰之，媪告其故。[1]帝既壯，雄武獨斷，謙和下士。每有戰功，未嘗自伐。居常唯治兵仗，持廉處静，晏如也。武皇常試之，召於泉府，命恣其所取，帝唯持束帛、數緡而出。凡所賜與，分給部下。常與諸將會，諸將矜衒武勇，帝徐曰：“公輩以口擊賊，吾以手擊賊。”眾慚而止。景福初，黑山戍將王弇據振武叛，帝率其屬攻之，擒弇以獻。[2]

[1]“帝嘗宿於雁門逆旅”至“媪告其故”：《舊五代史考異》：“《北夢瑣言》云：帝以媪前倨後恭，詰之，曰：‘公貴不可言也。’問其故，具道娠子腹語事，帝曰：‘老媪遜言，懼吾辱耳。’後果如其言。”見《北夢瑣言》卷一八。

[2]景福：唐昭宗李曄年號（892—893）。　黑山：地名。今地不詳。　王弇：人名。籍貫不詳。本書僅此一見。

乾寧三年，梁人急攻兗、鄆，鄆帥朱瑄求救於武皇。[1]武皇先遣騎將李承嗣、史儼援之，復遣李存信將兵三萬屯於莘縣。[2]聞汴軍益盛，攻兗甚急，存信遣帝率三百騎而往，敗汴軍於任城，[3]遂解兗州之圍。朱瑾見帝，[4]執手涕謝。其年，魏帥羅弘信背盟，[5]襲破李存信於莘縣，帝奮命殿軍而還，武皇嘉其功，即以所屬五百騎號曰"橫衝都"，[6]侍於帳下，故兩河間目帝爲"李橫衝"。

[1]乾寧：唐昭宗李曄年號（894—898）。　兗：州名。治所在今山東濟寧市兗州區。　鄆：州名。治所在今山東東平縣。　朱瑄：人名。一作"朱宣"。宋州下邑（今河南夏邑縣）人。唐末軍閥，天平軍節度使。傳見《舊唐書》卷一八二、《新唐書》卷一八八、本書卷一三、《新五代史》卷四二。

[2]李承嗣：人名。代州雁門（今山西代縣）人。唐末、五代將領。傳見本書卷五五。　史儼：人名。代州雁門（今山西代縣）人。李克用部將。傳見本書卷五五。　莘縣：縣名。治所在今山東莘縣。《舊五代史考異》："原本作'華縣'，今據《新唐書·藩鎮傳》改正。"見《新唐書》卷二一〇《羅弘信傳》，又見《通鑑》卷二六〇乾寧三年（896）閏正月條。

[3]任城：縣名。治所在今山東濟寧市。

[4]朱瑾：人名。宋州下邑（今河南夏邑縣）人。唐末軍閥、五代將領。傳見本書卷一三、《新五代史》卷四二。

[5]魏：州名。此處代指唐末河北方鎮魏博軍，治所在今河北大名縣。時羅弘信爲魏博軍節度使。　羅弘信：人名。魏州貴鄉（今河北大名縣）人。唐末、五代軍閥。傳見《舊唐書》卷一八一、《新唐書》卷二一〇。

[6]橫衝都：部隊番號。

明年，武皇遣大將軍李嗣昭率師下馬嶺關，將復邢、洺，梁將葛從周以兵應援。[1]嗣昭兵敗，退入青山口，梁軍扼其路，步兵不戰自潰，嗣昭不能制。會帝本軍至，謂嗣昭曰：“步兵雖散，若吾輩空迴，大事去矣。爲公試決一戰，不捷而死，差勝被囚。”嗣昭曰：“吾爲卿副。”帝率其屬，解鞍礪鏃，憑高列陣，左右指畫，梁人莫之測，因呼曰：“吾王命我取葛司徒，他士可無併命。”即徑犯其陣，奮擊如神。嗣昭繼進，梁軍即時退去，帝與嗣昭收兵入關。帝四中流矢，血流被股，武皇解衣授藥，手賜巵酒，撫其背曰：“吾兒神人也，微吾兒，幾爲從周所笑。”自青山之戰，名聞天下。

[1] 李嗣昭：人名。汾州（今山西汾陽市）人。唐末、五代李克用義子、部將。傳見本書卷五二、《新五代史》卷三六。 馬嶺關：關隘名。位於今河北邢臺市。《輯本舊史》之影庫本粘籤：“原本作‘爲嶺’，今從《通鑑》改正。”《通鑑》卷二六二光化三年（900）七月條《考異》引《唐末三朝見聞録》曰：“八月二十五日，嗣昭領馬步五萬取馬嶺，進軍下山東，某日山東告捷，收得洺州。九月二日，嗣昭兵士失利却回。” 邢：州名。治所在今河北邢臺市。 洺：州名。治所在今河北邯鄲市永年區。 葛從周：人名。濮州鄄城（今山東鄄城縣）人。唐末、五代將領。傳見本書卷一六、《新五代史》卷二一。

天復中，梁祖遣氏叔琮將兵五萬，營於洞渦。[1] 是時，諸道之師畢萃於太原，郡縣多陷於梁，晉陽城外，營壘相望。[2] 武皇登陴號令，不遑飲食。屬大雨彌旬，城壘多壞，武皇令帝與李嗣昭分兵四出，突入諸營，梁軍由是引退，帝率偏師追襲，復諸郡邑。昭宗之幸鳳翔也，梁祖率衆攻圍岐下，武皇奉詔應援，遣李嗣昭、周德威出師晉、絳，營於蒲縣。[3]嗣昭等軍大爲梁將朱友寧、氏叔琮所敗，[4]梁之追兵直抵晉陽，營於晉祠，日以步騎環城。武皇登城督衆，憂形於色。攻城既急，武皇與大將謀，欲出奔雲中，帝曰："攻守之謀，據城百倍，但兒等在，必能固守。"乃止。居數日，潰軍稍集，率敢死之士，日夜分出諸門掩襲梁軍，擒其驍將游崑崙等。梁軍失勢，乃燒營而退。[5]

[1]天復：唐昭宗李曄年號（901—904）。李克用沿用至天復七年（907）。　氏叔琮：人名。河南尉氏（今河南尉氏縣）人。唐末將領。傳見本書卷一九、《新五代史》卷四三。　洞渦：地名。即洞渦驛。位於今山西清徐縣。

[2]太原：府名。治所在今山西太原市。　晉陽：縣名。治所在今山西太原市。

[3]昭宗：即唐昭宗李曄，888 年至 904 年在位。紀見《舊唐書》卷二〇上、《新唐書》卷一〇。　鳳翔：府名。治所在今陝西鳳翔縣。亦爲方鎮鳳翔軍治所。　岐：封國名。時鳳翔節度使李茂貞爲岐王，劫持唐昭宗至其所在，故稱。　周德威：人名。馬邑（今山西朔州市朔城區）人。唐末、五代河東將領。傳見本書卷五六、《新五代史》卷二五。　晉：州名。治所在今山西臨汾市。絳：州名。治所在今山西新絳縣。　蒲縣：縣名。治所在今山西蒲縣。

[4]朱友寧：人名。朱温之侄，唐末、五代將領。傳見本書卷一二、《新五代史》卷一三。"友寧"，《輯本舊史》之影庫本粘籤："原本作'勿寧'，今從《歐陽史·家人傳》改正。"見《新五代史》卷一三《朱友寧傳》。

[5]雲中：縣名。治所在今山西大同市。　游崑崙：人名。籍貫不詳。本書僅此一見。

　　天祐五年五月，莊宗親將兵以救潞州之圍，帝時領突騎左右軍與周德威分爲二廣。[1]帝晨至夾城東北隅，命斧其鹿角，負芻填塹，下馬乘城大譟。時德威登西北隅，亦譟以應之。帝先入夾城，大破梁軍，是日解圍，其功居最。柏鄉之役，[2]兩軍既成列，莊宗以梁軍甚盛，慮師人之怯，欲激壯之，手持白金巨鍾賜帝酒，謂之曰：“卿見南軍白馬、赤馬都否？[3]覘之令人膽破。”帝曰：“彼虛有其表耳，翌日當歸吾廄中。”莊宗拊髀大笑曰：“卿已氣吞之矣。”帝引鍾盡醺，即屬鞬揮弭，躍馬挺身，與其部下百人直犯白馬都，奮檛舞稍，生挾二騎校而迴，飛矢麗帝甲如蝟毛焉。由是三軍增氣，自辰及未，騎軍百戰，帝往來衝擊，執訊獲醜，不可勝計。是日，梁軍大敗。以功授代州刺史。[4]莊宗遣周德威伐幽州，帝分兵略定山後八軍，[5]與劉守光愛將元行欽戰於廣邊軍，[6]凡八戰，帝控弦發矢七中。行欽酣戰不解，矢亦中帝股，拔矢復戰。行欽窮蹙，面縛乞降，帝酌酒飲之，拊其背曰：“吾子壯士也！”因厚遇之。

　　[1]天祐：唐昭宗李曄開始使用的年號（904）。唐哀帝李柷即位後沿用（904—907）。唐亡後，河東李克用、李存勗仍稱天祐，沿用至天祐二十年（923）。五代其他政權亦有行此年號者，如南吳、吳越等，使用時間長短不等。　　莊宗：即後唐莊宗李存勗。沙陀部人。五代後唐王朝的建立者。紀見本書卷二七至卷三四、《新五代史》卷五。　　潞州：州名。治所在今山西長治市。

　　[2]柏鄉：地名。位於今河北柏鄉縣。《舊五代史考異》：“原本訛‘松鄉’，今據《通鑑》改正。”見《通鑑》卷二六七開平四年

（910）十二月壬午條、乾化元年（911）正月丁亥條。

　　[3]白馬、赤馬都：後梁軍隊番號。

　　[4]代州：州名。治所在今山西代縣。

　　[5]幽州：州名。治所在今北京市。　山後八軍：唐末幽州劉仁恭首設於山後地區、具有防禦性質的八個軍鎮，主要防備契丹和河東，爲模擬東北邊的“八防禦軍”而來。詳見李翔《關於五代“山後八軍”的幾個問題》，《中南大學學報》2016年第4期。“八軍”，《輯本舊史》之影庫本粘籤：“原本作‘八年’，今據《通鑑》改正。”見《通鑑》卷二六八乾化三年三月戊辰條。

　　[6]劉守光：人名。深州樂壽（今河北獻縣）人。唐末、五代幽州節度使劉仁恭之子。劉守光囚父自立，號大燕皇帝，後爲晋王李存勗俘殺。傳見本書卷一三五、《新五代史》卷三九。　元行欽：人名。幽州（今北京市）人。五代後唐將領。傳見本書卷七〇、《新五代史》卷二五。　廣邊軍：地名。位於今河北赤城縣。

　　十三年二月，莊宗與梁將劉鄩大戰於故元城北，[1]帝以三千騎環之，鼓譟奮擊，內外合勢，鄩軍殆盡。帝徇地磁、洺。[2]四月，相州張筠遁走，[3]乃以帝爲相州刺史。九月，滄州節度使戴思遠棄城歸汴，[4]小將毛璋據州納款，[5]莊宗命率兵慰撫。既入城，以軍府又安報莊宗，書吏誤云：“已至滄州，禮上畢。”莊宗省狀，怒曰：“嗣源反耶！”帝聞之懼，歸罪於書吏，斬之。未幾，承制授邢州節度使。

　　[1]劉鄩：人名。密州安丘（今山東安丘市）人。唐末、五代將領。傳見本書卷二三、《新五代史》卷二二。　元城：縣名。治所在今河北大名縣。

[2]磁：州名。治所在今河北磁縣。中華書局本有校勘記："'磁'，原作'慈'，據殿本、劉本、《冊府》卷二〇、《新五代史》卷六《唐本紀》改。按磁、洺地接，慈州在河東，不相屬。"見明本《冊府》卷二〇《帝王部·功業門二》。

[3]相州：州名。治所在今河南安陽市。　張筠：人名。海州（今江蘇東海縣）人。五代後唐將領。傳見本書卷九〇、《新五代史》卷四七。

[4]滄州：州名。治所在今河北滄縣舊州鎮。《輯本舊史》之影庫本粘籤："原本作'渭州'，今據《薛史·梁紀》改正。"見《輯本舊史》卷八《梁末帝紀上》貞明二年（916）九月條。　節度使：官名。唐時在重要地區所設掌握一州或數州軍事、民事、財政的長官。　戴思遠：人名。籍貫不詳。五代後梁、後唐將領。傳見本書卷六四。　汴：州名。治所在今河南開封市。

[5]毛璋：人名。滄州（今河北滄縣舊州鎮）人。五代後唐將領。傳見本書卷七三、《新五代史》卷二六。　以軍府乂安報莊宗：中華書局本有校勘記："'乂'，原作'人'，據殿本、劉本、彭校改。《冊府》卷一八一敘其事作'遣璋入覲，軍城乂安'。"見明本《冊府》卷一八一《帝王部·疑忌門》，《冊府》載："明宗既至，毛璋開門迎謁，遣璋入覲，軍城乂安。時書吏誤爲申狀云：'某已至滄州，禮上畢。'莊宗覽狀，大怒曰：'諱（諱，明宗名）反邪？'時末帝掌莊宗親軍在帳下，顧謂末帝曰：'爾父固予所悉，此蓋王建及、安重誨戲予，斬二僕之首而還！'末帝惶恐。既而明宗旋師行臺，斬其書吏謝之。乃移安國軍節度使李存審鎮滄州，承制授明宗安國軍節度，邢、洺、磁等州觀察處置等使。"

　　十四年四月，契丹阿保機率衆三十萬攻幽州，[1]周德威間使告急，莊宗召諸將議進取之計，諸將咸言："敵勢不能持久，[2]野無所掠，食盡自還，然後躡而擊之可也。"帝奏曰:"德威盡忠於家國，孤城被攻，危亡在即，不宜更待敵衰。願假臣突騎五千爲前鋒以援之。"莊宗曰:"公言是也。"即命帝與李存審、閻寶率軍赴援，帝爲前鋒，會軍於易州。[3]帝謂諸將曰:"敵騎以馬上爲生，不須營壘，況彼衆我寡，所宜銜枚箝馬，潛行溪澗，襲其不備也。"

[1]契丹:古部族、政權名。公元4世紀中葉宇文部爲前燕攻破，始分離而成單獨的部落，自號契丹。唐貞觀中，置松漠都督府，以其首領爲都督。唐末强盛，916年迭剌部耶律阿保機建立契丹國（遼）。先後與五代、北宋並立，保大五年（1125）爲金所滅。參見張正明《契丹史略》，中華書局1979年版。　阿保機:人名。姓耶律，契丹迭剌部人。唐末契丹族首領、遼開國太祖。紀見《遼史》卷一、卷二。　契丹阿保機率衆三十萬攻幽州:中華書局本有校勘記:"'三十萬'三字原闕，據殿本、孔本、《通曆》卷一三、《册府》卷二〇補。"見明本《册府》卷二〇《帝王部·功業門》。

[2]持久:《輯本舊史》之影庫本粘籤:"原本作'持文'，今據文改正。"應爲形近之誤。

[3]李存審:人名。陳州宛丘（今河南淮陽縣）人。原姓符，名存。五代後唐將領。傳見本書卷五六、《新五代史》卷二五。閻寶:人名。鄆州（今山東東平縣）人。後梁、後唐將領。傳見本書卷五九、《新五代史》卷四四。　易州:州名。治所在今河北易縣。

八月，師發上谷，陰晦而雨，帝仰天祈祝，即時晴霽，師循大房嶺，緣澗而進。[1]翌日，敵騎大至，每遇谷口，敵騎扼其前，帝與長子從珂奮命血戰，敵即解去，我軍方得前進。距幽州兩舍，敵騎復當谷口而陣，我軍失色，帝曰："爲將者受命忘家，臨敵忘身，以身徇國，正在今日。諸君觀吾父子與敵周旋！"因挺身入於敵陣，以邊語諭之曰："爾輩非吾敵，吾當與天皇較力耳。"[1]舞楇奮擊，萬衆披靡，俄挾其酋帥而還。我軍呼躍奮擊，敵衆大敗，勢如席捲，委棄鎧仗、羊馬，殆不勝紀。是日，解圍，大軍入幽州，周德威迎帝，執手歔欷。

[1]上谷：地名。位於今北京市延慶區。　大房嶺：地名。位於今北京市房山區西北。　天皇：即耶律阿保機。《舊五代史考異》："原本作'人皇'，考《遼史》太祖稱爲天皇，讓宗追稱人皇。莊宗初年侵幽州者，乃太祖，非讓宗也。今改正。"見《遼史》卷一《太祖紀上》神册二年（917）四月、六月、八月各條。

九月，班師於魏州，莊宗親出郊勞，進位檢校太保。[1]

[1]檢校太保：官名。爲散官或加官，以示恩寵，無實際執掌。太保，與太師、太傅合稱三師。

十八年十月，從莊宗大破梁將戴思遠於戚城，斬首二萬級。莊宗以帝爲蕃漢副總管，加同平章事。[1]

[1]戚城：地名。位於今河南濮陽市。　蕃漢副總管：官名。五代後唐置，爲蕃漢馬步軍副長官。　同平章事：官名。即同中書

門下平章事。唐高宗以後，凡實際任宰相之職者，常在其本官後加同平章事的職銜。後成爲宰相專稱。

二十年，代李存審爲滄州節度使。四月，莊宗即位於鄴宮，帝進位檢校太傅、兼侍中。[1]尋命帝率步騎五千襲鄆州，下之，授天平軍節度使。[2]

[1]鄴：地名。位於今河北大名縣。五代後唐同光元年（923）改魏州爲興唐府，建號東京。三年，改東京爲鄴都。　檢校太傅：官名。爲散官或加官，以示恩寵，無實際執掌。　侍中：官名。秦始置。隋、唐前期爲門下省長官。唐後期多爲大臣加銜，不參與政務，實際職務由門下侍郎執行。正二品。
[2]天平軍：方鎮名。治所在鄆州（今山東東平縣）。

五月，梁人陷德勝南城，圍楊劉，以扼出師之路，帝孤守汶陽，四面拒寇，久之，莊宗方解楊劉之圍。[1]九月，梁將王彥章以步騎萬人迫鄆州，自中都渡汶，帝遣長子從珂率騎逆戰於遞坊鎮，獲梁將任釗等三百人，彥章退保中都。[2]莊宗聞其捷，自楊劉引軍至鄆，以帝爲前鋒，大破梁軍於中都，生擒王彥章等。是日，諸將稱賀，莊宗以酒屬帝曰：“昨朕在朝城，諸君多勸朕棄鄆州，以河爲界，賴副總管禦侮於前，崇韜畫謀於內，若信李紹宏輩，大事已掃地矣。”[3]莊宗與諸將議兵所向，諸將多云：“青、齊、徐、兗皆空城耳，[4]王師一臨，不戰自下。”唯帝勸莊宗徑取汴州，語在《莊宗紀》中，莊宗嘉之。帝即時前進，莊宗繼發中都。十月己卯，遲明，帝先至汴州，攻封丘門，汴將王瓚開門迎降。[5]帝至建國門，聞梁主已殂，乃號令安撫，迴軍於封禪寺。[6]辰時，莊宗至，帝迎謁路側。莊宗大悅，手引帝衣，以首觸帝曰：“吾有天下，由公之血戰也，當與公共之。”尋進位兼中書令。[7]

[1]德勝南城：地名。德勝原爲黃河渡口，晉軍築德勝南、北二城於此，遂爲城名。位於今河南濮陽縣。　楊劉：地名。位於今山東東阿縣東北楊柳鎮。　汶陽：地名。位於今山東泰安市一帶。

[2]王彦章：人名。鄆州壽張（今山東梁山縣壽張集）人。五代後梁將領。傳見本書卷二一、《新五代史》卷三二。　中都：縣名。治所在今山東汶上縣。　汶：水名。即今山東大汶河。　從珂：人名。即後唐末帝李從珂。鎮州（今河北正定縣）人。後唐明宗養子。紀見本書卷四六至卷四八、《新五代史》卷七。　遞坊鎮：地名。隸鄆州。位於今山東東平縣。　任釗：人名。籍貫不詳。事見本書本卷、卷二九。

[3]朝城：縣名。治所在今山東莘縣。　崇韜：人名。即郭崇韜。代州雁門（今山西代縣）人。五代後唐大臣。傳見本書卷五七、《新五代史》卷二四。　李紹宏：人名。本名馬紹宏。籍貫不詳。後唐莊宗近臣。傳見本書卷七二。

[4]青：州名。治所在今山東青州市。　齊：州名。治所在今山東濟南市。　徐：州名。治所在今江蘇徐州市。

[5]封丘門：城門名。位於今河南開封市。　王瓚：人名。太原祁（今山西祁縣）人。唐河中節度使王重盈之子。五代後梁將領，官至開封尹。傳見本書卷五九。

[6]建國門：城門名。爲開封皇城南門。“建國”，《輯本舊史》之影庫本粘籤：“原本作‘逮固’，今據《通鑑》改正。”見《通鑑》卷二七二同光元年（923）十月丁丑（初七）條，云：“梁主

登建國樓。”胡注：“大梁宮城南門曰建國門，其樓曰建國樓。”明宗軍至大梁，《通鑑》繫於己卯（初九）。 封禪寺：寺名。初建於北齊天保十年（559），名獨居寺。唐玄宗開元十七年（729），詔改爲封禪寺。宋太祖開寶三年（970）改爲開寶寺。今爲河南開封市鐵塔公園。

[7]中書令：官名。漢代始置，隋、唐前期爲中書省長官，屬宰相之職；唐後期多爲授予元勳大臣的虛銜。正二品。

　　同光二年正月，[1]契丹犯塞，帝受命北征。二月，莊宗以郊天禮畢，賜帝鐵券。四月，潞州小將楊立叛，[2]帝受詔討之。五月，擒楊立以獻。六月，進位太尉，移鎮汴州，代李存審爲蕃漢總管。[3]十二月，契丹入塞。

[1]同光二年正月：中華書局本有校勘記：“本書卷三一《唐莊宗紀五》、《通鑑》卷二七三繫其事於同光二年正月。”《輯本舊史》卷三一《唐莊宗紀五》同光二年（924）正月甲辰條、《通鑑》卷二七三同光二年正月甲辰條皆言“以李嗣源爲北面行營都招討使”。

[2]楊立：人名。籍貫不詳。五代後唐潞州將領，歷事李嗣昭、李繼韜。傳見本書卷七四。

[3]太尉：官名。與司徒、司空並爲三公，唐後期、五代時多爲大臣、勳貴加官。正一品。 蕃漢總管：官名。即“蕃漢內外馬步軍總管”。五代後唐置，爲蕃漢馬步軍總指揮官。

　　三年正月，帝領兵破契丹於涿州，[1]移授鎮州節度使。[2]先是，帝領兵過鄴，鄴庫素有御甲，帝取五百聯以行。是歲，莊宗幸鄴，知之，怒甚。無何，帝奏請以長子從珂爲北京内衙都指揮使，[3] 莊宗愈不悦，曰："軍政在吾，安得爲子奏請！吾之細鎧，不奉詔旨强取，其意何也？"令留守張憲自往取之，左右説諭，乃止。帝憂恐不自安，上表申理，方解。

[1]涿州：州名。治所在今河北涿州市。　帝領兵破契丹於涿州：《舊五代史考異》："《歐陽史》云：冬，契丹侵漁陽，嗣源敗之于涿州。入寇破敵皆作冬間事，蓋順文併敘之耳。當以《薛史》爲徵實。"見《新五代史》卷六《唐本紀六》。

[2]鎮州：方鎮名。治所在今河北正定縣。　移授鎮州節度使：中華書局本引孔本："《清異録》：明宗在藩不妄費，嘗召幕屬論事，各設法乳湯半盞，蓋罌中粟所煎者。"見《清異録》卷四《饌羞門》。

[3]北京：即鎮州真定府。治所在今河北正定縣。　内衙都指揮使：官名。唐、五代節度使府衙内之牙將，統親近衛兵。

十二月，帝朝於洛陽。[1] 是時，莊宗失政，四方饑饉，軍士匱乏，有賣兒貼婦者，道路怨咨。帝在京師，頗爲謡言所屬，洎朱友謙、郭崇韜無名被戮，[2] 中外大臣皆懷憂懼。諸軍馬步都虞候朱守殷奉密旨伺帝起居，[3] 守殷陰謂帝曰："德業振主者身危，功蓋天下者不賞，公可謂振主矣，宜自圖之，無與禍會。"帝曰："吾心不負天地，禍福之來，吾無所避，付之於天，卿勿多談也。"

[1]洛陽：後唐都城。位於今河南洛陽市。

[2]朱友謙：人名。河南許州（今河南許昌市）人。朱温養

子，唐末、五代軍閥。傳見本書卷六三、《新五代史》卷四五。

[3]馬步都虞候：官名。五代侍衛親軍馬步軍統兵官，僅次於馬步軍都指揮使、副都指揮使。　朱守殷：人名。籍貫不詳。五代後唐將領。傳見本書卷七四、《新五代史》卷五一。《輯本舊史》之影庫本粘籤："原本作'安殷'，今據《歐陽史》改正。"見《新五代史》卷五一《朱守殷傳》。

四年二月六日，趙在禮據魏州反，莊宗遣元行欽將兵攻之，行欽不利，退保衛州。[1]初，帝善遇樞密使李紹宏，及帝在洛陽，群小多以飛語謗毀，紹宏每爲庇護。會行欽兵退，河南尹張全義密奏，[2]請委帝北伐，紹宏贊成之，遂遣帝將兵渡河。

[1]衛州：州名。治所在今河南衛輝市。
[2]河南尹：官名。唐開元元年（713）改洛州爲河南府，治所在今河南洛陽市，河南府尹總其政務。從三品。　張全義：人名。濮州臨濮（今山東鄄城縣）人。唐末、五代將領。傳見本書卷六三、《新五代史》卷四五。

三月六日，帝至鄴都，趙在禮等登城謝罪，[1]出牲饌以勞師，帝亦慰納之，營於鄴城之西南，下令以九日攻城。八日夜，軍亂。從馬直軍士有張破敗者，[2]號令諸軍，各殺都將，縱火焚營，譁譟雷動。至五鼓，亂兵逼帝營，親軍搏戰，[3]傷痍者殆半，亂兵益盛。帝叱之，責其狂逆之狀，亂兵對曰："昨貝州戍兵，主上不垂原宥；[4]又聞鄴城平定之後，欲盡坑全軍。某等初無叛志，直畏死耳。已共諸軍商量，與城中合勢，擊退諸道之師，欲主上帝河南，請令公帝河北。"[5]帝泣而拒之，[6]亂兵呼曰："令公欲何之？不帝河北，則爲他人所有。苟不見幾，事當不測！"抽戈露刃，環帝左右。安重誨、霍彥威躡帝足，請詭隨之，因爲亂兵迫入鄴城。[7]懸橋已發，共扶帝越濠而入，趙在禮等歡泣奉迎。[8]是日，饗將士於行宮，在禮等不納外兵，軍衆流散，無所歸向。帝登南樓，[9]謂在禮曰："欲建大計，非兵不能集事，吾自於城外招撫諸軍。"帝乃得出。夜至魏縣，部下不滿百人，時霍彥威所將鎮州兵五千人獨不亂，聞帝既出，相率歸帝。詰朝，帝登城掩泣曰："國家患難，一至於此！來日歸藩上章，徐圖再舉。"安重誨、霍彥威等曰："此言非便也。國家付以閫外之事，不幸師徒逗橈，爲賊驚奔。元行欽狂妄小人，彼在城南，未聞戰聲，無故棄甲；如朝天之日，信其奏陳，何所不至。若歸藩聽命，便是强據要君，正墮讒慝之口也。正當星行歸闕，面叩玉階，讒間沮謀，庶全功業，無便於此者也。"帝從之。十一日，發魏縣，至相州，獲官馬二千匹，始得成軍。[10]

[1]趙在禮：人名。涿州（今河北涿州市）人。五代後唐、後晋將領。傳見本書卷九〇、《新五代史》卷四六。

[2]張破敗：人名。後唐侍衛親軍。後爲皇甫暉所殺。事見本書本卷、《通鑑》卷二七四。

[3]搏戰：《輯本舊史》之影庫本粘籤："原本作'振戰'，今據文改正。"此應爲形近之誤。

[4]貝州：州名。治所在今河北清河縣。　主上不垂原宥：中

華書局本有校勘記：“‘原’，原作‘厚’，據劉本、《新五代史》卷四六《霍彦威傳》、《大事記續編》卷七三引《新舊史實録》改。”此亦應爲形近之誤。

[5]河北：《舊五代史考異》：“原本作‘河中’，今據《通鑑》改正。”見《通鑑》卷二七四天成元年（926）三月壬戌條。

[6]帝泣而拒之：中華書局本有校勘記：“‘拒’，《册府》卷一一、《通鑑》卷二七四、《新五代史》卷四六《霍彦威傳》、《大事記續編》卷七三引《新舊史實録》作‘諭’。”見明本《册府》卷一一《帝王部‧繼統門三》、《通鑑》卷二七四天成元年三月甲子條。

[7]安重誨：人名。應州（今山西應縣）人。五代後唐大臣。傳見本書卷六六、《新五代史》卷二四。 霍彦威：人名。洺州曲周（今河北曲周縣）人。五代後梁將領霍存養子。後梁、後唐將領。傳見本書卷六四、《新五代史》卷四六。 請詭隨之：中華書局本有校勘記：“‘隨’，彭校、《册府》卷一一作‘從’。”作“從”更優。

[8]趙在禮等歡泣奉迎：《舊五代史考異》：“《通鑑》：亂兵擁嗣源及李紹真等入城，城中不受外兵。皇甫暉逆擊張破敗，斬之，外兵皆潰。趙在禮等率諸校迎拜嗣源。”見《通鑑》卷二七四天成元年三月甲子條。

[9]南樓：《輯本舊史》之影庫本粘籤：“《通鑑》作城樓，考《册府元龜》引《薛史》亦作南樓，今仍其舊。”見《册府》卷一一。《通鑑》相關卷未見“城樓”。

[10]魏縣：縣名。治所在今河北魏縣。 獲官馬二千匹：《舊五代史考異》：“《歐陽史》作掠小坊馬三千匹。”見《新五代史》卷六《唐本紀六》天成元年三月壬子（此月丁巳朔，無壬子，應爲壬戌）條。

　　元行欽退保衛州，果以飛語上奏，帝上章申理，莊宗遣帝子從審及内官白從訓齎詔諭帝。[1]從審至衛州，爲行欽所械，帝奏章亦不達。帝乃趨白皋渡，駐軍於河上，會山東上供綱載絹數船適至，乃取以賞軍，軍士以之增氣。[2]及將濟，以渡船甚少，帝方憂之。忽有木柹數隻，沿流而至，即用以濟師，故無留滯焉。二十六日至汴州，莊宗領兵至滎澤，遣龍驤都校姚彦温爲前鋒。[3]是日，彦温率部下八百騎歸於帝，具言："主上爲行欽所惑，事勢已離，難與共事。"帝曰："卿自不忠，言何悖也！"乃奪其兵，仍下令曰："主上未諒吾心，遂致軍情至此，宜速赴京師。"既而房知温、杜晏球自北面相繼而至。[4]

　　[1]從審：人名。又名李從璟。後唐明宗李嗣源之子。傳見本書卷五一、《新五代史》卷一五。　　白從訓：人名。籍貫不詳。後唐内官。事見本書本卷、卷三四、卷七〇。《輯本舊史》之影庫本粘籤："原本作'向從訓'，考《通鑑》及《歐陽史》俱作'白'，今改正。"見《輯本舊史》卷三四《唐莊宗紀八》。但檢《通鑑》相關卷未見，《新五代史》則無此人記載。

　　[2]白皋渡：渡口名。今地不詳。　　山東：太行山以東。昭義軍所管五州，澤、潞二州在太行山以西，邢、洺、磁三州在太行山以東。此處"山東"特指邢、洺、磁三州。

　　[3]滎澤：縣名。治所在今河南鄭州市。　　龍驤：禁軍名。後梁置左右龍驤軍，後唐沿置。　　姚彦温：人名。籍貫不詳。後唐將領。事見本書本卷、卷三四。

　　[4]房知温：人名。兗州瑕丘（今山東濟寧市兗州區）人。五代後唐將領。傳見本書卷九一、《新五代史》卷四六。　　杜晏球：

人名。又名王晏球。洛陽（今河南洛陽市）人。五代將領。傳見本書卷六四、《新五代史》卷四六。"晏球"，《輯本舊史》之影庫本粘籤："原本作'燕球'，今從《通鑑》及《歐陽史》改正。"見《通鑑》卷二六八乾化二年（912）八月戊子條。杜晏球即王晏球，《新五代史》卷四六有傳，言："明宗兵變，自鄴而南，遣人招晏球，晏球從至洛陽，拜歸德軍節度使。"

　　四月丁亥朔，至罌子谷，聞蕭牆釁作，莊宗晏駕，帝慟哭不自勝。[1]詰旦，朱守殷遣人馳報："京城大亂，燔剽不息，請速至京師。"己丑，[2]帝至洛陽，止於舊宅，分命諸將止其焚掠。百官弊衣旅見，帝謝之，斂袵泣涕。時魏王繼岌征蜀未還，[3]帝謂朱守殷曰："公善巡撫，以待魏王。吾當奉大行梓宮山陵禮畢，即歸藩矣。"是日，群臣諸將上牋勸進，帝面諭止之。樞密使李紹宏、張居翰、宰相豆盧革、韋説、六軍馬步都虞候朱守殷、青州節度使符習、徐州節度使霍彥威、宋州節度使杜晏球、兗州節度使房知溫等頓首言曰：[4]"帝王應運，蓋有天命，三靈所屬，當協冥符。福之所鍾，[5]不可以謙遜免；道之已喪，不可以智力求。前代因敗爲功，殷憂啟聖，少康重興於有夏，平王再復於宗周，其命惟新，不失舊物。今日廟社無依，人神乏主，天命所屬，人何能爭！光武所謂'使成帝再生，無以讓天下'。願殿下俯徇樂推，時哉無失，軍國大事，望以教令施行。"帝優答不從。

　　[1]四月丁亥朔：《舊五代史考異》："丁亥朔，與《莊宗紀》

異。據《莊宗紀》，三月丁未朔，則四月當作丁丑。據此紀下文有己丑、甲午，則當作丁亥。前後參差，未詳孰是。"見《輯本舊史》卷三四《莊宗紀八》。該卷三月干支全誤，應爲丁巳朔，四月則爲丁亥朔。　罌子谷：地名。在今河南滎陽市西北。

[2]己丑：《舊五代史考異》："《通鑑》作乙丑，疑傳寫之訛，《歐陽史》從《薛史》作己丑。"見《新五代史》卷六《唐本紀六》。《通鑑》卷二七五則繫於天成元年（929）四月乙丑，四月無乙丑，《通鑑》之"乙丑"爲"己丑"之誤。

[3]繼岌：人名。即李繼岌。後唐莊宗長子，時封魏王。傳見本書卷五一、《新五代史》卷一四。

[4]樞密使：官名。樞密院長官。五代時以士人爲之，備顧問，參謀議，出納詔奏，權侔宰相。參見李全德《唐宋變革期樞密院研究》，國家圖書館出版社2009年版。　張居翰：人名。籍貫不詳。唐末、五代宦官。傳見本書卷七二、《新五代史》卷三八。　豆盧革：人名。先世爲鮮卑慕容氏，後改豆盧氏。唐同州刺史豆盧籍之孫，舒州刺史豆盧瓚之子。後唐宰相。傳見本書卷六七、《新五代史》卷二八。　韋説：人名。京兆萬年（今陝西西安市長安區）人。唐福建觀察使韋岫之子。唐末進士，後梁大臣、後唐宰相。傳見本書卷六七。　符習：人名。趙州（今河北趙縣）人。五代後唐將領。傳見本書卷五九、《新五代史》卷二六。　宋州：方鎮名。治所在今河南商丘市睢陽區。

[5]福之所鍾：《輯本舊史》之影庫本粘籤："原本脱'福'字，今據《册府元龜》增入。"查《册府》相關部、門未見。

　　壬辰，文武百僚三拜牋請行監國之儀，以安宗社，答旨從之。既而有司上監國儀注。甲午，幸大内興聖宮，[1]始受百僚班見之儀。所司議即位儀注，霍彦威、孔循等言：[2]"唐之運曆已衰，不如自創新號。"因請改

國號，不從土德。[3]帝問藩邸侍臣，左右奏曰："先帝以
錫姓宗屬，爲唐雪冤，以繼唐祚。今梁朝舊人，不願殿
下稱唐，請更名號。"帝曰："予年十三事獻祖，以予宗
屬，愛幸不異所生。事武皇三十年，排難解紛，櫛風沐
雨，冒刃血戰，體無完膚，何艱險之不歷！武皇功業即
予功業，先帝天下即予天下也。兄亡弟紹，於義何嫌。
且同宗異號，出何典禮？曆之衰隆，[4]吾自當之，衆之
莠言，吾無取也。"時群臣集議，依違不定，唯吏部尚
書李琪議曰："殿下宗室勳賢，立大功於三世，一朝雨
泣赴難，安定宗社，撫事因心，不失舊物。若別新統
制，則先朝便是路人，熒熒梓宮，何所歸往！不唯殿下
失追感舊君之義，[5]群臣何安！請以本朝言之，則睿宗、
文宗、武宗皆以弟兄相繼，[6]即位柩前，如儲后之儀可
也。"於是群議始定。河中軍校王舜賢奏，節度使李存
霸以今月三日出奔，不知所在。[7]乙未，敕曰：[8]"寡人
允副群情，方監國事，外安黎庶，内睦宗親，庶諧敦敘
之規，永保隆平之運。昨京師變起，禍難荐臻，至於戚
屬之間，不測驚奔之所，慮因藏竄，濫被傷痍，言念於
茲，自然流涕。宜令河南府及諸道，應諸王眷屬等，昨
因驚擾出奔，所至之處，即時津送赴闕。如不幸物故
者，量事收瘞以聞。"[9]以中門使安重誨爲樞密使，以鎮
州別駕張延朗爲樞密副使，以客將范延光爲宣徽使，進
奏官馮贇爲内客省使。

[1]興聖宮：宮殿名。在洛陽宮城内。位於今河南洛陽市。
[2]孔循：人名。籍貫不詳。五代後唐大臣。傳見《新五代

史》卷四三。

　　[3]"唐之運曆已衰"至"不從土德"："運曆"，中華書局本有校勘記："'曆'，原作'數'，據殿本、孔本、《册府》卷一一、卷五七改。"見《宋本册府》卷五七《帝王部·英斷門》，明本《册府》卷一一《帝王部·繼統門》："霍彦威、孔循等請改國號，不行土德正朔。"

　　[4]曆：中華書局本有校勘記："'曆'，原作'運'，據殿本、孔本、《册府》卷一一、卷五七改。"

　　[5]不唯殿下失追感舊君之義：中華書局本有校勘記："'失'字原闕，據《册府》卷一一補。"

　　[6]睿宗：即唐睿宗李旦。紀見《舊唐書》卷七、《新唐書》卷五。《輯本舊史》之影庫本粘籤："原本作'瑞宗'，今據新、舊《唐書》改正。"中華書局本有校勘記："'睿宗'，《册府》卷一一敘其事作'孝和、玄真'，按即指中宗、睿宗。"見《舊唐書》卷七《睿宗紀》、《册府》卷一一、《新唐書》卷五《睿宗紀》。　文宗：即唐文宗李昂。紀見《舊唐書》卷一七上、卷一七下，《新唐書》卷八。　武宗：即唐武宗李炎。紀見《舊唐書》卷一八上、《新唐書》卷八。

　　[7]河中：方鎮名。治所在河中府（今山西永濟市）。　王舜賢：人名。籍貫不詳。後梁將領。事見本書卷八，《新五代史》卷二三、卷四五。　李存霸：人名。沙陀部人。李克用之子。傳見本書卷五一、《新五代史》卷一四。

　　[8]敕曰：中華書局本有校勘記："'敕'，《册府》卷三九作'教'。"見明本《册府》卷三九《帝王部·睦親門》。

　　[9]河南府：府名。即五代後唐的都城洛陽河南府（今河南洛陽市）。　"昨京師變起"至"量事收瘞以聞"：《舊五代史考異》："《北夢瑣言》：莊宗諸弟存紀、存確匿于南山民家，人有以報安重誨者，重誨曰：'主上已下詔尋訪，帝之仁德，必不加害，不如密令殺之。'果併命于民家。後明宗聞之，切讓重誨，傷惜久之。"見

《北夢瑣言》卷一八。

　　丙申，下敕：[1]“今年夏苗，委人户自供，通頃畝五家爲保，本州具帳送省，州縣不得差人檢括。如人户隱欺，許人陳告，其田倍徵。”己亥，命石敬瑭權知陝州兵馬留後，皇子從珂權知河中府兵馬留後。[2]庚子，淮南楊溥進新茶。[3]以權知汴州軍州事孔循爲樞密副使，以陳州刺史劉仲殷爲鄧州留後，以鄭州防禦使王思同爲同州留後。[4]敕曰：“租庸使孔謙，濫承委寄，專掌重權，侵剥萬端，姦欺百變。[5]遂使生靈塗炭，軍士飢寒，成天下之瘡痏，極人間之疲弊。載詳衆狀，側聽輿辭，難私降黜之文，合正殛誅之典。[6]宜削奪在身官爵，按軍令處分。雖犯衆怒，特貸全家，所有田宅，並從籍没。”是日，謙伏誅。敕停租庸名額，依舊爲鹽鐵、户部、度支三司，委宰臣豆盧革專判。[7]

　　[1]下敕：中華書局本有校勘記：“‘敕’，《册府》卷四八八作‘教’。”見明本《册府》卷四八八《邦計部·賦税門二》，言“明宗初爲監國，下教”。
　　[2]石敬瑭：人名。沙陀部人。五代後唐將領，後晉開國皇帝。紀見本書卷七五至卷八〇、《新五代史》卷八。　陝州：州名。治所在今河南三門峽市陝州區。　兵馬留後：官名。唐、五代時，代行方鎮長官之職者稱留後。代行州兵馬使之職者，即爲兵馬留後。掌本州兵馬。　皇子從珂權知河中府兵馬留後：中華書局本有校勘記：“‘河中’，原作‘河南’，據本書卷三六《唐明宗紀二》、卷四六《唐末帝紀上》、《通鑑》卷二七五改。”《輯本舊史》卷三六《唐明宗紀二》天成元年（926）六月戊子條云：“以皇子河中留後

從珂爲河中節度使。”卷四六《唐末帝紀上》云：“天成初，以帝爲河中節度使。”《通鑑》卷二七五天成元年四月己亥條載：“以李從珂爲河中留後。”

[3]淮南：方鎮名。治所在揚州（今江蘇揚州市）。　楊溥：人名。五代十國吳睿帝，後禪位於徐知誥。傳見本書卷一三四、《新五代史》卷六一。

[4]權知汴州軍州事：官名。簡稱爲“知州”。州級行政長官。參見閆建飛《唐後期五代宋初知州制的實施過程》，《文史》2019年第1期。　樞密副使：官名。樞密院副長官。　陳州：州名。治所在今河南淮陽縣。　劉仲殷：人名。籍貫不詳。五代後唐將領。事見本書本卷、卷三六、卷三八、卷四一、卷四二、卷四四、卷四五、卷四六。　鄧州：州名。治所在今河南鄧州市。　鄭州：州名。治所在今河南鄭州市。　防禦使：官名。唐代始置，設有都防禦、州防禦使兩種。常由刺史或觀察使兼任，實際上爲唐代後期州或方鎮的軍政長官。　王思同：人名。幽州（今北京市）人。王敬柔之子。五代後唐將領。傳見本書卷六五、《新五代史》卷三三。　同州：州名。治所在今陝西大荔縣。

[5]租庸使：官名。唐代爲主持催徵租庸地稅的財政官員。後梁、後唐時，租庸使取代鹽鐵、度支、户部，爲中央財政長官。孔謙：人名。魏州（今河北大名縣）人。後唐大臣，善聚斂錢財，爲李存勗籌劃軍需。傳見本書卷七三、《新五代史》卷二六。　重權：《輯本舊史》之影庫本粘籤：“原本作‘重難’，今據《册府元龜》改正。”《宋本册府》卷六八八《牧守部·愛民門》盧質條載“孔謙握利權”。

[6]合正殄誅之典：中華書局本有校勘記：“‘殄誅’，殿本、孔本作‘誅夷’。”

[7]鹽鐵、户部、度支三司：官名。五代後唐明宗天成元年將晚唐以來的户部、度支、鹽鐵三部合爲一職，設三司使統之。主管國家財政。

中書門下上言：[1]“請停廢諸道監軍使、內勾司、租庸院大程官，[2]出放猪羊柴炭户。括田竿尺，一依朱梁制度，[3]仍委節度、刺史通申三司，不得差使量檢。州使公廨錢物，先被租庸院管繫，今據數却還州府，[4]州府不得科率百姓。百姓合散鹽鹽，每年祇二月內一度俵散，依夏稅限納錢。夏秋苗稅子，除元徵石斗及地頭錢，[5]餘外不得紐配。先遇赦所放逋稅，租庸違制徵收，並與除放。今欲曉告河南府及諸道準此施行。”從之。是日，宋州節度使元行欽伏誅。壬寅，以樞密副使孔循爲樞密使。[6]《永樂大典》卷七千一百六十四。[7]

[1]中書門下：官署名。唐代以來爲宰相處理政務的機構。參見劉後濱《唐代中書門下體制研究——公文形態·政務運行與制度變遷》，齊魯書社2004年版。

[2]監軍使：官名。五代時期後唐設置，派於諸道，掌監護軍隊。　內勾司：官署名。五代後唐莊宗時，以馬紹宏爲內勾使，掌勾三司財賦，　租庸院大程官：吏名。掌承發租庸院諸房文字。

[3]一依朱梁制度：中華書局本有校勘記：“‘朱梁’，《册府》卷一六○、《五代會要》卷二四作‘僞梁’。”見《會要》卷二四建昌宮使條、《宋本册府》卷一六○《帝王部·革弊門二》。

[4]今據數却還州府：中華書局本有校勘記：“‘數’字原闕，據《册府》卷一六○補。”

[5]地頭錢：唐代中葉到五代田賦的附加稅。

[6]以樞密副使孔循爲樞密使：《舊五代史考異》：“《歐陽史》作左驍衛大將軍孔循爲樞密使。吳縝《纂誤》云：《孔循傳》作左衛大將軍爲樞密使。俱與《薛史》異。”見《新五代史》卷六《唐本紀六》、《五代史記纂誤》卷上。《新五代史》卷四三《孔循傳》

云：“唐亡，事梁爲汝州防禦使、左衛大將軍、租庸使”，“明宗即位，以爲樞密使”。

[7]《大典》卷七一六四“唐”字韻“明宗（一）”事目。

舊五代史　卷三六

唐書十二

明宗紀第二

　　天成元年夏四月丙午，帝自興聖宮赴西宮，文武百僚縞素于位，帝服斬衰，親奉攢，塗設奠，哭盡哀，乃於樞前即皇帝位。[1]百官易吉服班于位，帝御衮冕受册訖，百僚稱賀。丁未，群官縞素赴西宮臨。以樞密使安重誨爲檢校司空，守左領軍大將軍，依前充樞密使。[2]宰臣豆盧革等三上表請聽政，[3]從之。遣使往諸道及淮南告哀。[4]辛亥，帝始聽政于中興殿。[5]壬子，西南面副招討使、工部尚書任圜率步騎二萬六千人入見。[6]甲寅，帝御文明殿受朝。[7]制改同光四年爲天成元年，[8]大赦天下。後宮內職量留一百人，內官三十人，教坊一百人，鷹坊二十人，御厨五十人，其餘任從所適。諸司使務有名無實者並停。分遣諸軍就食近畿，以減饋送之勞。夏秋稅子，[9]每斗先有省耗一升，今後祇納正數，其省耗宜停。天下節度、防禦使，[10]除正、至、端午、降誕四節量事進奉，達情而已，自於州府圓融，不得科斂百姓。其刺史雖遇四節，不在貢奉。諸州雜稅，宜定合稅物色名目，[11]不得邀難商旅。租庸司先將係省錢物，[12]與人迴圖，宜令盡底收納，以塞倖門云。乙卯，渤海國王大諲譔遣使朝貢。[13]是月，北京副留守、知留守事張憲賜死，以其失守故也。

[1]天成：後唐明宗李嗣源年號（926—930）。　興聖宮：宮殿名。在洛陽宮城内。位於今河南洛陽市。　西宮：宮殿名。指洛陽上陽宮，因其位於宮城之西，故名。位於今河南洛陽市。

[2]樞密使：官名。樞密院長官。五代時以士人爲之，備顧問，參謀議，出納詔奏，權倖宰相。參見李全德《唐宋變革期樞密院研究》，國家圖書館出版社2009年版。　安重誨：人名。應州（今山西應縣）人。五代後唐大臣。傳見本書卷六六、《新五代史》卷二四。　檢校司空：官名。爲散官或加官，以示恩寵，無實際執掌。司空，與太尉、司徒並爲三公。　左領軍大將軍：官名。唐置，掌宮禁宿衛。唐代置十六衛，即左右衛、左右驍衛、左右武衛、左右威衛、左右領軍衛、左右金吾衛、左右監門衛、左右千牛衛，各置上將軍，從二品；大將軍，正三品；將軍，從三品。

[3]豆盧革：人名。先世爲鮮卑慕容氏，後改豆盧氏。唐同州刺史豆盧籍之孫，舒州刺史豆盧瓚之子。五代後唐宰相。傳見本書卷六七、《新五代史》卷二八。

[4]淮南：方鎮名。治所在揚州（今江蘇揚州市）。

[5]中興殿：宮殿名。爲洛陽宮城之便殿。位於今河南洛陽市。

[6]副招討使：官名。行營統兵官。位次行營都統、招討使。掌招撫討伐事務。“副”字原闕，中華書局本據浙江本、宗文本、《新五代史》卷四七及《舊五代史》卷八三、卷九〇補，今從。工部尚書：官名。尚書省工部主官。掌百工、屯田、山澤之政令。

正三品。　任圜：人名。京兆三原（今陝西三原縣）人。五代後唐將領、大臣。傳見本書卷六七、《新五代史》卷二八。

［7］文明殿：宮殿名。爲洛陽宮城之前殿。位於今河南洛陽市。

［8］同光：後唐莊宗李存勗年號（923—926）。

［9］夏秋税子：“税子”，《輯本舊史》之影庫本粘籤：“原本作‘悦于’，今從《五代會要》及《文獻通考》改正。”見《會要》卷二五租税條、《通考》卷三《田賦考三》明宗天成元年（926）敕節文。中華書局本有校勘記：“‘夏秋’，原作‘秋夏’，據本書卷一四八《食貨志》、《册府》卷九二、卷四八八、《五代會要》卷二五乙正。”見《會要》卷二五租税條，《輯本舊史・食貨志》，明本《册府》卷九二《帝王部・赦宥門一一》、卷四八八《邦計部・賦税門二》，又見《通鑑》卷二八九乾祐三年十一月條胡注引天成元年四月敕文。

［10］節度：官名。唐時在重要地區所設掌握一州或數州軍事、民事、財政的長官。　防禦使：官名。唐代始置，設有都防禦使、州防禦使兩種。常由刺史或觀察使兼任，實際上爲唐代後期州或方鎮的軍政長官。

［11］物色：《輯本舊史》之影庫本粘籤：“原本作‘恤邑’，今從《文獻通考》改正。”《通考》未見，見明本《册府》卷九二。

［12］租庸司：官署名。唐代主持催徵租庸地税。五代後梁、後唐時，取代鹽鐵、度支、户部，爲中央財政機構。

［13］渤海國：古國名。武周聖曆元年（698），粟末靺鞨首領大祚榮建立政權。先天二年（713），唐朝册封大祚榮爲渤海郡王，其國遂以渤海爲名。傳見本書卷一三八、《新五代史》卷七四。大諲譔：人名。唐末、五代渤海國第十五代國王。906 年至 926 年在位。事見《新五代史》卷七四《四夷附録・渤海》。　北京副留守：官名。北京留守副官。北京，指五代後唐的北都太原。古代在都城、陪都或軍事重鎮所設留守，由地方行政長官兼任。副留守爲留守之貳。　張憲：人名。晋陽（今山西太原市）人。後唐官員。

傳見本書卷六九、《新五代史》卷二八。

五月丙辰朔，帝不視朝，臨於西宮。宰相豆盧革進位左僕射，韋説進位門下侍郎兼户部尚書、監修國史，並依舊平章事。[1]兗州節度使、檢校太傅朱守殷加同平章事，充河南尹，判六軍諸衛事；滄州節度使、檢校太傅安元信加同平章事，移鎮徐州；邠州節度使、檢校太保毛璋加同平章事。[2]以太子賓客鄭珏爲中書侍郎兼刑部尚書、同中書門下平章事；以工部尚書任圜爲中書侍郎兼工部尚書、同中書門下平章事、判三司。[3]徐州節度使李紹真、貝州刺史李紹英、齊州防禦使李紹虔、河陽節度使李紹奇、洺州刺吏李紹能等上言，[4]前朝寵賜姓名，今乞還舊。内李紹虔上言："臣本姓王，後移杜氏，蒙前朝賜今姓名，乞復本姓。"詔並可之。李紹真復曰霍彥威，李紹英復曰房知温，李紹虔復曰王晏球，李紹奇復曰夏魯奇，李紹能復曰米君立。青州節度使、檢校太傅、同平章事符習加兼侍中，徐州節度使、檢校太傅霍彥威加兼侍中，移鎮鄆州。[5]丁巳，初詔文武百僚正衙常參外，五日一度内殿起居。[6]麟州奏，指揮使張延寵作亂，焚剽市民，已殺戮訖。[7]戊午，河陽節度使夏魯奇加檢校太傅，以貝州刺史房知温爲兗州節度使，以齊州防禦使王晏球爲宋州節度使，[8]以洺州刺史米君立爲邢州節度使。己未，賜文武百官各一馬一驢。西都知府張篯進魏王繼岌打毬馬七十二疋。[9]北京馬步都指揮使李從温奏，[10]準詔誅宦官。初，莊宗遇内難，宦者數百人竄匿山谷，落髮爲僧，奔至太原七十餘人，至是盡誅於都亭驛。[11]辛酉，詔華州放散西川宮人各歸骨肉。[12]壬戌，以前相州刺史、北京左右廂都指揮使安金全爲安北都護、振武節度使、同平章事。[13]甲子，前西都留守、京兆尹張篯加檢校太傅，充山南西道節度使；[14]以夔州節度使李紹文爲遂州節度使；[15]以前鄧州留後戴思遠爲洋州節度使。[16]丁卯，以金吾將軍張實爲金州防禦使。[17]戊辰，以金紫光禄大夫、檢校司空趙在禮爲滑州節度使，加檢校太保。[18]制下，在禮以軍情不順爲辭，不之任。以許州留後陶玘爲鄧州留後，以諸道馬步副都指揮使安審通爲齊州防禦使。[19]庚午，以權知北京軍府事、汾州刺史符彥超爲晉州留後，以前陳州刺史劉仲殷爲陝州留後。[20]癸酉，以前磁州刺史劉彥琮爲華州留後。[21]甲戌，福建節度使、檢校太傅王延翰加檢校太尉、同平章事。[22]乙亥，翰林學士、户部侍郎、知制誥馮道，翰林學士、中書舍人趙鳳，俱以本官充端明殿學士。[23]端明之職，自此始也。[24]丙子，詔：“故西道行營都招討制置等使、守侍中、監修國史、兼樞密使郭崇韜宜許歸葬，其世業田宅並還與骨肉。[25]故萬州司户朱友謙可復護國軍節度使、守太師、兼尚書令、河中尹、西平王，所有田宅財産，並還與骨肉。”[26]丁丑，西都衙内指揮使張籛進納僞蜀主王衍犀、玉帶各二條、馬一百五十匹。[27]初，莊宗遣中官向延嗣就長安之殺王衍也，[28]旋屬蕭牆之禍，延嗣藏竄，不知所之，而衍之資裝妓樂並爲籛所有，復懼事泄，故聊有此獻。戊寅，以樞密使安重誨兼領襄州節度使。[29]制下，重誨之黨謂重誨曰：“襄州地控要津，不可乏帥，無宜兼領。”重誨即自陳退，許之。以左金吾大將軍張遵誨爲西京副留守、知留守事。[30]辛巳，以衛尉卿李懌爲中書舍人，[31]充翰林學士。壬午，以前蔚州刺史張溫爲振武留後，以左右廂突陣指揮使康義誠爲汾州刺史，以左右廂馬軍都指揮使索自通爲忻州刺史。[32]尚父、吳越國王錢鏐遣使進金器五百兩、銀萬兩、綾萬疋謝恩，[33]賜玉册、金印。初，同光季年，鏐上疏密求玉册、金印，郭崇韜進議以爲不可，而樞密承旨段徊受其重賂，[34]贊成其事，莊宗即允其請，至是故有貢謝。甲申，幽州節度使、檢校太保李紹斌加檢校太傅、同平章事，[35]復姓名爲趙德鈞。乙酉，詔百官朔望入閣，賜廊下食。自亂離已前，常參官每日朝退賜食於廊下，謂之“廊餐”。乾符之後，百司經費不足，無每日之賜，至是遇入閣即賜之。[36]

[1]左僕射：官名。秦始置。隋、唐前期，以左、右僕射佐尚書令總理六官、綱紀庶務；如不置尚書令，則總判省事，爲宰相之職。唐後期多爲大臣加銜。從二品。　韋説：人名。京兆萬年（今陝西西安市長安區）人。唐福建觀察使韋岫之子。唐末進士，後梁大臣、後唐宰相。傳見本書卷六七。　門下侍郎：官名。門下省副長官。唐後期三省長官漸爲榮銜，中書侍郎、門下侍郎却因參議朝政而職位漸重，常常用爲以“同三品”或“同平章事”任宰相者的本官。正三品。　户部尚書：官名。尚書省户部長官。掌管全國土地、户籍、賦税、財政收支諸事。正三品。　監修國史：官名。北齊始置史館，以宰相爲之。唐史館沿置，爲宰相兼職。　平章事：官名。“中書門下平章事”的簡稱。

　　[2]兗州：方鎮名。治所在兗州（今山東濟寧市兗州區）。檢校太傅：官名。爲散官或加官，以示恩寵，無實際執掌。按，檢校某某官，唐中後期逐漸確立，五代沿用。多作爲使府或方鎮僚佐秩階、升遷的階官，非正式官銜。參見賴瑞和《論唐代的檢校官制》，《漢學研究》2006 年第 24 卷第 1 期。　朱守殷：人名。籍貫不詳。五代後唐將領。傳見本書卷七四、《新五代史》卷五一。同平章事：官名。“同中書門下平章事”的簡稱。唐高宗以後，實際任宰相之職者，常在其本官後加同平章事的職銜。後成爲宰相專稱。後晉天福五年（940），升中書門下平章事爲正二品。　河南尹：官名。唐開元元年（713）改洛州爲河南府，治所在今河南洛陽市。以河南府尹總其政務。從三品。　判六軍諸衛事：官名。後唐沿唐代舊制，置六軍諸衛，以判六軍諸衛事爲禁軍六軍與諸衛的最高統帥。　滄州：州名。治所在今河北滄縣舊州鎮。　安元信：人名。代北（今山西代縣）人。五代後唐、後晉將領。事見本書卷六一。　徐州：方鎮名。治所在徐州（今江蘇徐州市）。　邠州：方鎮名。治所在今陝西彬縣。　檢校太保：官名。爲散官或加官，以示恩寵，無實際執掌。太保，與太師、太傅合稱三師。　毛璋：人名。滄州（今河北滄縣舊州鎮）人。五代後唐將領。傳見本書卷七三、《新五代史》卷二六。

　　[3]太子賓客：官名。爲太子官屬。唐高宗顯慶元年（656）始置。掌侍從規諫、贊相禮儀。正三品。　鄭珏：人名。滎陽（今河南滎陽市）人。唐末進士，五代後梁、後唐宰相。傳見本書卷五八、《新五代史》卷五四。　中書侍郎：官名。中書省副長官。唐後期三省長官漸爲榮銜，中書侍郎、門下侍郎却因參議朝政而職位漸重，常常用爲以“同三品”或“同平章事”任宰相者的本官。正三品。　刑部尚書：官名。尚書省刑部主官。掌天下刑法及徒隸、勾覆、關禁之政令。正三品。　三司：官署名。五代後唐明宗天成元年（926）合鹽鐵、度支、户部爲一職，始稱三司，爲中央最高之理財機構。

[4]李紹真：人名。即霍彥威。洺州曲周（今河北曲周縣）人。五代後梁將領霍存養子，後梁、後唐將領。傳見本書卷六四、《新五代史》卷四六。　貝州：方鎮名。治所在今河北清河縣。李紹英：人名。即房知溫。兗州瑕丘（今山東濟寧市兗州區）人。五代後唐將領。傳見本書卷九一、《新五代史》卷四六。　齊州：州名。治所在今山東濟南市。　李紹虔：人名。即王晏球。洛陽（今河南洛陽市）人。五代將領。傳見本書卷六四、《新五代史》卷四六。　河陽：方鎮名。治所在孟州（今河南孟州市）。　李紹奇：人名。即夏魯奇。青州（今山東青州市）人。五代後唐將領。傳見本書卷七〇、《新五代史》卷三三。　洺州：方鎮名。治所在今河北邯鄲市永年區。　李紹能：人名。即米君立。五代後唐將領。事見本書本卷、卷四一。

[5]青州：州名。治所在今山東青州市。　符習：人名。趙州（今河北趙縣）人。五代後唐將領。傳見本書卷五九、《新五代史》卷二六。　侍中：官名。秦始置。隋、唐前期爲門下省長官。唐後期多爲大臣加銜，不參與政務，實際職務由門下侍郎執行。正二品。　鄆州：方鎮名。治所在鄆州（今山東東平縣）。

[6]五日一度內殿起居：《輯本舊史》之案語：“《五代會要》載天成元年五月三日敕：今後宰臣文武百官，除常朝外，每五日一度入內起居。其中書非時有急切公事請開延英，不在此限。”見《會要》卷五朔望朝參條。“今後宰臣文武百官”，中華書局本有校勘記：‘今’，原作‘令’，據殿本、孔本、《五代會要》卷五改。”

[7]麟州：州名。治所在今陝西神木縣。　指揮使：官名。唐末、五代軍隊多置都指揮使、指揮使，爲統兵將領。　張延寵：人名。籍貫不詳。本書僅此一見。

[8]宋州：方鎮名。治所在宋州（今河南商丘市睢陽區）。本後梁宣武軍，後唐改名歸德軍。

[9]西都：指後唐西都京兆府（今陝西西安市）。後梁以開封爲東都，洛陽爲西都。後唐恢復唐制，以洛陽爲東都，長安爲西

都。　張籛：人名。海州（今江蘇連雲港市海州區）人。五代後唐官員。事見本書本卷、《新五代史》卷四七。《舊五代史考異》："原本作'張鏐'，今據《通鑑》改正。"見明本《册府》卷一六九《帝王部·納貢獻門》，《通鑑》卷二七五天成元年四月庚子條載：魏王繼岌"至渭水，權西都留守張籛已斷浮梁"。　繼岌：人名。即李繼岌。後唐莊宗長子，封魏王。傳見本書卷五一、《新五代史》卷一四。

　　[10]馬步都指揮使：官名。即馬步軍都指揮使。五代時侍衛親軍長官，多爲皇帝親信。　李從温：人名。嶂縣（今山西原平市）人，後唐明宗之姪。五代將領。傳見本書卷八八。

　　[11]莊宗：即後唐莊宗李存勗。五代後唐王朝的建立者。紀見本書卷二七至卷三四、《新五代史》卷五。　太原：府名。治所在今山西太原市。　都亭驛：唐、五代時設於都城或陪都的館驛。

　　[12]華州：州名。治所在今陝西渭南市華州區。　西川：方鎮名。劍南西川的簡稱。治所在成都府（今四川成都市）。

　　[13]相州：州名。治所在今河南安陽市。　都指揮使：官名。唐末、五代軍隊多置都指揮使、指揮使，爲統兵將領。　安金全：人名。代北（今山西代縣）人。五代將領。傳見本書卷六一、《新五代史》卷二五。　安北都護：官名。安北都護府長官。據《通鑑》卷二六九胡注，唐中葉以後，振武節度使皆帶安北都護。參見李大龍《都護制度研究》，黑龍江教育出版社2003年版。　振武：方鎮名。後梁貞明二年（916）以前，治所位於單于都護府城（今内蒙古和林格爾縣）。貞明二年單于都護府城爲契丹占據。此後至後唐清泰三年（936），治所位於朔州（今山西朔州市朔城區）。後晉時隨燕雲十六州割予契丹，改名順義軍。

　　[14]留守：官名。古代皇帝出巡或親征時指定親王或大臣留守京城，綜理國家軍事、行政、民事、財政等事務，稱京城留守。在陪都或軍事重鎮也常設留守，以地方長官兼任。　京兆尹：官名。唐開元元年改雍州置京兆府，治所在今陝西西安市。以京兆尹總其

政務。從三品。　山南西道：方鎮名。治所在梁州（今陝西漢中市）。

[15]夔州：州名。治所在今重慶市奉節縣。　李紹文：人名。鄆州（今山東東平縣）人。本名張從楚。五代將領。傳見本書卷五九。《輯本舊史》之影庫本粘籤：“原本作‘昭文’，今從列傳改正。”見《輯本舊史》卷五九《李紹文傳》。　遂州：方鎮名。治所在今四川遂寧市。

[16]鄧州：州名。治所在今河南鄧州市。　留後：官名。唐、五代節度使多以子弟或親信爲留後，以代行節度使職務，亦有軍士、叛將自立爲留後者。掌一州或數州軍政。　戴思遠：人名。籍貫不詳。五代後梁、後唐將領。傳見本書卷六四。　洋州：州名。治所在今陝西洋縣。

[17]金吾將軍：官名。唐置，掌宮禁宿衛。唐代置十六衛之一。從三品。　張實：人名。籍貫不詳。五代將領。事見本書本卷、卷九。　金州：州名。治所在今陝西安康市。

[18]金紫光禄大夫：官名。本兩漢光禄大夫。魏晋以後，光禄大夫之位重者，加金章紫綬，因稱金紫光禄大夫。北周、隋時爲散官。唐貞觀後列入文散官。正三品。　趙在禮：人名。涿州（今河北涿州市）人。五代後唐、後晋將領。傳見本書卷九○、《新五代史》卷四六。　滑州：州名。治所在今河南滑縣。

[19]許州：方鎮名。治所在許州（今河南許昌市）。　陶玘：人名。籍貫不詳。五代後唐官員。傳見本書附録。　諸道馬步副都指揮使：官名。五代軍隊編制，五百人爲一指揮，設指揮使、副指揮使；十指揮爲一軍，設都指揮使、副都指揮使。　安審通：人名。代北（今山西代縣）人。安金全之侄。五代將領。傳見本書卷六一。

[20]權：官員任用類別之一。與攝相近，是一種暫時的委任。唐、五代時，知、判、兼等類的任用，往往冠以“權”字，稱爲權知、權判、權兼，以表示其爲暫任。　汾州：州名。治所在今山西

汾陽市。　符彦超：人名。陳州宛丘（今河南淮陽縣）人。五代後唐將領，符存審之子。傳見本書卷五六、《新五代史》卷二五。晉州：州名。治所在今山西臨汾市。　陳州：州名。治所在今河南淮陽縣。　劉仲殷：人名。籍貫不詳。五代後唐將領。事見本書本卷、卷三八、卷四一、卷四二、卷四四、卷四五、卷四六。　陝州：州名。治所在今河南三門峽市陝州區。

[21]磁州：州名。治所在今河北磁縣。　劉彦琮：人名。雲中（今山西大同市）人。五代後唐將領。傳見本書卷六一。　華州：《輯本舊史》原作“同州”，中華書局本有校勘記：“本書卷六一《劉彦琮傳》：‘明宗赴難京師，授華州留後，尋正授節旄。’卷三八《唐明宗紀四》：‘（天成二年）以華州留後劉彦琮爲本州節度使。’朱玉龍《方鎮表》：‘“同州”當爲“華州”之誤。’天成元年鎮同州者爲李存敬、王思同、盧質。”但未改，今據改。

[22]福建：方鎮名。治所在福州（今福建福州市）。《輯本舊史》之影庫本粘籤：“福州，原本脱‘州’字，今據《册府元龜》增入。”中華書局本據此改作“福州”，但明本《册府》卷一六九《帝王部·納貢獻門》、卷二一九《僭僞部·年號門》等均無有關記載，而《輯本舊史》卷三二《莊宗紀六》同光二年（924）五月丙午條明言王審知爲福建節度使，審知爲延翰父，據改。　王延翰：人名。閩太祖王審知長子，五代十國閩國國君。傳見《新五代史》卷六八。　檢校太尉：官名。爲散官或加官，以示恩寵，無實際執掌。太尉，與司徒、司空並爲三公。

[23]翰林學士：官名。由南北朝始設之學士發展而來，唐玄宗改翰林供奉爲翰林學士，備顧問、代王言。掌拜免將相、號令征伐等詔令的起草。　户部侍郎：官名。尚書省户部次官。協助户部尚書掌天下田户、均輸、錢穀之政令。正四品下。　知制誥：官名。掌起草皇帝的詔、誥之事，原爲中書舍人之職。唐開元末置學士院，翰林學士入院一年，則加知制誥銜，專掌任免宰相、册立太子、宣布征伐等特殊詔令，稱爲内制。而中書舍人所撰擬的詔敕稱

爲外制。兩種官員總稱兩制官。　　馮道：人名。瀛州景城（今河北滄縣）人。五代時官拜宰相，歷仕後唐、後晉、後漢、後周，亦曾臣事契丹。傳見本書卷一二六、《新五代史》卷五四。　　中書舍人：官名。中書省屬官，掌起草文書、呈遞奏章、傳宣詔命等。正五品上。　　趙鳳：人名。幽州（今北京市）人。五代後唐大臣。傳見本書卷六七、《新五代史》卷二八。　　端明殿學士：官名。後唐明宗始置，以翰林學士充任，負責誦讀四方書奏。

[24]端明之職，自此始也：《輯本舊史》之案語：“《五代會要》云：明宗初登位，四方書奏，多令樞密使安重誨讀之，不曉文義。於是孔循獻議，因唐室侍讀之號，即創端明學士之名，命馮道等爲之。”見《會要》卷一三端明殿學士條注文。

[25]都招討制置等使：官名。戰時任命，兵罷則省。常以大臣、將帥或地方軍政長官兼任。掌招撫討伐等事務。　　郭崇韜：人名。代州雁門（今山西代縣）人。五代後唐大臣。傳見本書卷五七、《新五代史》卷二四。

[26]萬州：州名。治所在今重慶市萬州區。《舊五代史考異》：“原本作‘萬州’，今據《歐陽史》改正。”五代無萬州，《新五代史》卷六《唐本紀六》有“隨州刺史西方鄴取夔、忠、萬州”。《輯本舊史》卷一五〇引《大典》卷一七三八〇“道”字韻“地理”事目山南道有萬州。　　司戶：官名。“司戶參軍”的簡稱。州級政府僚佐。掌本州屬縣之戶籍、賦稅、倉庫受納等事。上州從七品下，中州正八品下，下州從八品下。　　朱友謙：人名。又名李繼麟。許州（今河南許昌市）人。唐末、五代軍閥。傳見本書卷六三、《新五代史》卷四五。　　護國軍：方鎮名。治所在蒲州（今山西永濟市）。　　太師：官名。與太傅、太保合稱三師，唐後期、五代多爲大臣、勳貴加官。正一品。　　尚書令：官名。秦始置。隋、唐前期爲尚書省長官，與中書令、侍中並爲宰相。因以李世民爲之，後皆不授，唐高宗廢其職。唐後期以李適、郭子儀有功而特授此職，爲大臣榮銜，不參與政務。五代因之。唐時爲正二品，後梁

開平三年（909）升爲正一品。

[27]衙内指揮使：官名。唐、五代時期，衙内指揮使爲節度使府衙内之牙將，統最親近衛兵。　王衍：人名。許州舞陽（今河南舞陽縣）人。王建幼子，五代十國前蜀皇帝。傳見本書卷一三六、《新五代史》卷六三。

[28]向延嗣：人名。籍貫不詳。後唐宦官。事見《通鑑》卷二七四。

[29]襄州：方鎮名。治所在襄州（今湖北襄陽市）。

[30]左金吾大將軍：官名。唐置，掌宫禁宿衛。唐代十六衛之一。正三品。　張遵誨：人名。魏州（今河北大名縣）人。五代將領。傳見本書卷六一。

[31]衛尉卿：官名。北魏置，隋、唐、五代時爲衛尉寺長官。掌供宫廷、祭祀、朝會之儀仗帷幕。從三品。　李懌：人名。京兆（今陝西西安市）人。五代官員。傳見本書卷九二、《新五代史》卷五五。

[32]蔚州：州名。治所在今河北蔚縣。　張温：人名。魏州魏縣（今河北魏縣）人。後梁、後唐將領。傳見本書卷五九。　左右廂突陣指揮使：官名。突陣爲軍隊番號。　康義誠：人名。沙陀部人。五代後唐將領。傳見本書卷六六、《新五代史》卷二七。　索自通：人名。太原清源（今山西清徐縣）人。五代後唐將領。傳見本書卷六五。　忻州：州名。治所在今山西忻州市。

[33]尚父：尊號名。意爲可尊尚的父輩。　錢鏐：人名。杭州臨安（今浙江杭州市臨安區）人。五代時期吴越國的建立者。傳見本書卷一三三、《新五代史》卷六七。

[34]樞密承旨：官名。五代設樞密院承旨和樞密院副承旨，以各衛將軍擔任。主管樞密院承旨司之事。　段徊：人名。籍貫不詳。五代後唐官員，時任樞密承旨。事見本書卷三二、卷三三。《舊五代史考異》："《九國志》作'段懷'，考《歐陽史》及《通鑑》並作'段徊'，今仍其舊。"《新五代史》卷二八《豆盧革傳》、

《通鑑》卷二七四同光三年十二月丙子條均作“段徊”，而非“段佪”。

[35]幽州：州名。治所在今北京市。　李紹斌：人名。即趙德鈞。幽州（今北京市）人。初爲幽州節度使劉守光部將，再爲後唐將領，後投降遼國。傳見本書卷九八。

[36]乾符：唐僖宗李儇年號（874—879）。　“乾符之後”至“至是遇入閣即賜之”：《輯本舊史》之案語：“《五代會要》云：明宗初即位，命百官五日一起居，李琪以爲非故事，請罷之，惟每月朔望日合入閣賜食。至是宣旨，朔望入閣外，仍五日一起居，遂爲定式。”見《會要》卷六廊下餐條注文。

六月戊子，前襄州節度使李紹琪起復，[1]依前襄州節度使，仍復本姓名曰劉訓。以皇子河中留後從珂爲河中節度使，百僚表賀。以翰林承旨、兵部尚書、知制誥盧質爲檢校司空，[2]充同州節度使。己丑，以吏部尚書、判太常卿事李琪爲御史大夫；以禮部尚書崔協爲太常卿、判吏部尚書銓事；以御史中丞崔居儉爲兵部侍郎；以太子賓客蕭頃爲禮部尚書。[3]中書奏：[4]“請以九月九日皇帝降誕日爲應聖節，休假三日。”從之。故忠武軍節度使、檢校太師、兼尚書令、齊王張全義贈太師，以前尚書右丞崔沂爲尚書左丞。[5]丙申，新州留後張廷裕、雲州留後高行珪並正授本軍節度使。[6]丁酉，詔曰：“四夷來王，歷代故事，前後各因强弱，撫制互有典儀。大蕃須示於威容，即於正衙引對；小蕃但推於恩澤，仍於便殿撫懷。憲府奏論，禮院詳酌，皆徵故實，咸有明文。正衙威容，[7]未可全廢；内殿恩澤，且可常行。若遇大蕃入朝，即准舊儀，於正殿排比鋪陳立仗，百官排班，於正門引入對見。”時百僚入閤班退後，却引對朝貢蕃客，御史大夫李琪奏論之，下禮院檢討，[8]而降是命焉。戊戌，樞密使安重誨加檢校太保，行兵部尚書事如故。以太子詹事劉岳爲兵部侍郎，以太子右庶子王權爲户部侍郎，以太子左庶子任贊爲工部侍郎。[9]庚子，荆南節度使、檢校太師、兼尚書令、南平王高季興加守太尉、兼尚書令，澤潞節度使、檢校太傅、同平章事孔勍加兼侍中。[10]汴州屯駐控鶴指揮使張諫等謀叛伏誅，以樞密使孔循權知汴州軍州事。[11]甲辰，樞密使孔循加檢校太保、守秘書監，[12]依前充使。乙巳，[13]以秘書少監姚顗爲左散騎常侍，[14]以太子左諭德陸崇爲右散騎常侍，[15]以兵部郎中蕭希甫爲左諫議大夫，[16]前幽州節度判官吕夢奇爲右諫議大夫，[17]以鄴都副留守孫岳爲潁州團練使。[18]詔曰：“古者酌禮以制名，懼廢於物；取其難犯而易避，貴便於時。況‘徵’‘在’二名，[19]抑有前例。以太宗文皇帝自登寶位，不改舊稱，時即臣有世南，官有民部，靡聞曲避，止禁連呼。[20]朕猥以眇躬，託於人上，止遵聖範，非敢自尊。應文書内所有二字，但不連稱，不得迴避。如是臣下之名，不欲與君親同字者，任自改更。”丁未，中書門下奏：“京城潛龍舊宅，望以至德宮爲名。”從之。戊申，夏州節度使、開府儀同三司、檢校太師、兼中書令、朔方王李仁福加食邑一千户。[21]以延州留後高允韜爲延州節度使，以利州節度觀察留後張敬詢爲利州節度使。[22]劍南西川節度副大使、知節度使事孟知祥加檢校太傅、兼侍中，劍南東川節度副大使、知節度事董璋加檢校太傅。[23]壬子，鳳翔節度使、檢校太尉、兼中書令李從曮加檢校太師、兼中書令。[24]汴州知州孔循奏，召集謀亂指揮使趙虔已下三千人並族誅訖。[25]甲寅，以晉州留後符彥超爲北京留守，以鎮州副使王建立爲鎮州留後，以右龍武統軍安崇阮爲晉州留後。[26]荊南節度使高季興上言：“夔、忠、萬三州，舊是當道屬郡，先被西川侵據，今乞却割隸本管。”詔可之，[27]其夔州，僞蜀先曾建節，宜依舊除刺史。

　　[1]李紹琪：人名。本名劉訓。隰州永和（今山西永和縣）人。五代藩鎮將領。傳見本書卷六一。

　　[2]兵部尚書：官名。尚書省兵部主官。掌兵衛、武選、車輦、甲械、厩牧之政令。正三品。　盧質：人名。河南（今河南洛陽市）人。五代大臣。傳見本書卷九三、《新五代史》卷五六。

　　[3]吏部尚書：官名。爲尚書省吏部最高長官，與二侍郎分掌六品以下文官選授、勳封、考課之政令。正三品。　太常卿：官名。西漢置太常，南朝梁始置太常卿。太常寺長官。掌宗廟祭祀禮樂及教育等。正三品。　李琪：人名。河西敦煌（今甘肅敦煌市）人。後梁、後唐大臣。傳見本書卷五八、《新五代史》卷五四。御史大夫：官名。秦始置，與丞相、太尉合稱三公。至唐代，在御史中丞之上設御史大夫一人，爲御史臺長官，專掌監察、執法。正三品。　禮部尚書：官名。尚書省禮部主官。掌禮儀、祭享、貢舉之政。正三品。　崔協：人名。清河（今河北清河縣）人。唐末進士，五代後梁、後唐官員，仕至宰相。傳見本書卷五八。　吏部尚書銓：官署名。吏部三銓（吏部尚書銓、吏部西銓、吏部東銓）之

一。負責官員銓選。　御史中丞：官名。如不置御史大夫，則爲御史臺長官。掌司法監察。正四品下。　崔居儉：人名。清河（今河北清河縣）人。崔蕘之子。五代大臣。傳見本書附録、《新五代史》卷五五。　兵部侍郎：官名。尚書省兵部次官。協助兵部尚書掌武官銓選、勳階、考課之政。正四品下。　蕭頃：人名。京兆萬年（今陝西西安市長安區）人。後梁、後唐大臣。傳見本書卷五八。《輯本舊史》之影庫本粘籤："原本作'蕭項'，今據《歐陽史》改正。"《新五代史》卷三《梁本紀三》、卷五《唐本紀五》、卷五四《李琪傳》均見蕭頃之名，卷五五《馬縞傳》更言明宗立，"禮部尚書蕭頃等請如縞議"。《輯本舊史·禮志上》亦載："天成元年，中書舍人馬縞乞依兩漢故事，別立親廟。禮部尚書蕭頃等乞……依馬縞所議。"

　　[4]中書：官署名。"中書門下"的簡稱。唐代以來爲宰相處理政務的機構。參見劉後濱《唐代中書門下體制研究——公文形態·政務運行與制度變遷》，齊魯書社 2004 年版。

　　[5]忠武軍：方鎮名。唐貞元十年（794）以陳許節度使爲忠武軍，治所在許州（今河南許昌市）。天復元年（901）移治陳州（今河南淮陽縣）。　檢校太師：官名。爲散官或加官，以示恩寵，無實際執掌。太師，與太傅、太保並爲三師。按，檢校某某官，唐中後期逐漸確立，五代沿用。多作爲使府或方鎮僚佐秩階、升遷的階官，非正式官銜。參見賴瑞和《論唐代的檢校官制》，《漢學研究》2006 年第 24 卷第 1 期。　尚書右丞：官名。尚書省佐貳官。唐中期以後，與尚書左丞實際主持尚書省日常政務，權任甚重。後梁開平二年（908）改爲右司侍郎，後唐同光元年（923）復舊爲右丞。唐時爲正四品下，後唐長興元年（930）升爲正四品。　崔沂：人名。博州（今山東聊城市）人。唐宰相崔鉉之子，後梁、後唐大臣。傳見本書卷六八。　尚書左丞：官名。尚書省佐貳官。唐中期以後，與尚書右丞實際主持尚書省日常政務，權任甚重。正四品上。後梁開平二年（908）改爲左司侍郎，後唐同光元年（923）

復舊爲左丞。正四品。

[6]新州：方鎮名。治所在新州（今河北涿鹿縣）。 張廷裕：人名。代北（今山西代縣）人。五代後唐將領。傳見本書卷六五。中華書局本有校勘記：“原作‘張庭裕’，據本書卷三二《唐莊宗紀六》、卷三九《唐明宗紀九》、卷六五《張廷裕傳》改。”《輯本舊史》卷三二《唐莊宗紀六》同光二年（924）八月丙子條載，以張廷裕爲新州節度留後；卷三九《唐明宗紀五》天成三年二月甲辰條載張廷裕卒，卷六五有《張廷裕傳》。 雲州：方鎮名。治所在今山西大同市。 高行珪：人名。幽州（今北京市）人。五代名將。傳見本書卷六五、《新五代史》卷四八。

[7]正衙威容：《舊五代史考異》：“原本‘正衙’訛‘王衛’，今據《册府元龜》改正。”《册府》有關部、門未見。見《會要》卷三〇雜録條。

[8]禮院：官署名。唐代太常寺有禮院，爲太常博士議禮之處。

[9]太子詹事：官名。掌領太子之詹事府，爲太子官屬之長。正三品。 劉岳：人名。洛陽（今河南洛陽市）人。五代後唐官員。傳見本書卷六八、《新五代史》卷五五。 太子右庶子：官名。太子府屬官。掌侍從太子左右、獻納啓奏、宣傳令言。正四品下。 王權：人名。太原（今山西太原市）人。五代官員。傳見本書卷九二、《新五代史》卷五六。 太子左庶子：官名。隋以太子左庶子爲門下坊的主官，統司經局、宮門局、内直局、典膳局、藥藏局、齋帥局。唐宋沿置。正四品上。 任贊：人名。籍貫不詳。五代後唐官員。事見本書卷四四。 工部侍郎：官名。尚書省工部次官。協助尚書掌管百工山澤水土之政令，考其功以詔賞罰，總所統各司之事。正四品下。

[10]荆南：又稱南平。五代十國之一。後梁開平元年（907）朱温命高季興爲荆南節度使，梁末帝時封季興爲渤海王。同光二年受後唐封爲南平王。 高季興：人名。原名高季昌，陝州硤石（今河南三門峽市）人。南平（即荆南）開國君主。傳見本書卷一三

三、《新五代史》卷六九。　　太尉：官名。與司徒、司空並爲三公，唐後期、五代多爲大臣、勳貴加官。正一品。　　澤潞：方鎮名。治所在潞州（今山西長治市）。　　孔勍：人名。兗州（今山東濟寧市兗州區）人。唐末、五代將領。傳見本書卷六四。

[11]汴州：州名。治所在今河南開封市。　　控鶴指揮使：官名。所部統兵將領。控鶴爲禁軍番號。　　張諫：人名。籍貫不詳。五代後唐將領。事見《通鑑》卷二七五。

[12]秘書監：官名。秘書省長官。掌圖書秘記等。從三品。

[13]乙巳：中華書局本有校勘記：“按是月丙戌朔，無己巳。此事繫於甲辰、丁未間，疑是乙巳。按本卷下文詔書，《通鑑》卷二七五即繫於乙巳，乙巳爲二十日。”但未改，今據改。

[14]以：中華書局本有校勘記：“‘以’原闕，據殿本、劉本及本卷下文補。”　　秘書少監：官名。唐承隋制，置秘書省，設秘書少監二人協助秘書監工作。從四品上。　　姚顗：人名。京兆萬年（今陝西西安市長安區）人。唐末進士，五代後梁、後唐、後晋大臣。傳見本書卷九二、《新五代史》卷五五。　　左散騎常侍：官名。門下省屬官。掌侍奉規諷，備顧問應對。正三品下。

[15]太子左諭德：官名。掌諷諭規諫。正四品下。　　陸崇：人名。籍貫不詳。五代大臣。事見本書本卷、卷三〇《唐莊宗紀》、卷一二八《裴羽傳》。　　右散騎常侍：官名。中書省屬官。掌侍奉規諷，備顧問應對。正三品下。

[16]兵部郎中：官名。唐高祖改兵曹郎置，二人，一掌武官階品、衛府名數、校考、給告身之事；一掌軍籍、軍隊調遣名數、朝集、錄賜、告假等事。高宗、武則天、玄宗時，一度隨本部改名司戎大夫、夏官郎中、武部郎中。五代因之。從五品上。　　蕭希甫：人名。宋州（今河南商丘市睢陽區）人。五代後梁、後唐官員。傳見本書卷七一、《新五代史》卷二八。　　左諫議大夫：官名。隸門下省。唐代置左、右諫議大夫各四人，分隸門下省、中書省。掌諫諭得失，侍從贊相。正四品下。

　　[17]節度判官：官名。唐、五代方鎮僚屬，位在行軍司馬下。分掌使衙內各曹事，並協助使職官員通判衙事。　　呂夢奇：人名。籍貫不詳。五代後唐官員。事見本書卷七三、《新五代史》卷二六。

　　右諫議大夫：官名。隸中書省。唐代置左、右諫議大夫各四人，分隸門下省、中書省。掌諫諭得失，侍從贊相。正四品下。

　　[18]鄴都：地名。治所在今河北大名縣。五代後唐同光元年（923），改魏州爲興唐府，建號東京，三年改東京爲鄴都。　　副留守：官名。古代在都城、陪都或軍事重鎮所設留守，由地方行政長官兼任。副留守爲留守之貳。　　孫岳：人名。稷州（今陝西武功縣）人。五代後唐大臣。傳見本書卷六九。　　潁州：州名。治所在今安徽阜陽市。　　團練使：官名。唐代中期以後，於不設節度使的地區設團練使，掌本區各州軍事。

　　[19]貴便於時。況"徵""在"二名："貴便""徵在"，《輯本舊史》之影庫本粘籤："'貴便'，原本作'貴使'；'徵在'，原本作'徵彼'，今並從《五代會要》改正。"見《會要》卷四諱條所載天成元年（926）六月十二日敕。

　　[20]太宗文皇帝：即唐太宗李世民。紀見《舊唐書》卷二、卷三，《新唐書》卷二。　　世南：人名。即虞世南。餘姚（今浙江杭州市）人。唐代官員。傳見《舊唐書》卷七二、《新唐書》卷一〇二。

　　[21]夏州：州名。治所在今陝西靖邊縣。　　開府儀同三司：官名。魏晋始置，隋唐時爲散官之最高官階。多授功勳重臣。從一品。　　中書令：官名。漢代始置，隋、唐前期爲中書省長官，屬宰相之職；唐後期多爲授予元勳大臣的虛銜。正二品。　　李仁福：人名。党項拓跋部人。五代党項首領。傳見本書卷一三二、《新五代史》卷四〇。

　　[22]延州：州名。治所在今陝西延安市。　　高允韜：人名。延州（今陝西延安市）人。高萬興之子。五代軍閥。傳見本書卷一三二。　　利州：州名。治所在今四川廣元市。　　張敬詢：人名。勝州

金河縣（今内蒙古呼和浩特市）人。五代後唐將領。傳見本書卷六一。

[23]劍南西川：方鎮名。治所在成都府（今四川成都市）。節度副大使：官名。方鎮中僅次於節度使之使職，如持節，則位同於節度使。　孟知祥：人名。邢州龍岡（今河北邢臺市）人。五代十國後蜀開國君主。傳見本書卷一三六、《新五代史》卷六四。劍南東川：方鎮名。唐至德二年（757）分劍南節度使東部地區置劍南東川節度使。治所在梓州（今四川三臺縣）。　董璋：人名。籍貫不詳。五代後梁、後唐將領。傳見本書卷六二、《新五代史》卷五一。

[24]鳳翔：方鎮名。治所在鳳翔府（今陝西鳳翔縣）。　李從曮：人名。深州博野（今河北蠡縣）人。李茂貞之子，後晋時封秦王。傳見本書卷一三二。

[25]趙虔：人名。籍貫不詳。本書僅此一見。

[26]鎮州：州名。治所在今河北正定縣。　副使：官名。即節度副使。唐、五代方鎮屬官。位在行軍司馬之下、判官之上。　王建立：人名。遼州榆社（今山西榆社縣）人。五代後唐、後晋將領。傳見本書卷九一、《新五代史》卷四六。《輯本舊史》之影庫本粘籤：“原本作‘建及’，考建及卒於莊宗未即位以前，明宗時爲鎮州留後者，乃建立也，今改正。”《通鑑》卷二七五天成元年七月丁丑條作“鎮州留後王建立”。　右龍武統軍：官名。唐置六軍，分左、右羽林，左、右龍武，左、右神武等，即“北衙六軍”。興元元年（784），六軍各置統軍，以寵勳臣。其品秩，《唐會要》卷七一、《舊唐書》卷一二記載爲“從二品”；《通鑑》卷二二九記載爲“從三品”。　安崇阮：人名。潞州上黨（今山西長治市）人。五代後唐、後晋將領。傳見本書卷九〇。

[27]夔：州名。治所在今重慶市奉節縣。　忠：州名。治所在今重慶市忠縣。　萬：州名。治所在今重慶市萬州區。　“荆南節度使高季興上言”至“詔可之”：《舊五代史考異》：“《通鑑考異》引

《十國紀年・荆南史》：天成元年二月壬辰，請忠、夔、萬州及雲安監隸本道，莊宗許之。詔命未下，莊宗遇弒。六月壬辰，王表求三州，明宗許之。"見《通鑑》卷二七五天成元年六月戊申條《考異》。

秋七月乙卯朔，以太原舊宅爲積慶宮。[1]庚申，契丹、渤海國俱遣使朝貢。[2]甲子，詔割韓城、郃陽兩縣屬同州。[3]誅滑州左右崇牙及長劍等軍士數百人，[4]夷其族，作亂故也。其都校于可洪等相次到闕，[5]亦斬於都市。丁卯，以僞蜀守司空、門下侍郎、平章事、晋國公王鍇爲檢校司空、守陵州刺史，以虢州刺史石潭爲耀州團練使。[6]辛未，詔："諸道節度、刺史、文武將吏，舊進月旦起居表，今後除節度、留後、團練、防禦使，惟正、至進賀表，其四孟月並且止絶。"甲戌，中書門下上言："宣旨令進納新授諸道判官、州縣官官告敕牒，祗應宣賜。準往例，除將相外，並不賜官告，[7]即因梁氏起例，[8]凡宣授官，並特恩賜。臣等商量，自兩使判官、令録在京除授者，即於内殿謝恩，便辭赴任，不更進納官誥；判司、主簿，不合更許朝對。[9]敕下後，望準舊例處分。"從之。乙亥，莊宗皇帝梓宫發引，帝縗服臨送於樓前。是日，葬莊宗於雍陵。[10]鎮州留後王建立奏，涿州刺史劉殷肇不受代，[11]謀叛，昨發兵收掩，擒劉殷肇及其黨一十三人，見折足勘詰。己卯，以比部郎中、知制誥楊凝式爲給事中，充史館修撰、判館事；以僞蜀吏部尚書楊玢爲給事中，充集賢殿學士、判院事。[12]升應州爲彰國軍節度，仍以興唐軍爲寰州，隸彰國軍。[13]宰相豆盧革貶辰州刺史，韋説貶漵州刺史，仍令所在馳驛發遣，爲諫議大夫蕭希甫疏奏故也。[14]制略曰：“革則縱田客以殺人，説則侵鄰家而奪井，選元亨之上第，改王儆之本名。[15]或主掌三司，委元隨之務局；或陶鎔百里，受長吏之桑田。咸屈塞於平人，互阿私於愛子。任官匪當，黷貨無厭，謀人之國若斯，致主之方安在！既迷理亂，又昧卷舒。而府司案牘爰來，諫署奏章疊至，備彰醜迹，深污明庭。是宜約以三章，投之四裔。其河南府文案及蕭希甫論疏，並宜宣示百僚。”庚辰，賜蕭希甫衣段二十疋、銀器五十兩，賞疏革、説之罪也。宰相鄭珏、任圜再見安重誨，救解革、説，請不復追行後命，又三上表救解，俱留中不報。辛巳，以捧聖嚴衛左廂馬步軍都指揮使李從璋領饒州刺史，充大內皇城使。[16]中書門下奏：“條制，檢校官各納尚書省禮錢，[17]舊例太師、太尉納四十千，後減落至二十千；太傅、太保元納三十千，減至十五千；司徒、司空元納二十千，減至一十千；僕射、尚書元納一十五千，減至七千；員外、郎中元納一十千，今納三千四百者。”詔曰：“會府華資，皇朝寵秩，凡霑新命，各納禮錢。[18]爰自近年，多隳舊制，遂致紀綱之地，遽成廢墜之司。況累條流，就從減省，方當提舉，宜振規繩。但緣其間，翊衛勳庸，藩宣將佐，自軍功而遷陟，示恩澤以獎酬，須議從權，不在其例。其餘自不帶平章事節度使及防禦、團練、刺史、使府副使、行軍已下，三司職掌監院官，州縣官，凡關此例，並可徵納。[19]其檢校官自員外郎至僕射，祇取初轉一任納錢，[20]若不改呼，不在徵納。[21]

仍委尚書省都司專切檢舉，[22]置曆逐月具數申中書門下。"[23]癸未，詔辰州刺史豆盧革可責授費州司户參軍，溆州刺史韋説可責授夷州司户參軍，皆員外置同正員，仍令馳驛發遣。[24]甲申，又詔曰："責授費州司户參軍豆盧革、夷州司户參軍韋説等，自居台輔，累換歲華，負先皇倚注之恩，失大國燮調之理。朕自登宸極，常委鈞衡，略無謙遜之辭，但縱貪饕之意。除官受賂，樹黨徇私，每虧敬於朕前，徒自尊於人上。道路之誼騰不已，諫臣之條疏頗多，罪狀顯彰，典刑斯舉，合從極法，以塞群情。尚緣臨御之初，含弘是務，特軫墜泉之慮，爰施解網之仁，曲示優恩，俯寬後命。革可陵州長流百姓，説可合州長流百姓，仍委逐處長知所在。[25]同州長春宮判官、朝請大夫、檢校尚書禮部郎中、賜紫金魚袋豆盧昇，將仕郎、守尚書屯田員外郎、崇文館學士、賜緋魚袋韋濤等，各因權勢，驟列班行，無才業以可稱，竊寵榮而斯久。比行貶謫，以塞尤違。朕以纂襲之初，含容是務，父既寬於後命，子宜示於特恩，並停見任。"昇、濤即革、説之子也。[26]《永樂大典》卷七千一百六十四。[27]

[1]積慶宮：宮殿名。位於今山西太原市。

[2]契丹：古部族、政權名。公元4世紀中葉宇文部爲前燕攻破，始分離而成單獨的部落，自號契丹。唐貞觀中，置松漠都督府，以其首領爲都督。唐末强盛，916年迭剌部耶律阿保機建立契丹國（遼）。先後與五代、北宋並立，保大五年（1125）爲金所滅。參見張正明《契丹史略》，中華書局1979年版。

[3]韓城：縣名。治所在今陝西韓城市。 郃陽：縣名。治所在今陝西合陽縣東南。

[4]左右崇牙、長劍：禁軍番號。

[5]都校：官名。禁軍統兵官。 于可洪：人名。籍貫不詳。本書僅此一見。 其都校于可洪等相次到闕：中華書局本有校勘記："'闕'，原作'關'，據劉本、邵本、彭本改。"

[6]司空：官名。與太尉、司徒並爲三公，唐後期、五代時多爲大臣、勳貴加官。正一品。 王鍇：人名。籍貫不詳。前蜀高級官員。事見本書本卷、《新五代史》卷六三。中華書局本有校勘記："原作'王諧'，據《通鑑》卷二七五改。按《通鑑》卷二六七：'蜀主以御史中丞王鍇爲中書侍郎、同平章事。'"《通鑑》卷二六八乾化三年（913）五月乙巳條云："蜀主以兵部尚書王鍇爲中書侍郎、同平章事。"卷二七五天成元年（926）六月庚子條云："以平章事王鍇等爲諸州府刺史、少尹、判官、司馬。" 陵州：州名。治所在今四川仁壽縣。 虢州：州名。治所在今河南靈寶市。 石潭：人名。籍貫不詳。五代後唐將領。事見本書本卷。 耀州：州名。治所在今陝西銅川市耀州區。

[7]並不賜官告：中華書局本有校勘記："'官'，原作'誥'，據殿本、劉本、邵本、《五代會要》卷一四、《册府》卷六三二改。"見《會要》卷一四吏部條、《宋本册府》卷六三二《銓選部·條制門四》。

[8]即因梁氏起例：中華書局本有校勘記："'梁氏起例'，《五代會要》卷一四、《宋本册府》卷六三二作'僞朝條流'。"見《册府》卷六三二《銓選部·條制門四》。

[9]兩使判官：指節度使、觀察使判官。節度判官，唐、五代方鎮僚屬，位在行軍司馬下。分掌使衙內各曹事，並協助使職官員通判衙事。觀察判官，唐肅宗以後置，五代沿置。觀察使屬官，參理田賦事，用觀察使印、署狀。 判司：官名。唐代節度使、州郡等均置有判官，以分曹判事，稱"判司"。也用"判司"之名通稱

州郡的佐官。　主簿：官名。漢代以後歷朝均置。唐代京城百司和地方官署，均設主簿。管理文書簿籍，參議本署政事，爲官署中重要佐官。其官階品秩，因官署而不同。　判司主簿：中華書局本有校勘記：“句下《册府》卷六三二有‘已下’二字。”《宋本册府》在“已下”後尚有“極是卑秩”四字。

[10]葬莊宗於雍陵：“雍陵”，《舊五代史考異》：“原本作‘永陵’，考徐無黨《五代史注》，莊宗陵名雍陵，石晋時避諱稱伊陵。原本‘永’字誤，今改正。又，莊宗葬日，《通鑑》從哀詔册文作丙子，《薛史》從《實録》作乙亥。”見《新五代史》卷五《唐本紀五》同光四年（926）四月丁亥條徐無黨注、《通鑑》卷二七五天成元年七月丙子條及該條《考異》。

[11]涿州：州名。治所在今河北涿州市。　劉殷肇：人名。籍貫不詳。本書僅此一見。

[12]比部郎中：官名。唐、五代刑部比部司長官，掌管勾會内外賦斂、經費俸禄等。從五品上。　楊凝式：人名。華陰（今陝西華陰市）人。五代官員。傳見本書卷一二八。　給事中：官名。秦始置。隋唐以來，爲門下省屬官。掌讀署奏抄，駁正違失。正五品上。　史館修撰：官名。唐天寶以後，他官兼領史職者，稱史館修撰。　判館事：官名。初入史館者稱爲直館。唐元和六年（811）宰相裴垍建議：登朝官領史職者爲修撰，以官階高的一人判館事；未登朝官均爲直館。　楊玢：人名。籍貫不詳。本書僅此一見。集賢殿學士：官名。唐中葉置，位在集賢殿大學士之下。掌修書之事。

[13]應州：州名。治所在今山西應縣。　寰州：州名。治所在今山西朔州市東北馬邑村。　彰國軍：方鎮名。治所在應州（今山西應縣）。中華書局本有校勘記：“‘彰國軍’原作‘彰德軍’，據邵本校、《五代會要》卷二四、《册府》卷一七二、《通鑑》卷二七五改。按《新五代史》卷六〇《職方考》、《通鑑》卷二七五皆記於應州置彰國軍。”見《會要》卷二四諸道節度使軍額條、《宋本

册府》卷一七二《帝王部·求舊門二》、《新五代史》卷六〇《職方考》、《通鑑》卷二七五天成元年七月己卯條。

[14]辰州：州名。治所在今湖南沅陵縣。　溆州：州名。當作"敘州"。治所在今湖南洪江市。中華書局本有校勘記："'溆州'，劉本、孔本、本書卷六七《韋説傳》、《新五代史》卷六《唐本紀》作'敘州'。《朱孝誠墓碑》（拓片刊北京圖書館藏中國歷代石刻拓本匯編第三十册）記：'元和初，張伯靖負固敘州。'錢大昕《潛研堂金石文跋尾》卷八：'史稱伯靖"溆州蠻"，碑作"敘"，當以碑爲正。'本卷下一處同。"　諫議大夫：官名。秦始置，掌朝政議論。隋唐仍置，有左、右諫議大夫四人，分屬門下、中書二省。掌諫諭得失，侍從贊相。唐後期、五代多以本官領他職。唐初爲正五品上，會昌二年（842）升爲正四品下。後晉天福五年（940）爲正四品，後周顯德五年（958）復改爲正五品上。

[15]改王儳之本名："王儳"，《輯本舊史》原作"王參"，中華書局本有校勘記："本書卷六七《韋説傳》、《通鑑》卷二七五作'王儳'，《册府》卷三三八作'王修'。《舊五代史考異》卷二：'案王參，疑有舛誤，據《册府元龜》引《薛史》亦作"王參"，今無可考，姑仍其舊。'"見《輯本舊史》卷六七《韋説傳》、明本《册府》卷三三八《宰輔部·貪黷門》韋説條、《通鑑》卷二七五天成元年七月己卯條。"儳"與"修"形近，今據上述諸書改。

[16]捧聖嚴衛：禁軍番號。　左廂馬步軍都指揮使：官名。五代時侍衛親軍長官。多由皇帝親信擔任。　李從璋：人名。後唐明宗從子。五代後唐、後晉將領。傳見本書卷八八、《新五代史》卷一五。　饒州：州名。治所在今江西鄱陽縣。　以捧聖嚴衛左廂馬步軍都指揮使李從璋領饒州刺史：中華書局本有校勘記："本書卷八八《李從璋傳》記其時任捧聖左廂都指揮使。張其凡《五代禁軍初探》以爲本句中'嚴衛''步'三字衍。"　大内皇城使：官名。唐末始置，爲皇城司長官，一般由君主的親信充任，以拱衛皇城。

[17]尚書省：官署名。三省之一。總領百官，儀刑端揆，其屬有六尚書。　檢校官各納尚書省禮錢：中華書局本有校勘記："'各'，《五代會要》卷一四作'合'。"

[18]各納禮錢：中華書局本有校勘記："'各'，《五代會要》卷一四作'合'。"見《會要》卷一四尚書省條。

[19]行軍：官名。出征將領及節度使的屬官。掌軍籍符伍、號令印信，是藩鎮重要的軍政官員。　三司職掌監院官：中華書局本有校勘記："'監院官'，原作'監務官'，據《五代會要》卷一四改。"見《會要》卷一四尚書省條。

[20]祇取初轉一任納錢：中華書局本有校勘記："'取'字原闕，據《五代會要》卷一四補。"

[21]不在徵納：中華書局本有校勘記："'在'，《五代會要》卷一四作'更'。"

[22]尚書省都司：官名。隋大業三年（607），置尚書左、右司郎於尚書都省，輔助尚書左、右丞處理省內各司事務，簡稱都司。唐貞觀二年（628）改爲郎中，永昌元年（689）又置左、右司員外郎，與郎中分掌本部門事務。中華書局本有校勘記："'都'，原作'部'，據《五代會要》卷一四改。"

[23]置曆逐月具數申中書門下：《輯本舊史》之影庫本粘籤："原本脫'書'字，今據文增入。"

[24]費州：州名。治所在今貴州思南縣。　夷州：州名。治所在今貴州鳳岡縣。　員外置同正員：古代官員名額有定數，是爲"正員額"。在正員額以外所任官員，稱爲"員外置"。"員外置同正員"是指雖在正員額之外，但待遇同於正員官。

[25]長流：遠途流放，長期流放。　合州：州名。治所在今重慶市合川區。　説可合州長流百姓："合州"，《輯本舊史》之影庫本粘籤："原本作'白州'，今從《歐陽史》改正。"見《新五代史》卷六《唐本紀六》天成元年七月甲申條。

[26]長春宮：宮殿名。位於今陝西大荔縣。　朝請大夫：官

名。唐時爲從五品上。 檢校尚書禮部郎中：官名。爲散官或加官，以示恩寵，無實際執掌。 紫金魚袋：輿服制度。紫爲紫衣。金魚袋用以盛鯉魚狀金符。唐三品以上服紫佩魚。特殊情況下，京官散階未及三品者可以賜紫，以示尊寵。 豆盧昇：人名。事見本書本卷、卷三七。 將仕郎：官名。文散官。從九品下。 尚書屯田員外郎：官名。從六品上。 崇文館學士：官名。唐朝太子左春坊崇文館長官，無常員，掌經籍圖書、教授學生。 緋魚袋：輿服制度。唐制五品以上佩魚符袋。 韋濤：人名。事見本書本卷、卷三七。

[27]《大典》卷七千一百六十四：《輯本舊史》原作“卷七千一百六十三”，中華書局本有校勘記：“檢《永樂大典目録》，卷七一六三爲‘唐’字韻‘莊宗十’，與本則内容不符，恐有誤記。疑出自卷七一六四‘唐’字韻‘明宗一’。”今據《大典目録》改。

舊五代史　卷三七

唐書十三

明宗紀第三

天成元年秋八月乙酉朔,[1]日有食之。有司上言：
"莊宗廟室酌獻,[2]請奏《武成之舞》。"從之。鄆州節
度使霍彥威移鎮青州。[3]丁亥，莊宗神主祔廟，有司請
祧懿祖室,[4]從之。詔："陵州、合州長流百姓豆盧革、
韋説等,[5]可並自長流後，縱逢恩赦，不在原宥之限。
豆盧昇、韋濤仍削除自前所受官秩。"[6]壬辰，以久雨，
放百僚朝參，詔天下疏理繫囚。甲午，汴州奏，舊管曹
州乞却歸當道，從之。[7]是日，詔曰："承前使府奏請判
官，率皆隨府除移、停罷。近年流例，有異前規，使府
雖已除移，判官元安舊職。起今後若是朝廷除授者，即
不繫使府除移,[8]如是使府奏請，即皆隨府移罷。舊例
藩侯帶平章事者，所奏請判官，殿中已上許奏緋，中丞
已上許奏紫，今不帶平章事亦許同帶平章事例處分。[9]
如防禦、團練使奏請判官，員外郎已下不在奏緋之

限。^[10]其所奏判官、州縣官，並須將歷任告身隨奏至京。如未曾有官，^[11]假稱試攝，^[12]亦奏狀内分明署出。如藩鎮留後、權知軍州事，^[13]並不在奏請判官之限。如刺史要奏州縣官，^[14]須申本道，請發表章，不得自奏。近日州使奏請從事，本無官緒，妄結虚銜，不計職位高卑，多是請兼朱紫，不唯紊亂，實啟僥求。^[15]宜令諸道州府，切準敕命處分。”丁酉，内出象笏三十四面，^[16]賜百官之無笏者。己亥，帝御文明殿，^[17]百官入閤，月望如月朔之儀，從新例也。荆南高季興上言，^[18]峽内三州，請朝廷不除刺史。幽州奏，契丹寇邊，詔齊州防禦使安審通率師禦之。^[19]辛丑，以前青州節度使符習爲鄆州節度使，以前華州節度使史敬鎔爲安州節度使。^[20]乙巳，禁鎔錢爲器，仍估定生銅器價斤二百，熟銅器斤四百，如違省價買賣者，以盗鑄錢論。丁未，樞密使院條奏：^[21]“諸道節度使、刺史内，有不守詔條，公行科斂，須行止絶。州使所納軍糧，不得更邀加耗。節度使、刺史所置牙隊，許於軍都内抽取，便給省司衣糧，況人數已多，訪聞尚有招致。^[22]諸色人多有抵罪亡命，便於州府投名爲使下元隨，邀求職務，凌壓平人；及有力户人，於諸處行賂，希求事務。亦有州使妄稱修葺城池廨宇，科賦於人，及營私宅，諸縣鎮所受州使文符，如涉科斂人户，不得稟受。州府不得賒買行人物色，兼行科率。已前條件，州使如敢犯違，許人陳告，勘詰不虚，量行獎賞。宜令三京、諸道州府，準此處分。”新授青州節度使霍彦威奏，處斬新登州刺史王公儼，及同謀拒命指揮使李謹、王居厚等八人訖。[23]初，同光中，符習爲青州節度使，宦官楊希望爲監軍，專制軍政。[24]趙在禮之據魏州，[25]習奉詔以本軍進討，俄而帝爲亂軍所劫，習即罷歸。希望遣兵邀之，習懼而還。至滑州，[26]帝遣人招之，習至，乃從帝入汴。希望聞魏軍亂，遣兵圍守習家，欲盡殺之。公儼素受希望獎愛，謂希望曰："内侍宜分腹心之兵，監四面守陴者，則誰敢異圖。"希望從之。公儼乘其無備，圍希望之第，擒而殺之。公儼遂與州將李謹等謀據州城，以邀符節，即令軍府飛章留己，兼揚言符習在鎮，人不便其政，帝乃除公儼爲登州刺史。公儼不時赴任，[27]即以霍彦威代符習，聚兵淄州，以圖進取。彦威至淄州，會詔使至青州告諭，公儼即赴所任。彦威懲其初心，遣人擒公儼於北海縣，與同黨斬於州東。[28]有司上言："莊宗祔廟，懿祖祧遷，準例舍故而諱新，懿祖例不諱，忌日不行香。"從之。壬子，襄州節度使劉訓加檢校太傅，[29]以僞蜀右僕射、中書侍郎、平章事、趙國公張格爲太子賓客，[30]充三司副使，[31]從任圜請也。[32]

[1]天成：後唐明宗李嗣源年號（926—930）。

[2]莊宗：即後唐莊宗李存勖。沙陀部人。五代後唐王朝的建立者。紀見本書卷二七至卷三四、《新五代史》卷五。

[3]鄆州：州名。治所在今山東東平縣。　節度使：官名。唐時在重要地區所設掌握一州或數州軍事、民事、財政的長官。　霍彦威：人名。洺州曲周（今河北曲周縣）人。後梁、後唐將領。傳見本書卷六四、《新五代史》卷四六。　青州：州名。治所在今山

東青州市。

[4]懿祖：即朱邪執宜。沙陀部首領。朱邪赤心之父。事見《新唐書》卷二一八《沙陀傳》、《新五代史》卷四《唐本紀四》。

[5]陵州：州名。治所在今四川仁壽縣。　合州：州名。治所在今重慶市合川區。　長流：遠途流放，長期流放。《輯本舊史》之影庫本粘籤："原本作‘長沙’，今據文改正。"　"長流"一詞，在五代常見，上文即有"長流百姓豆盧革、韋說等"之語，"長沙"在此處無解，何需"據文改正"。　豆盧革：人名。先世爲鮮卑慕容氏，後改豆盧氏。唐同州刺史豆盧籍之孫，舒州刺史豆盧瓚之子。後唐宰相。傳見本書卷六七、《新五代史》卷二八。　韋說：人名。京兆萬年（今陝西西安市長安區）人。唐福建觀察使韋岫之子。唐末進士，後梁大臣、後唐宰相。傳見本書卷六七。

[6]豆盧昇：人名。豆盧革之子。事見本書本卷、卷三六。　韋濤：人名。韋說之子。事見本書本卷、卷三六。

[7]汴州：州名。治所在今河南開封市。　曹州：州名。治所在今山東曹縣西北。

[8]即不繫使府除移：中華書局本有校勘記："‘繫’，原作‘計’，據《五代會要》卷二五改。"　《會要》卷二五幕府條作"係"。明本《冊府》卷六一《帝王部·立制度門二》作"許"。

[9]平章事：官名。即"同中書門下平章事"。　判官：官名。唐、五代方鎮僚屬，位在行軍司馬下。分判倉曹、兵曹、騎曹、冑曹事。　殿中：官名。即殿中侍御史。三國魏始置。唐前期屬御史臺之殿院，掌宮門、庫藏及糾察殿庭供奉朝會儀式，及分掌左、右巡，負責京師治安、京畿軍兵。唐後期常爲外官所帶憲銜。從七品下。　緋：輿服制度。皇帝頒賜緋色官服。唐代五品、四品官服緋。後世或沿用此制，品級不盡相同。　中丞：官名。即御史中丞。如不置御史大夫，則爲御史臺長官。掌司法監察。正四品下。　紫：輿服制度。皇帝頒賜紫色官服。唐代官員三品以上服紫。特殊情況下，京官散階未及三品者可以賜紫，以示尊寵。

　　[10]防禦：官名。唐代始置，設有都防禦使、州防禦使兩種。常由刺史或觀察使兼任，實際上爲唐代後期州或方鎮的軍政長官。

　　團練使：官名。唐代中期以後，於不設節度使的地區設團練使，掌本區各州軍事。　員外郎：官名。尚書省郎官之一。爲郎中的副職，協助負責諸司事務。從六品上。殿本作"尚書膳部員外郎"。

　　[11]如未曾有官：中華書局本有校勘記："'曾'字原闕，據《册府》卷六一、《五代會要》卷二五補。"見《會要》卷二五幕府條、明本《册府》卷六一。

　　[12]試攝：官員任用類別之一。是一種暫時的委任。

　　[13]留後：官名。唐、五代節度使多以子弟或親信爲留後，以代行節度使職務，亦有軍士、叛將自立爲留後者。掌一州或數州軍政。　權知軍州事：官名。簡稱爲"知州"。州級行政長官。參見閆建飛《唐後期五代宋初知州制的實施過程》，《文史》2019年第1期。

　　[14]刺史：官名。漢武帝時始置。州一級行政長官。總掌考覈官吏、勸課農桑、地方教化等事。唐中期以後，節度使、觀察使轄州而設，刺史爲其屬官，職任漸輕。從三品至正四品下。

　　[15]從事：泛指一般屬官。　實啟僥求：中華書局本有校勘記："'僥'，原作'撓'，據彭校、《五代會要》卷二五改。《册府》卷六一、《五代會要》（四庫本）卷二五作'倖'。"

　　[16]象笏：象牙所製的笏版。　三十四：《舊五代史考異》："《歐陽史》作三十二。"見《新五代史》卷六《唐本紀六》天成元年（926）八月丁酉條。

　　[17]文明殿：宮殿名。位於今河南洛陽市。爲五代洛陽宮城的正殿，大朝會、大册拜等禮儀活動在此舉行。

　　[18]荆南：方鎮名。治所在荆州（今湖北荆州市）。　高季興：人名。原名高季昌，陝州硤石（今河南三門峽市）人。南平（即荆南）開國君主。傳見本書卷一三三、《新五代史》卷六九。

　　[19]幽州：州名。治所在今北京市。　契丹：古部族、政權

名。公元4世紀中葉宇文部爲前燕攻破，始分離而成單獨的部落，自號契丹。唐貞觀中，置松漠都督府，以其首領爲都督。唐末强盛，916年迭剌部耶律阿保機建立契丹國（遼）。先後與五代、北宋並立，保大五年（1125）爲金所滅。參見張正明《契丹史略》，中華書局1979年版。　齊州：州名。治所在今山東濟南市。　安審通：人名。代北（今山西代縣）人。安金全之侄。五代將領。事見本書本卷、卷三六、卷三八、卷三九、卷七六、卷九一。　安審通：《輯本舊史》之影庫本粘籤："原本作'番道'，據《通鑑》云：安審通，金全之猶子也。今改正。"《通鑑》卷二七四天成元年三月辛未條："審通，金全之姪也。"五代亦無"安番道"或"番道"其人。

[20]符習：人名。趙州（今河北趙縣）人。五代後唐將領。傳見本書卷五九、《新五代史》卷二六。　華州：州名。治所在今陝西渭南市華州區。　史敬鎔：人名。五代後唐將領。傳見本書卷五五。　安州：州名。治所在今湖北安陸市。

[21]樞密使院：官署名。唐代宗曾設樞密使，以宦官充任。五代時，後梁設置崇政院，掌管軍國大政；後唐時改稱樞密院，與宰相分理朝政。

[22]牙隊：部隊番號。　訪聞尚有招致：中華書局本有校勘記："'聞'，原作'問'，據《册府》卷六五改。"明本《册府》卷六五《帝王部·發號令門》天成元年八月丁未條作"如聞更有招置"。

[23]登州：州名。治所在今山東蓬萊市。《輯本舊史》之影庫本粘籤："原本作'晉州'，今從《通鑑》改正。"見《新五代史》卷六《唐本紀六》天成元年八月丁未條、《通鑑》卷二七五天成元年八月丁酉條。五代亦無"晉州"。　王公儼：人名。籍貫不詳。五代後唐將領。事見本書本卷、卷五九、卷六四、卷九七。　指揮使：官名。唐末、五代軍隊、州軍多置都指揮使、指揮使，爲統兵將領。　李謹：人名。籍貫不詳。本書僅此一見。　王居厚：人名。籍貫不詳。本書僅此一見。

［24］同光：後唐莊宗李存勗年號（923—926）。　楊希望：人名。籍貫不詳。五代後唐宦官。本書僅此一見。　監軍：官名。爲臨時差遣，代表朝廷協理軍務、督察將帥。五代時常以宦官爲監軍。

［25］趙在禮：人名。涿州（今河北涿州市）人。五代後唐、後晉將領。傳見本書卷九〇、《新五代史》卷四六。　魏州：州名。治所在今河北大名縣。

［26］滑州：州名。治所在今河南滑縣。

［27］公儼不時赴任：《輯本舊史》之影庫本粘籤：“當云因其不如期赴任，考《册府元龜》與《薛史》同，今姑仍其舊。”《册府》有關王公儼記載共三條，條主均爲霍彥威，未涉公儼不時赴任事。《通鑑》卷二七五天成元年八月乙未條作“不時之官，託云軍情所留”。

［28］淄州：州名。治所在今山東淄博市。　北海縣：縣名。治所在今山東濰坊市。　“彥威至淄州”至“與同黨斬於州東”：《舊五代史考異》：“《通鑑》：彥威聚兵淄州，以圖進取，公儼懼。乙未，始之官。丁酉，彥威至青州，追擒之。”見《通鑑》卷二七五天成元年八月乙未、丁酉等條。

［29］襄州：州名。治所在今湖北襄陽市。　劉訓：人名。隰州永和（今山西永和縣）人。五代藩鎮將領。傳見本書卷六一。　檢校太傅：官名。爲散官或加官，以示恩寵，無實際執掌。

［30］右僕射：官名。秦始置。隋、唐前期以左、右僕射佐尚書令總理六官，綱紀庶務；如不置尚書令，則總判省事，爲宰相之職。唐後期多爲大臣加銜。從二品。　中書侍郎：官名。中書省副長官。唐後期三省長官漸爲榮銜，中書侍郎、門下侍郎卻因參議朝政而職位漸重，常常用爲以“同三品”或“同平章事”任宰相者的本官。正三品。　張格：人名。宿州符離（今安徽宿州市埇橋區）人。前蜀高級官員。傳見本書卷七一。《舊五代史考異》：“原本作‘張裕’，考《舊唐書·張濬傳》，濬次子格，仕蜀爲平章事。

今改正。"見《舊唐書》卷一七九《張濬傳》。 太子賓客：官名。爲太子官屬。唐高宗顯慶元年（656）始置。掌侍從規諫，贊相禮儀。正三品。

[31]三司副使：官名。五代後唐明宗天成元年（926）將晚唐以來的户部、度支、鹽鐵三部合爲一職，設三司使統之。

[32]任圜：人名。京兆三原（今陝西三原縣）人。五代後唐將領、大臣。傳見本書卷六七、《新五代史》卷二八。

九月乙卯朔，詔汴州扶溝縣復隸許州。[1]以前絳州刺史婁繼英爲冀州刺史，充北面水陸轉運制置使。[2]己未，幸至德宮，遂幸前隰州刺史袁建豐之第。[3]帝嘗爲太原内牙親將，[4]建豐爲副，至是建豐風疾沈廢，故親幸其第以撫之。庚申，以都官郎中庾傳美充三川搜訪圖籍使。[5]傳美爲蜀王衍之舊僚，[6]家在成都，[7]便於歸計，且言成都具有本朝實録，及傳美使迴，所得纔九朝實録及殘缺雜書而已。癸亥，應聖節，百僚於敬愛寺設齋，召緇黄之衆於中興殿講論，從近例也。[8]戊辰，以僞蜀檢校太師、兼中書令、右金吾街使張貽範爲兵部尚書致仕。[9]都官員外郎于鄴奏請指揮不得書契券輒賣良人，[10]從之。癸酉，天策上將軍、湖南節度使、開府儀同三司、守太師、兼尚書令、楚王馬殷可檢校太師、守尚書令。[11]兩浙節度留後、靜海軍節度、嶺南西道觀察處置等使、檢校太尉、兼中書令錢元瓘加食邑。[12]中吳建武等軍節度、嶺南東道觀察處置等使、檢校太尉、兼中書令錢元璙加開府階，[13]進食邑。甲戌，以前代州刺史馬漑爲左衛上將軍致仕。[14]己卯，以光禄卿羅周敬爲右金吾衞大將軍，充街使。[15]辛巳，以前復州刺史袁羲爲唐州刺史。[16]詔曰："鳳翔節度使李曜，[17]世聯宗屬，任重藩宣，慶善有稱，忠勤顯著。既在維城之列，[18]宜新定體之文。是降寵光，以隆敦敍，俾焕承家之美，[19]貴崇猶子之親。宜於本名上加'從'字。"癸未，文武百僚至張全義私第柩前立班辭，[20]以來月二日葬故也。

[1]扶溝：縣名。治所在今河南扶溝縣。　許州：州名。治所在今河南許昌市。

[2]絳州：州名。治所在今山西新絳縣。　婁繼英：人名。籍貫不詳。五代後梁、後唐、後晉將領。傳見《新五代史》卷五一。

冀州：州名。治所在今河北衡水市冀州區。　北面水陸轉運制置使：官名。掌北面行營水陸轉運、賦稅諸事。爲差遣職事。

[3]至德宮：宮殿名。位於今河南洛陽市。　隰州：州名。治所在今山西隰縣。《輯本舊史》之影庫本粘籤："原本作'顯州'，今據《歐陽史·袁建豐傳》改正。"見《新五代史》卷二五《袁建豐傳》，五代亦無"顯州"。　袁建豐：人名。籍貫不詳。唐末、五代後唐將領。傳見本書卷六一、《新五代史》卷二五。

[4]太原：府名。治所在今山西太原市。

[5]都官郎中：官名。尚書省刑部都官司長官。掌徒刑流放配隸等事。從五品上。　庾傳美：人名。籍貫不詳。本書僅此一見。

三川搜訪圖籍使：官名。負責搜訪前蜀地區的圖籍。臨時設置。中華書局本有校勘記："'三川'，原作'三州'，據《御覽》卷六一九引《後唐史》、《五代會要》卷二四改。"見《御覽》卷六一九《學部十三·採求遺逸》、《會要》卷二四諸史雜録條。

[6]王衍：人名。許州舞陽（今河南舞陽縣）人。五代十國前蜀君主，後爲後唐莊宗李存勗所殺。傳見本書卷一三六、《新五代史》卷六三。

［7］成都：府名。治所在今四川成都市。

［8］敬愛寺：寺觀名。位於今河南洛陽市。　中興殿：宮殿名。在洛陽宮城内。位於今河南洛陽市。

［9］檢校太師：官名。爲散官或加官，以示恩寵，無實際執掌。按，檢校某某官，唐中後期逐漸確立，五代沿用。多作爲使府或方鎮僚佐秩階、升遷的階官，非正式官銜。參見賴瑞和《論唐代的檢校官制》，《漢學研究》2006 年第 24 卷第 1 期。　中書令：官名。漢代始置，隋、唐前期爲中書省長官，屬宰相之職；唐後期多爲授予元勳大臣的虛銜。正二品。　右金吾：官名。唐置，掌宮禁宿衛。唐代置十六衛，即左右衛、左右驍衛、左右武衛、左右威衛、左右領軍衛、左右金吾衛、左右監門衛、左右千牛衛。各置上將軍，從二品；大將軍，正三品；將軍，從三品。　街使：官名。掌巡查京城六街。　張貽範：人名。籍貫不詳。本書僅此一見。　兵部尚書：官名。尚書省兵部主官。掌兵衛、武選、車輦、甲械、廄牧之政令。正三品。

［10］都官員外郎：官名。尚書省刑部尚書都官司副長官。協掌配役隸，簿録俘囚，以給衣糧藥療，以理訴競雪冤。從六品上。于鄴：人名。籍貫不詳。本書僅此一見。

［11］天策上將軍：官名。唐武德四年（621）置，掌國之征討，總判府事。正一品。　湖南：方鎮名。又稱武安軍節度。治所在潭州（今湖南長沙市）。　開府儀同三司：官名。曹魏始置，隋、唐時爲散官之最高官階，多授功勳重臣。從一品。　太師：官名。與太傅、太保合稱三師，唐後期、五代多爲大臣、勳貴加官。正一品。　尚書令：官名。秦始置。隋、唐前期爲尚書省長官，與中書令、侍中並爲宰相。因以李世民爲之，後皆不授，唐高宗廢其職。唐後期以李適、郭子儀有功而特授此職，爲大臣榮銜，不參與政務。五代因之。唐時爲正二品，後梁開平三年（909）升爲正一品。馬殷：人名。許州鄢陵（今河南鄢陵縣）人。五代十國南楚開國君主。傳見本書卷一三三、《新五代史》卷六六。

[12]兩浙：方鎮名。治所在今浙江杭州市。 節度留後：官名。唐、五代節度使多以子弟或親信爲留後，以代行節度使職務，亦有軍士、叛將自立爲留後者。掌一州或數州軍政。 静海軍：方鎮名。治所在今越南河内市。 嶺南西道：政區名。治邕州（今廣西南寧市）。 檢校太尉：官名。爲散官或加官，以示恩寵，無實際執掌。中華書局本有校勘記：“本書卷三二《唐莊宗紀六》、卷三九《唐明宗紀五》作‘檢校太師’。按本書卷一三三《錢元瓘傳》：‘後唐同光初，加檢校太師。’” 錢元瓘：人名。錢鏐第五子，五代十國吳越君主。傳見本書卷一三三、《新五代史》卷六七。

[13]中吳：方鎮名。吳越置，治所在蘇州（今江蘇蘇州市）。建武：方鎮名。治所在邕州（今廣西南寧市）。 嶺南東道：政區名。治廣州（今廣東廣州市）。 錢元璙：人名。臨安（今浙江杭州市）人。五代十國吳越開國君主錢鏐子。事見本書本卷、卷四四、卷七七、卷八〇、卷八一。《輯本舊史》之影庫本粘籤：“‘錢元璙’，原本作‘遼’，今從《十國春秋》改正。”《十國春秋》爲清人吳任臣撰，後出，宋初之《吳越備史》卷三已明言元璙爲錢鏐第四子。 開府：官名。即開府儀同三司。魏晋始置，隋唐時爲散官之最高官階。多授功勳重臣。從一品。

[14]代州：州名。治所在今山西代縣。 馬溉：人名。籍貫不詳。李克用部將。事見本書卷二五《唐武皇紀上》。 左衛上將軍：官名。唐置，掌宮禁宿衛。唐代十六衛之一。從二品。

[15]光禄卿：官名。光禄寺主官。掌邦國酒醴、膳羞之事，總太官、珍羞、良醖、掌醢之屬，修其儲備，謹其出納。從三品。羅周敬：人名。魏州貴鄉（今河北大名縣）人。五代將領。傳見本書卷九一。 右金吾衛大將軍：官名。唐置，掌宮禁宿衛。唐代十六衛之一。正三品。

[16]復州：州名。治所在今湖北天門市。 袁襃：人名。籍貫不詳。五代將領。事見本書本卷、卷四八、卷八三、卷一〇二、卷一一〇。 唐州：州名。治所在今河南唐河縣。

　　[17]鳳翔：方鎮名。治所在鳳翔府（今陝西鳳翔縣）。　李曜：人名。深州博野（今河北蠡縣）人。岐王李茂貞之子。事見本書卷三二、卷三三、卷三八、卷一三二。

　　[18]既在維城之列：中華書局本有校勘記：“‘在’，原作‘任’，據殿本改。本書卷一三二《李從曮傳》作‘預’。影庫本批校：‘“任”字當是“在”字之訛。’”此爲形近之訛。

　　[19]俾煥承家之美：中華書局本有校勘記：“‘承’，原作‘成’，據本書卷一三二《李從曮傳》改。”此爲音近之訛。

　　[20]張全義：人名。濮州臨濮（今山東鄄城縣）人。唐末、五代將領。傳見本書卷六三、《新五代史》卷四五。

　　冬十月甲申朔，詔賜文武百僚冬服縑帛有差。近例，十月初寒之始，天子賜近侍執政大臣冬服。帝顧謂判三司任圜曰：“百僚散未？”圜奏曰：“臣聞本朝給春冬服，徧及百僚，喪亂已來，急於軍旅，人君所賜，未能周給。今止近臣而已，外臣無所賜。”帝曰：“外臣亦吾臣也，卿宜計度。”圜遂與安重誨據品秩之差，[1]以定春冬之賜，其後遂以爲常。右拾遺曹琮上疏，[2]內一件：“百僚朔望入閤，及五日內殿起居，請許三署寺監官輪次轉對奏事。”從之。刑部員外郎孔莊上言：[3]“自兵興以來，法制不一，諸道州縣常行枷杖，多不依格律，請以舊制曉諭，改而正之。”丙戌，吏部侍郎盧文紀上言：[4]“請內外文武臣僚，每歲有司明定考校，將相乞迴御筆，以行黜陟。”疏下中書門下商量，[5]宰臣奏請施行，從之。丁亥，雲南巂州山後兩林百蠻都鬼主、右武衛大將軍李卑晚，[6]遣大鬼主傳能阿花等來朝貢，[7]帝御文明殿對之，百僚稱賀。庚寅，以客省使李嚴領泗州防禦使，以河中節度副使李鏻爲太子賓客。[8]壬辰，邠州節度使毛璋移鎮潞州。[9]巴州進嘉禾合穗。[10]甲午，以前隰州刺史袁建豐遥領洪州節度使。[11]庚子，幽州奏，契丹平州守將僞署幽州節度使盧文進率户口歸明，[12]百僚稱賀。辛丑，契丹遣使來告哀，言國主阿保機以今年七月二十七日卒。[13]詔曰：“朕近纘皇圖，恭修帝道，務安夷夏，貴洽雍熙。契丹王世預歡盟，禮交聘問，遽聞凶訃，倍軫悲懷，可輟今月十九日朝參。”[14]丙午，以巂州山後兩林百蠻都鬼主李卑晚爲寧遠將軍，大渡河南山前邛川六姓都鬼主、懷安郡王勿鄧摽莎爲定遠將軍。[15]丁未，幽州奏，盧文進所率降户孳畜人口在平州西，首尾約七十里。庚戌，以吏部侍郎盧文紀爲御史中丞，時御史大夫李琪三上表求解任故也。[16]以兵部侍郎劉岳爲吏部侍郎，以户部侍郎、充端明殿學士馮道爲兵部侍郎，以中書舍人、充端明殿學士趙鳳爲户部侍郎，並依前充職。[17]壬子，静江軍節度使、桂州管内觀察使、檢校太師、兼中書令、扶風郡王馬賓加食邑實封，澧朗觀察使、檢校太傅、兼侍中馬希振加檢校太尉。[18]盧文進至幽州，遣軍吏奉表來上。

[1]安重誨：人名。應州（今山西應縣）人。五代後唐大臣。傳見本書卷六六、《新五代史》卷二四。

[2]右拾遺：官名。唐武則天於垂拱元年（685）置拾遺，分左、右。左拾遺隸門下省，右拾遺隸中書省，與左、右補闕共掌諷諫，大事廷議，小事則上封事。從八品上。　曹琮：人名。籍貫不

詳。本書僅此一見。中華書局本有校勘記："《册府》卷四七五、卷六六一作'曹琛'，《册府》卷一〇八作'曹珍'。"見《宋本册府》卷四七五《臺省部‧奏議門六》，明本《册府》卷六六一《奉使部‧守節門》李光序條、卷一〇八《帝王部‧朝會門二》。

[3]刑部員外郎：官名。協助刑部主官掌刑法及按覆刑獄等事。從五品上。　孔莊：人名。籍貫不詳。本書僅此一見。

[4]吏部侍郎：官名。尚書省吏部次官。協助吏部尚書掌文選、勳封、考課之政。正四品上。　盧文紀：人名。京兆萬年（今陝西西安市長安區）人。唐末進士，五代宰相。傳見本書卷一二七、《新五代史》卷五五。

[5]中書門下：官署名。唐代以來爲宰相處理政務的機構。參見劉後濱《唐代中書門下體制研究——公文形態‧政務運行與制度變遷》，齊魯書社 2004 年版。　雲南：古地區名。唐開元末以後的南詔、五代後唐時長和國、兩宋時大理國諸政權及其區域，統稱雲南。位於今雲南、貴州、四川南部一帶。

[6]巂州：州名。隋開皇十八年（598）改西寧州置，治所在越巂縣（今四川西昌市）。唐咸通二年（861）爲南詔所據，改置建昌府。　鬼主：唐宋時期，西南諸蠻首領的稱號。以其俗尚鬼，祭祀爲大事，故稱主祭者爲鬼主。因勢力大小不同，有鬼主、大鬼主、都鬼主之分。　右武衛大將軍：官名。唐置，掌宮禁宿衛。唐代十六衛之一。正三品。　李卑晚：人名。巂州（今四川西昌市）蠻族首領。事見本書本卷。《輯本舊史》之影庫本粘籤："原本作'卑免'，今從《歐陽史》及《通鑑》改正。"見《新五代史》卷六《唐本紀六》天成元年十月丁亥條、《宋本册府》卷九七二《外臣部‧朝貢門五》，明本《册府》卷九六二《外臣部‧官號門》、卷九六五《外臣部‧封册門三》，檢《通鑑》相關卷未見。

[7]傳能阿花：人名。巂州（今四川西昌市）蠻族首領、赴中原朝貢的使者。事見《新五代史》卷六。中華書局本有校勘記："《册府》卷九六二、卷九七二、《五代會要》（《四庫》本）卷

三〇同，殿本作‘傅能何華’，孔本、彭本、《五代會要》卷三〇作‘傅能阿花’，《新五代史》卷六《唐本紀》、卷七四《四夷附錄》作‘傅能何華’。”見《會要》卷三〇南詔蠻條，《新五代史》卷六《唐本紀六》、卷七四《四夷附錄三》。《宋本册府》卷九七二《外臣部·朝貢門五》作“傅能阿花”，明本《册府》卷九六二《外臣部·官號門二》作“傅能阿花”。

[8]客省使：契丹官名。客省，唐代宗時始置，遼太宗會同元年（938）沿置。客省使爲客省長官。　李嚴：人名。幽州（今北京市）人。五代後唐官員。傳見本書卷七〇、《新五代史》卷二六。　泗州：州名。治所在今江蘇泗洪縣東南。　河中：方鎮名。治所在河中府（今山西永濟市）。　節度副使：官名。唐、五代方鎮屬官。位於行軍司馬之下、判官之上。　李鏻：人名。唐朝宗室。五代大臣。傳見本書卷一〇八、《新五代史》卷五七。

[9]邠州：州名。治所在今陝西彬縣。　毛璋：人名。滄州（今河北滄縣舊州鎮）人。五代後唐將領。傳見本書卷七三、《新五代史》卷二六。　潞州：州名。治所在今山西長治市。

[10]巴州：州名。治所在今四川巴中市。

[11]遙領：雖居此官職，然實際上並不赴任。　洪州：州名。治所在今江西南昌市。

[12]平州：州名。治所在今河北盧龍縣。　盧文進：人名。范陽（今河北涿州市）人。後唐將領，先後投降契丹、南唐。傳見本書卷九七、《新五代史》卷四八。《舊五代史考異》：“《遼史》作盧國用，蓋文進在遼改名國用耳。”盧文進在遼名國用，見《遼史》卷一《太祖紀上》神册元年（即晋之天祐十三年、梁之貞明二年，916）四月乙酉條及重出之二年二月條。

[13]阿保機：人名。姓耶律。契丹迭剌部人。唐末契丹族首領、遼開國太祖。紀見《遼史》卷一、卷二。　“辛丑”至“言國主阿保機以今年七月二十七日卒”：《舊五代史考異》：“《遼史·太祖紀》作七月辛巳，上崩。”見《遼史》卷二《太祖紀下》天顯

元年（926）七月辛巳條。辛巳即二十七日。

　　[14]"朕近續皇圖"至"可輟今月十九日朝參"：《舊五代史考異》："《歐陽史》作廢朝三日。"見《新五代史》卷六《唐本紀六》天成元年（926）十月辛丑條，云："契丹使没骨餒來告阿保機哀，廢朝三日。"

　　[15]寧遠將軍：官名。武散官。正五品下。　大渡河：水名。古名淚水、淟水、沫水、羊山江（陽山江）、銅河、中鎮水。位於今四川西部，爲岷江最大支流。　勿鄧摽莎：人名。蠻族首領、赴中原朝貢的使者。事見本書本卷。　定遠將軍：官名。武散官。正五品上。　南山前邛川：中華書局本有校勘記："'南'字原闕，據《册府》卷九六五、《新五代史》卷七四《四夷附録》、《五代會要》卷三〇補。'邛'，原作'印'，據《五代會要》卷三〇、《新五代史》卷七四《四夷附録》改。按《蠻書》卷一：'瀘水從曲羅南經劍山之西，又南至會同川。邊水左右，總謂之西蠻。邛部東南三百五十里至勿鄧部落，大鬼主夢衝地方闊千里，邛部一姓，白蠻五姓。'"見《會要》卷三〇南詔蠻條、《新五代史》卷七四《四夷附録三》、明本《册府》卷九六五《外臣部·封册門三》。

　　[16]御史大夫：官名。秦始置，與丞相、太尉合稱三公。至唐代，在御史中丞之上設御史大夫一人，爲御史臺長官，專掌監察、執法。正三品。　李琪：人名。河西敦煌（今甘肅敦煌市）人。後梁、後唐大臣。傳見本書卷五八、《新五代史》卷五四。

　　[17]兵部侍郎：官名。尚書省兵部次官。協助兵部尚書掌武官銓選、勳階、考課之政。正四品下。　劉岳：人名。洛陽（今河南洛陽市）人。五代後唐官員。傳見本書卷六八、《新五代史》卷五五。　户部侍郎：官名。尚書省户部次官。協助户部尚書掌天下田户、均輸、錢穀之政令。正四品下。　端明殿學士：官名。五代後唐天成元年明宗初即位，每有四方書奏，多令樞密使安重誨進讀，重誨不曉文義。於是孔循獻議，設端明殿學士，命馮道等爲之，位在翰林學士之上。此後沿置。　馮道：人名。瀛州景城（今河北滄

縣）人。五代時官拜宰相，歷仕後唐、後晉、後漢、後周，亦曾臣服於契丹。傳見本書卷一二六、《新五代史》卷五四。　中書舍人：官名。中書省屬官。掌起草文書、呈遞奏章、傳宣詔命等。正五品上。　趙鳳：人名。幽州（今北京市）人。後唐明宗朝宰相。傳見本書卷六七、《新五代史》卷二八。

[18]靜江軍：方鎮名。治所在今廣西桂林市。　桂州：州名。治所在今廣西桂林市。　觀察使：官名。唐代後期出現的地方軍政長官。唐玄宗開元二十一年（733）置十五道採訪使，唐肅宗乾元元年（758）改爲觀察使。無旌節，地位低於節度使。掌一道州縣官的考績及民政。　馬賨（cóng）：人名。許州鄢陵（今河南許昌市）人。五代楚王馬殷之弟。事見本書本卷、卷三一、卷四二。中華書局本有校勘記："原作'馬賨'，據劉本、邵本校、彭校、本書卷三一《唐莊宗紀五》、《册府》卷一七八、《新五代史》卷六六《楚世家》改。影庫本粘籤：'"馬賨"，原本作"馬實"，今從《九國志》改正。'"檢《九國志》卷一一《楚世家》及列傳均未見。見《輯本舊史》卷三一《唐莊宗紀五》同光二年四月癸巳條、《宋本册府》卷一七八《帝王部·姑息門三》天成元年十月壬子條。《新五代史·楚世家》載"孫儒敗於宣州，殷弟賨爲楊行密所執"，"厚禮遣賨歸。殷大喜，表賨節度副使"。　澧朗：方鎮名。治所在朗州（今湖南常德市）。　馬希振：人名。許州鄢陵（今河南許昌市）人。五代楚王馬殷之子。事見本書本卷、卷三一、卷四二、卷四七，《新五代史》卷六六。

　　十一月戊午，以滄州留後王景戡爲邢州節度使。[1]青州奏，得登州狀申，契丹先攻逼渤海國，自阿保機身死，雖已抽退，尚留兵馬在渤海扶餘城，今渤海王弟領兵馬攻圍扶餘城内契丹次。[2]己未，以翰林學士、尚書户部郎中、知制誥劉昫爲中書舍人充職。[3]辛酉，以前秘書少監温蔇爲太子詹事。[4]壬戌，以前房州刺史朱罕爲潁州團練使。[5]是日，詔曰："應今日已前修蓋得寺院，無令毀廢，自此已後不得輒有建造。如要願在僧門，並須官壇受戒，不得衷私剃度。"癸亥，[6]日南至，帝御文明殿受朝賀，仗衛如式。禮部侍郎裴皞上言：[7]"諸州刺史經三考方請替移。"詔曰："有政聲者就加恩澤，無課最者即便替移。"[8]密州獻芝草。[9]庚午，河陽節度使夏魯奇移鎮許州，留後梁漢顒爲鄖州節度使。[10]淮南楊溥遣使貢獻，[11]賀登極。乙亥，以前振武留後張温爲利州昭武軍留後，以果州刺史孫鐸爲漢州刺史，充西川馬步軍都指揮使。[12]壬午，靜海軍節度、安南管内觀察等使、檢校太尉、兼侍中錢元球加開府階，進食邑。癸未，鎮州奏，準詔盧文進所率歸業户口，蠲放租稅三年，仍每口給糧五斗。

　　[1]滄州：州名。治所在今河北滄縣舊州鎮。　　王景戢：人名。籍貫不詳。五代將領。事見本書本卷、卷三四、卷三九、卷四一、卷四二、卷四四、卷四六、卷四七、卷四八。　　邢州：州名。治所在今河北邢臺市。

　　[2]渤海國：古國名。武周聖曆元年（698），粟末靺鞨首領大祚榮建立政權。先天二年（713），唐朝册封大祚榮爲渤海郡王，其國遂以渤海爲名。傳見本書卷一三八、《新五代史》卷七四。　　扶餘城：渤海國城名。位於今吉林農安縣。　　今渤海王弟領兵馬攻圍扶餘城内契丹次：《舊五代史考異》："契丹次，蓋言契丹方即次也。《薛史》前後如攻城次、鎮州次，多單用'次'字，疑即當時案牘之文，今仍其舊，附識於此。"《輯本舊史》卷四七《唐末帝紀中》清泰二年六月庚辰條，北面招討使趙德鈞奏云："見進軍追襲契丹

次。"卷四八《唐末帝紀下》清泰三年（936）八月己巳條云："張敬達奏，造五龍橋攻太原城次。"

[3]翰林學士：官名。由南北朝始設之學士發展而來，唐玄宗改翰林供奉爲翰林學士，備顧問、代王言。掌拜免將相，號令征伐等詔令的起草。　尚書户部郎中：官名。即尚書省户部户部司郎中。掌户口、土田、賦役、貢獻、優復、婚姻、繼嗣等事。從五品上。　知制誥：官名。掌起草皇帝的詔、誥之事，原爲中書舍人之職。唐開元末置學士院，翰林學士入院一年，則加知制誥銜，專掌任免宰相、册立太子、宣布征伐等特殊詔令，稱爲内制。而中書舍人所撰擬的詔敕稱爲外制。兩種官員總稱兩制。　劉昫：人名。涿州歸義（今河北容城縣）人。五代大臣，曾任宰相、監修國史，領銜撰進《舊唐書》。傳見本書卷八九、《新五代史》卷五五。

[4]秘書少監：官名。唐承隋制，置秘書省，設秘書少監二人協助秘書監工作。從四品上。　温韜：人名。籍貫不詳。五代後唐官員。事見本書本卷。　太子詹事：官名。掌領太子之詹事府，爲太子官屬之長。正三品。

[5]房州：州名。治所在今湖北房縣。　朱罕：人名。籍貫不詳。本書僅此一見。　潁州：州名。治所在今安徽阜陽市。

[6]癸亥：中華書局本有校勘記："原作'癸丑'，據彭校、《册府》卷一〇八改。按是月甲寅朔，無癸丑，癸亥爲初十。"見明本《册府》卷一〇八《帝王部·朝會門二》。

[7]禮部侍郎：官名。尚書省禮部次官。協助禮部尚書掌禮儀、祭享、貢舉之政。正四品下。　裴皥：人名。河東（今山西永濟市）人。五代後唐官員。傳見本書卷九二、《新五代史》卷五七。

[8]課最：《輯本舊史》之影庫本粘籤："原本作'課再'，今據《五代會要》改正。"檢《會要》未見，"課最"一詞在五代常見，"課再"在此處不成文。

[9]密州：州名。治所在今山東諸城市。

[10]河陽：方鎮名。治所在孟州（今河南孟州市）。　夏魯

奇：人名。青州（今山東青州市）人。五代後唐將領。傳見本書卷
七〇、《新五代史》卷三三。　　梁漢顒：人名。太原（今山西太原
市）人。五代後唐將領。傳見本書卷八八。中華書局本有校勘記：
"按本書卷八八《梁漢顒傳》記其'天成初，授許州兵馬留後、檢
校太保，尋爲邠州節度使'，梁漢顒墓誌（拓片刊《洛陽出土歷代
墓誌輯繩》）略同。'留後'前疑脱'許州'二字。"

　　[11]淮南：方鎮名。治所在揚州（今江蘇揚州市）。　　楊溥：
人名。五代十國吳睿帝，後禪位於徐知誥。傳見本書卷一三四、
《新五代史》卷六一。

　　[12]振武：方鎮名。後梁貞明二年（916）以前，治所位於單
于都護府城（今内蒙古和林格爾縣）。貞明二年單于都護府城爲契
丹占據。此後至後唐清泰三年，治所位於朔州（今山西朔州市朔城
區）。後晋時隨燕雲十六州割予契丹，改名順義軍。　　張温：人名。
魏州魏縣（今河北魏縣）人。後梁、後唐將領。傳見本書卷五九。
　利州：州名。治所在今四川廣元市。　　昭武軍：方鎮名。治所在
利州（今四川廣元市）。　　果州：州名。治所在今四川南充市。
《輯本舊史》之影庫本粘籤："原本作'界州'，今據《册府元龜》
改正。"見《宋本册府》卷三〇七《外戚部·遣讓門》等，五代亦
無界州。此爲形近之訛。　　孫鐸：人名。籍貫不詳。五代後唐將
領。事見本書本卷、卷三四。　　漢州：州名。治所在今四川廣
漢市。

　　十二月戊子，盧文進及將吏四百人見，賜鞍馬、玉
帶、衣被、器玩、錢帛有差。詔曰："朕中興寶祚，復
正皇綱。萬國駢羅，俱在照臨之内；八紘遼敻，咸居覆
載之間。矧彼雲南，素歸正朔，泊平僞蜀，思錫舊恩，
於乃睠以雖深，欲霈覃而未暇。百蠻都首領李卑晚、六
姓蠻都首領勿鄧摽莎等，天資智勇，世禀忠勤，梯航之

道路繾通，琛賮之貢輸已至。率其種落，竭乃悃誠，備傾向化之心，深獎來庭之意。[1]今則各頒國寵，別進王封。其巂州刺史李及、大鬼主離吠等，[2]或遥貢表函，或躬趨朝闕，亦宜特授官資，各遷階秩。勉敦信義，無墜册書，示爾金石之堅，保我山河之誓。欽承休命，永保厥終。”壬辰，帝狩於近郊，臘故也。[3]甲午，以契丹盧龍軍節度使盧文進爲檢校太尉、同平章事，[4]充滑州節度使。戊戌，詔嚴禁鑞錢。[5]庚子，皇第二子金紫光禄大夫、檢校司徒從榮可檢校太保、同平章事、天雄軍節度使、鄴都留守。[6]以武安軍馬步軍都指揮使馬希範爲澧州刺史，鐵林都知事馬希杲爲衡州刺史。[7]壬寅，潁州刺史孫岳加檢校太保，[8]獎能政也。丙午，中書門下奏：“故事，藩鎮節度、觀察使帶平章事，於都堂上事，刊石記壁，合納禮錢三千貫，[9]以充中書及兩省公使。今欲各納禮錢五百千，於中書立石亭子，鐫勒宰臣使相官氏、授上年月，餘充修葺中書及兩省公署都堂什物。”[10]從之。庚戌，御史臺奏：[11]“京城坊市士庶工商之家，有婢僕自經投井，非理物故者。近年已來，[12]凡是死亡，皆是臺司左右巡舉勘檢驗，[13]施行已久，仍恐所差人吏及街市胥徒，同於民家，因事邀頡。[14]臣詢訪故事，凡京城民庶之家，死喪委府縣檢舉，軍家委軍巡，商旅委户部。然諸司檢舉後，具事由申臺，其間或枉濫情故，臺司訪聞，即行舉勘。如是文武兩班官吏之家，即是臺司檢舉。臣請自今已後，並準故事施行者。”詔曰：“今後文武兩班及諸道商旅，凡有喪亡，即準臺司所奏施行。其坊市民庶軍士之家，凡死喪及婢僕非理物故，依臺司奏，委府縣、軍巡同檢舉，仍不得縱其吏卒，於物故之家妄有邀頡。或恐暑月屍柩難停，若待申聞檢舉，縱無邀頡，亦須經時日。今後仰本家喚四鄰檢察，若無佗故，逐便葬埋。如後別聞枉濫，妄有保證，官中訪知，勘詰不虛，本户、鄰保並行科罪。如聞諸道州府，坊市死喪，取分巡院檢舉，頗致淹停，人多流怨，亦仰約京城事例處分。”《永樂大典》卷七千一百六十四。[15]

[1]來庭：《輯本舊史》之影庫本粘籤：“原本作‘果庭’，今據文改正。”“來庭”一詞常見，“果庭”在此不成文，應爲形近之訛。

[2]李及：人名。西南蠻首領。本書僅此一見。　離吠：人名。西南蠻首領。本書僅此一見。

[3]臘故也：中華書局本有校勘記：“‘臘’，原作‘獵’，據殿本、劉本、邵本、《册府》卷一一五改。”見明本《册府》卷一一五《帝王部·蒐狩門》天成元年（926）十二月壬辰條，云“帝出畋，自定鼎門供頓於甘水亭，晡晚還宫，臘辰也”。“獵”爲形近之訛。

[4]盧龍軍：方鎮名。治所在幽州（今北京市）。　同平章事：官名。唐高宗以後，實際任宰相之職者，常在其本官後加同平章事的職銜。後成爲宰相專稱。

[5]詔嚴禁鑞錢：《舊五代史考異》：“洪遵《泉志》引宋白《續通典》云：天成元年十二月，敕中外所使銅錢内鐵鑞錢即宜毁棄，不得行使。”亦見《會要》卷二七泉貨條、明本《册府》卷五〇一《邦計部·錢幣門三》，均較詳。

[6]金紫光禄大夫：官名。本兩漢光禄大夫。魏晋以後，光禄大夫之位重者，加金章紫綬，因稱金紫光禄大夫。北周、隋時爲散官。唐貞觀後列入文散官。正三品。　檢校司徒：官名。爲散官或加官，以示恩寵，無實際執掌。司徒，與太尉、司空並爲三公。按，檢校某某官，唐中後期逐漸確立，五代沿用。多作爲使府或方鎮僚佐秩階、升遷的階官，非正式官銜。參見賴瑞和《論唐代的檢校官制》，《漢學研究》2006 年第 24 卷第 1 期。　從榮：人名。即李從榮。沙陀部人。後唐明宗李嗣源次子。傳見本書卷五一、《新五代史》卷一五。　檢校太保：官名。爲散官或加官，以示恩寵，無實際執掌。　天雄軍：方鎮名。治魏州（今河北大名縣）。　鄴都：地名。治所在今河北大名縣。五代後唐同光元年（923），改魏州爲興唐府，建號東京，三年改東京爲鄴都。　留守：官名。在陪都或軍事重鎮所設留守，由地方行政長官兼任。

[7]武安軍：方鎮名。治所在潭州（今湖南長沙市）。　馬步軍都指揮使：官名。五代時侍衛親軍長官，多爲皇帝親信。　馬希範：人名。許州鄢陵（今河南鄢陵縣）人，一説扶溝（今河南扶溝縣）人。五代十國南楚國主馬殷子。後唐明宗長興三年（932）至後晉開運四年（947）在位。傳見本書卷一三三、《新五代史》卷六六。　澧州：州名。治所在今湖南澧縣。　鐵林都知事：官名。鐵林軍統兵官。　馬希杲：人名。許州鄢陵（今河南鄢陵縣）人，一説扶溝（今河南扶溝縣）人。五代十國南楚國主馬殷子。事見本書本卷、卷七六、卷八一、卷八三、卷八四。　衡州：州名。治所在今湖南衡陽市。

[8]孫岳：人名。稷州（今陝西武功縣）人，一本作冀州（今河北衡水市冀州區）人。五代後唐大臣。傳見本書卷六九。《輯本舊史》之影庫本粘籤："原本作'孫崇'，今據《歐陽史》改正。"見《新五代史》卷六《唐本紀六》長興四年十一月乙未條、卷二七《康義誠傳》，《宋本册府》卷六七三《牧守部·褒寵門二》。五代無孫崇。

[9]合納禮錢三千貫：中華書局本有校勘記：“‘三千’，《五代會要》卷一三作‘一千’。”見《會要》卷一三中書省條。

[10]餘充修葺中書及兩省公署都堂什物：中華書局本有校勘記：“‘都堂’，原作‘部堂’，據《五代會要》卷一三及本卷上文改。”見《會要》卷一三中書省條，文字有異；又見上文十二月丙午條。

[11]御史臺：官署名。秦漢始置。古代國家的監察機構。掌糾察官吏違法，肅正朝廷綱紀。大事廷辨，小事奏彈。

[12]近年已來：中華書局本有校勘記：“‘年’，原作‘者’，據《册府》卷四七五、卷五一七、《五代會要》卷八改。”見《會要》卷八喪葬上條、《宋本册府》卷四七五《臺省部·奏議門六》、卷五一七《憲官部·振舉門二》。

[13]皆是臺司左右巡舉勘檢驗：中華書局本有校勘記：“‘驗’字原闕，據《册府》卷四七五、卷五一七補。”案《宋本册府》卷五一七《憲官部·振舉門二》作“臺司左右巡舉勘驗”。

[14]因事邀頡：中華書局本有校勘記：“‘邀頡’，原作‘邀脅’，據《册府》卷四七五、卷五一七改。本卷下文同。按《册府》卷九二載同光二年制：‘僞朝已來恣爲掊斂……邀頡人户，分外誅求。’‘邀頡’謂阻截克扣。影庫本粘籤：‘邀脅，原本作“邀頡”，今從《册府元龜》改正。’”見明本《册府》卷九二《帝王部·赦宥門十一》同光二年二月己巳制。下文同改。

[15]《永樂大典》卷七一六四“唐”字韻“明宗（一）”事目。

舊五代史　卷三八

唐書十四

明宗紀第四

天成二年春正月癸丑朔，帝御明堂殿受朝賀，仗衛如常儀。[1]制曰：“王者祗敬宗祧，統臨寰宇，必順體元之典，特新制義之文。朕以眇躬，獲承丕構，襲三百年之休運，繼二十聖之耿光。馭朽納隍，夕惕之心罔怠；法天師古，日躋之道惟勤。今則載戢干戈，混同書軌，[2]荷玄穹之眷祐，契兆庶之樂推。檢玉泥金，非敢期於薄德；耕田鑿井，誠有慕於前王。將陳享謁之儀，即備郊丘之禮，宜更稱謂，永耀簡編。今改名爲亶，凡在中外，宜體朕懷。”宣制訖，百僚稱賀，有司告郊廟社稷。[3]丙辰，詔：“端明殿學士班位宜在翰林學士之上，[4]今後如有轉改，只於翰林學士内選任。”先是，端明殿學士班在翰林學士之下，又如三館例，[5]官在職上，趙鳳轉侍郎日，[6]諷宰相府移之。既而禁林序列有不可之言，安重誨奏行此敕，[7]時論便之。癸亥，宰臣鄭珏

加特進、門下侍郎、兼太微宮使、崇文館大學士；[8]任
圜加光禄大夫、門下侍郎、監修國史；[9]以端明殿學士、
尚書兵部侍郎馮道爲中書侍郎、平章事、集賢殿大學
士；[10]以太常卿崔協爲中書侍郎、平章事。[11]戊辰，以
前鄧州節度使劉玘卒，[12]廢朝。左拾遺李同上言：[13]
“天下繫囚，請委長吏逐旬親自引問，質其罪狀真虚，
然後論之以法，庶無枉濫。”從之。辛未，皇子河中節
度使從珂加同平章事。[14]以鎮州留後、檢校司徒王建立
爲鎮州節度使、檢校太傅。[15]癸酉，第三子金紫光禄大
夫、檢校司徒從厚加檢校太保、同平章事、河南尹，判
六軍諸衛事。[16]北面副招討房知温奏，營州界奚陁羅支
内附。[17]乙亥，以監門衛大將軍傅璉爲右武衛上將
軍。[18]丙子，詔曰：“頃自本朝多難，雅道中微，皆尚浮
華，罕持廉讓。其有除官蘭省，[19]命秩柏臺，或以人事
相疎，或以私讎見訝，稍乖敬奉，遂至棄損，蓋司長之
振威，處君恩於何地。[20]今後應新授官朝謝後，可準例
上事，司長不得輒以私事阻滯。其本官亦不得因遭抑
挫，託故請假。”戊寅，皇子從厚領事於河南府，[21]宰
相鄭珏已下會送，非例也。己卯，樞密使、光禄大夫、
檢校太保、行兵部尚書安重誨加開府儀同三司、檢校太
傅、兼侍中，樞密使、檢校太保、守祕書監孔循加檢校
太傅、同平章事。[22]詔崇文館依舊爲弘文館。[23]初，同
光中，[24]宰相豆盧革以同列郭崇韜父名弘，希其意奏改
之，今乃復焉。辛巳，詔曰：“亂離斯久，法制多隳，
不有舉明，從何禁止。起今後三京及州使職員名目是押

衙、兵馬使、指揮使已上，^[25]騎馬得有暖坐。諸都軍將、衙官使下係名籍者，^[26]只得衣紫皁，庶人商旅，只著白衣，此後不得參雜。兼有富戶，或投名於勢要，以求影庇；或希假于攝貴，以免丁徭。^[27]仰所在禁勘，以肅奸欺。"

[1]天成：後唐明宗李嗣源年號（926—930）。　明堂殿：宮殿名。位於今河南洛陽市。

[2]混同：中華書局本有校勘記："'混同'原作'渾同'，據《冊府》卷三改。影庫本粘籤：'渾同，原本作"溫同"，今據《冊府元龜》改正。'"見明本《冊府》卷三《帝王部・名諱門》。

[3]"今改名爲亶"至"有司告郊廟社稷"：《輯本舊史》之案語："楊文公《談苑》云：唐時避諱最重，人君即位多更名，後唐尚沿其例。明宗初名嗣源，後改名亶，於是楊檀改稱光遠，其金壇及檀州諸州縣皆從改更，則并偏旁字而亦改之。當時明宗在御，臣下避諱之嚴如此。今考《薛史・楊光遠傳》云：初名檀，唐天成中，以明宗改御名爲亶，始改名光遠。與《談苑》合。然《閔帝紀》尚稱安北都護楊檀，是檀在天成中未嘗改名。又，《明宗紀》前後皆稱檀州，則地名亦不改，疑《談苑》所紀不能無誤。《薛史》紀、傳異文，亦未畫一。"對該案語，中華書局本有兩處校勘記。其一，"然閔帝紀尚稱安北都護楊檀"，校勘記："'安'字原闕，據孔本、本書卷四五《唐閔帝紀》補。"其二，"是檀在天成中未嘗改名"，校勘記："'是檀'二字原闕，據孔本補。"《輯本舊史》卷四五《唐閔帝紀》應順元年（934）正月辛丑條："以振武軍節度使、安北都護楊檀兼大同、彰國、振武、威塞等軍都虞候，充北面馬軍都指揮使。"卷九七《楊光遠傳》云天成中改名光遠，誤。據《輯本舊史》卷四七《末帝紀中》清泰二年（935）五月庚戌條及《通鑑》卷二七九同日條，此時始賜楊檀名光遠。

[4]端明殿學士：官名。後唐明宗始置，以翰林學士充任，負責誦讀四方書奏。 翰林學士：官名。由南北朝始設之學士發展而來，唐玄宗改翰林供奉爲翰林學士，備顧問、代王言。掌拜免將相、號令征伐等詔令的起草。

[5]三館：《輯本舊史》之影庫本粘籤：“原本作‘玉館’，考《新唐書·百官志》，唐以集賢殿、弘文館、國史館爲三館，今改正。”見《新唐書·百官志二》。

[6]趙鳳：人名。幽州（今北京市）人。五代後唐大臣。傳見本書卷六七、《新五代史》卷二八。

[7]安重誨：人名。應州（今山西應縣）人。五代後唐大臣。傳見本書卷六六、《新五代史》卷二四。

[8]鄭珏：人名。滎陽（今河南滎陽市）人。唐末進士，五代後梁、後唐宰相。傳見本書卷五八、《新五代史》卷五四。 特進：官名。西漢末期始置，授給列侯中地位較特殊者。隋唐時期，特進爲散官，授給有聲望的文武官員。正二品。 門下侍郎：官名。門下省副長官。唐後期三省長官漸爲榮銜，中書侍郎、門下侍郎却因參議朝政而職位漸重，常常用爲以“同三品”或“同平章事”任宰相者的本官。正三品。 太微宮使：官名。唐朝尊老子爲祖，建玄元廟奉祀。天寶二年（743）改西京玄元廟爲太清宮，東京爲太微宮，天下諸郡爲紫極宮，又改譙郡紫極宮爲太清宮。設太微宮使。宋敏求《春明退朝録》：“唐制，宰相四人，首相爲太清宮使，次三相皆帶館職，洪正字犯宣祖廟諱。文館大學士、監修國史、集賢殿大學士，以此爲次序。” 崇文館大學士：官名。崇文館由弘文館改名。弘文館爲唐代中央官學之一。設館主一人，總領館務；判館事一人，管理日常事務。學士無員限，掌校正圖籍，教授生徒，並參議政事。五品以上稱爲學士，六品以下稱爲直學士，又有文學直館學士，均以他官兼領。

[9]任圜：人名。京兆三原（今陝西三原縣）人。五代後唐將領、大臣。傳見本書卷六七。 光禄大夫：官名。唐、五代文散

官。從二品。　監修國史：官名。北齊始置史館，以宰相爲之。唐史館沿置，爲宰相兼職。

[10]尚書兵部侍郎：官名。兵部副長官，與尚書分掌武官銓選、勳階、考課之政。正四品下。　馮道：人名。瀛州景城（今河北滄縣）人。五代時官拜宰相，歷仕後唐、後晉、後漢、後周，亦曾臣服於契丹。傳見本書卷一二六、《新五代史》卷五四。　中書侍郎：官名。中書省副長官，唐後期三省長官漸爲榮銜，中書侍郎、門下侍郎却因參議朝政而職位漸重，常常以“同三品”或“同平章事”任宰相實職。正三品。　平章事：官名。唐高宗以後，實際任宰相之職者，常在其本官後加同平章事的職銜。後成爲宰相專稱。　集賢殿大學士：官名。唐中葉置，位在學士之上，以宰相兼。掌修書之事。

[11]太常卿：官名。太常寺長官。掌宗廟禮儀。正三品。　崔協：人名。清河（今河北清河縣）人。唐末進士，後梁時仕至中書舍人，後唐時爲宰相。傳見本書卷五八。

[12]鄧州：州名。治所在今河南鄧州市。　節度使：官名。唐時在重要地區所設掌握一州或數州軍事、民事、財政的長官。　劉玘：人名。雍丘（今河南杞縣）人。五代將領。傳見本書卷六四、《新五代史》卷四五。

[13]左拾遺：官名。唐代門下省所屬諫官。掌規諫，薦舉人才。從八品上。　李同：人名。籍貫不詳。五代官員。事見本書本卷、卷一四七。

[14]河中：府名。治所在今山西永濟市。《輯本舊史》之影庫本粘籤：“原本作‘河平’，今據文改正。”《輯本舊史》卷三六《明宗紀二》天成元年（926）六月戊子條已載“以皇子河中留後從珂爲河中節度使”，遠勝“據文改正”。　從珂：即後唐廢帝李從珂，又稱末帝。鎮州平山（今河北平山縣）人。本姓王氏，爲後唐明宗養子，改名從珂。明宗入洛陽，李從珂率兵追隨，以功拜河中節度使，封潞王。閔帝李從厚即位，李從珂據城發動兵變，改鳳

翔節度使。清泰元年率軍東攻洛陽，廢黜閔帝，自立爲帝。清泰三年，石敬瑭與契丹合兵攻陷洛陽，李從珂自焚而死。紀見本書卷四六至卷四八、《新五代史》卷七。

［15］鎮州：州名。治所在今河北正定縣。　留後：官名。唐、五代節度使多以子弟或親信爲留後，以代行節度使職務，亦有軍士、叛將自立爲留後者。掌一州或數州軍政。　檢校司徒：官名。爲散官或加官，以示恩寵，無實際執掌。按，檢校某某官，唐中後期逐漸確立，五代沿用。多作爲使府或方鎮僚佐秩階、升遷的階官，非正式官銜。參見賴瑞和《論唐代的檢校官制》，《漢學研究》2006 年第 24 卷第 1 期。　王建立：人名。遼州榆社（今山西榆社縣）人。五代後唐、後晉大臣。傳見本書卷九一、《新五代史》卷四六。　檢校太傅：官名。爲散官或加官，以示恩寵，無實際執掌。

［16］金紫光禄大夫：官名。本兩漢光禄大夫。魏晉以後，光禄大夫之位重者，加金章紫綬，因稱金紫光禄大夫。北周、隋時爲散官。唐貞觀後列入文散官。正三品。　從厚：即後唐閔帝李從厚。明宗李嗣源第三子。紀見本書卷四五、《新五代史》卷七。　檢校太保：官名。爲散官或加官，以示恩寵，無實際執掌。太保，與太師、太傅合稱三師。　河南尹：官名。唐開元元年（713）改洛州爲河南府，治所在今河南洛陽市。以河南府尹總其政務。從三品。

判六軍諸衛事：官名。後唐沿唐代舊制，置六軍、諸衛，以判六軍諸衛事爲禁軍六軍與諸衛的最高統帥。

［17］副招討：官名。即招討副使。唐貞元末始置招討使。爲戰時權置軍事長官，兵罷則停。其下有副使等。　房知温：人名。兗州瑕丘（今山東濟寧市兗州區）人。五代後唐將領。傳見本書卷九一、《新五代史》卷四六。　營州：州名。治所在今遼寧朝陽市。

奚：部族名。源出鮮卑宇文部。隋代以後簡稱“奚”。先後附屬唐朝、後突厥汗國、回鶻汗國。唐末爲契丹所役屬，部分奚人西遷嬀州（今河北懷來縣）北山，遂有東、西奚之分。遼建國後，以奚王府治理奚人，奚六部各設節度使。參見畢德廣《奚族文化研究》，科學出版社 2016 年版。　陁羅支：人名。奚人。本書僅此一見。

[18]監門衛大將軍：官名。唐置，掌宮禁宿衛。唐代置十六衛，即左右衛、左右驍衛、左右武衛、左右威衛、左右領軍衛、左右金吾衛、左右監門衛、左右千牛衛，各置上將軍，從二品；大將軍，正三品；將軍，從三品。　傅璉：人名。籍貫不詳。本書僅此一見。　右武衛上將軍：官名。唐置，掌宮禁宿衛。唐代置十六衛之一。從二品。

[19]蘭省：《輯本舊史》之影庫本粘籤：“原本作‘蘭有’，今據文改正。”明本《册府》卷六五《帝王部·發號令門四》天成二年正月敕正作“蘭省”，遠勝“據文改正”。

[20]處君恩於何地：中華書局本有校勘記：“‘於’，原作‘而’，據《册府》卷六五改。”見明本《册府》卷六五《帝王部·發號令門四》。

[21]河南府：府名。治所在今河南洛陽市。

[22]樞密使：官名。樞密院長官，五代時以士人爲之，備顧問，參謀議，出納詔奏，權侔宰相。參見李全德《唐宋變革期樞密院研究》，國家圖書館出版社 2009 年版。　兵部尚書：官名。尚書省兵部主官。掌兵衛、武選、車輦、甲械、廄牧之政令。正三品。開府儀同三司：官名。曹魏始置，隋、唐時爲散官之最高官階，多授功勳重臣。從一品。　侍中：官名。秦始置。隋、唐前期爲門下省長官。唐後期多爲大臣加銜，不參與政務，實際職務由門下侍郎執行。正二品。　祕書監：官名。東漢始置。掌圖書秘記等事宜。三品。　孔循：人名。籍貫不詳。五代後唐大臣。傳見《新五代史》卷四三。

[23]弘文館：官署名。唐武德四年（621）始置修文館，以安置文學之士，典司書籍。唐太宗即位，改爲弘文館。以後名稱多有異同，然以弘文館爲多。

[24]同光：後唐莊宗李存勖年號（923—926）。

[25]押衙：官名。即"押牙"。唐、五代時期節度使辟署的屬官。掌領方鎮儀仗侍衛。參見劉安志《唐五代押牙（衙）考略》，武漢大學歷史系魏晉南北朝隋唐史研究室編《魏晉南北朝隋唐史資料》第 16 輯，武漢大學出版社 1998 年版。　兵馬使：官名。唐、五代方鎮自置之部隊統率官，稱兵馬使，其權尤重者稱兵馬大使或都知兵馬使。掌兵馬訓練、指揮。　指揮使：官名。唐末、五代軍隊多置都指揮使、指揮使，爲統兵將領。中華書局本有校勘記："'指揮使'三字原闕，據《册府》卷六一、《五代會要》卷六補。'已上'二字原闕，據《五代會要》卷六補。"見《會要》卷六雜錄條、明本《册府》卷六一《帝王部・立制度門二》天成二年正月詔。

[26]諸都軍將、衙官使下係名籍者：中華書局本有校勘記："'籍'，原作'糧'，據《册府》卷六一改。"見明本《册府》卷六一《帝王部・立制度門二》。

[27]或希假于攝貴，以免丁徭：《輯本舊史》之影庫本粘籤："原本脱'攝'字，今從《册府元龜》增入。"《會要》卷六雜錄條作"或希假於攝貴以免丁徭"。明本《册府》卷六一作"或希假攝貴免丁徭"。

二月壬午朔，新羅遣使朝貢。[1]丁亥，以北京皇城使李繼朗爲龍武大將軍，北京都指揮使李從臻爲左衛大將軍，捧聖都指揮使李從璨爲右監門衛大將軍。[2]戊子，以前北面水陸轉運招撫使、守冀州刺史烏震領宣州節度使。[3]庚寅，陝州節度使、檢校司徒石敬瑭加檢校太傅兼六軍諸衛副使。[4]壬辰，西川節度使孟知祥奏，泗州防禦使、充西川兵馬都監李嚴，扇搖軍衆，尋已處斬。[5]以潁州刺史孫岳爲耀州團練使。[6]丙申，以從馬直指揮使郭從謙爲景州刺史，尋令中使誅之，夷其族，以其首謀大逆以弒莊宗也。[7]以尚書左丞崔沂爲太子少保致仕。[8]壬寅，制曰：荊南節度使、開府儀同三司、守太尉、兼尚書令、南平王高季興可削奪官爵，仍令襄州節度使劉訓充南面招討使、知荊南行府事，許州節度使夏魯奇爲副招討使，統蕃漢馬步四萬人進討，以其叛故也。[9]又命湖南節度使馬殷以湖南全軍會合。[10]以東川節度使董璋充東南面招討使，新授夔州刺史西方鄴爲副招討使，共領川軍下峽州，三面齊進。[11]甲辰，兗州節度使房知溫加同平章事，宋州節度使王晏球加檢校太傅。[12]丁未，以禮部尚書蕭頃爲太常卿。[13]戊申，以御史大夫李琪爲右僕射，以太子賓客李鏻爲戶部尚書，以吏部侍郎李德休爲禮部尚書，以前吏部侍郎崔貽孫爲吏部侍郎，以端明殿學士、戶部侍郎趙鳳爲兵部侍郎，依前充職。[14]庚戌，詔諸道節度使男及親嫡骨肉未沾恩命者，特許上聞。河南府新安縣宜陞爲次赤，以雍陵在其界故也。[15]辛亥，以刑部侍郎歸藹爲戶部侍郎。[16]

　　[1]新羅：朝鮮半島古國名。由辰韓十二國之斯盧國發展而來，都於金城（今韓國慶尚北道慶州市）。初爲朝鮮半島東南部的部落聯盟，4世紀以後逐漸強大，形成金氏世襲的朝鮮半島東南大國，與北面的高句麗、西面的百濟形成對峙局面。新羅與隋唐關係密切，7世紀中後期，與唐朝聯手滅百濟和高句麗，於676年統一了今大同江以南的朝鮮半島中南部地區。935年爲王氏高麗所取代。傳見本書卷一三八、《新五代史》卷七四。
　　[2]北京：指五代後唐的北都太原。《新五代史》卷五《唐莊

宗紀》載，同光元年（923）"十一月乙巳，復北都爲鎮州，太原爲北都"。　皇城使：官名。唐末始置，爲皇城司長官，一般由君主的親信充任，以拱衛皇城。　李繼朗：人名。籍貫不詳。本書僅此一見。　龍武大將軍：官名。唐朝置左、右神武天騎及左、右羽林，左、右龍武等六軍，稱"北衙六軍"。設大將軍，正三品。都指揮使：官名。此處指宣武軍都指揮使。唐末、五代藩鎮皆置都指揮使、指揮使，爲統兵將領。　李從臻：人名。籍貫不詳。事見本書本卷、卷三二。　左衛大將軍：官名。唐置，掌宮禁宿衛。唐代十六衛之一。正三品。　捧聖都指揮使：官名。捧聖爲五代禁軍番號，因全爲騎兵，故又稱"捧聖馬軍"。都指揮使，爲捧聖軍統兵官。　李從璨：人名。後唐明宗李嗣源侄。因不屈從權臣安重誨，被重誨奏劾，貶謫賜死。傳見本書卷五一、《新五代史》卷一五。　右監門衛大將軍：官名。唐置，掌宮禁宿衛。唐代十六衛之一。正三品。

[3]水陸轉運招撫使：官名。掌一方水陸轉運、賦稅諸事。爲差遣職事。　冀州：州名。治所在今河北衡水市冀州區。　刺史：官名。漢武帝始置。州一級行政長官，總掌考覈官吏、勸課農桑、地方教化等事。唐中期以後，節度使、觀察使轄州而設，刺史爲其屬官，職任漸輕。從三品至正四品下。　烏震：人名。冀州信都（今河北衡水市冀州區）人。五代後唐將領。傳見本書卷五九、《新五代史》卷二六。　宣州：州名。治所在今安徽宣城市。

[4]陝州：州名。治所在今河南三門峽市陝州區。　石敬瑭：人名。沙陀部人，太原（今山西太原市）人。五代後晉開國君主。在位期間割華北北部幽、雲諸州予契丹。紀見本書卷七五至卷八〇、《新五代史》卷八。　六軍諸衛副使：官名。後唐沿唐代舊制，置六軍、諸衛。以判六軍諸衛事爲禁軍六軍與諸衛的最高統帥，六軍諸衛副使爲其貳。

[5]西川：方鎮名。治所在成都府（今四川成都市）。　孟知祥：人名。邢州龍岡（今河北邢臺市）人。李克用女婿，五代十國

後蜀開國皇帝。傳見本書卷一三六、《新五代史》卷六四。　　泗州：州名。治所在今江蘇泗洪縣東南。《輯本舊史》之影庫本粘籤："原本作'瓊州'，考《歐陽史》及《通鑑》《十國春秋》並作泗州，今改正。"見《新五代史》卷二六《李嚴傳》、《通鑑》卷二七五天成元年（926）十月己酉條。《十國春秋》爲清人吳任臣撰，不能僅以此爲據。　　防禦使：官名。唐代始置，設有都防禦使、州防禦使兩種。常由刺史或觀察使兼任，實際上爲唐代後期州或方鎮的軍政長官。　　兵馬都監：官名。唐代中葉命將出征，常以宦官爲監軍、都監。後爲臨時委任的統兵官，稱都監、兵馬都監。掌屯戍、邊防、訓練之政令。　　李嚴：人名。幽州（今北京市）人。五代後唐官員。傳見本書卷七〇、《新五代史》卷二六。

[6]潁州：州名。治所在今安徽阜陽市潁州區。　　孫岳：人名。稷州（今陝西武功縣）人，一作冀州（今河北衡水市冀州區）人。五代後唐大臣。傳見本書卷六九。　　耀州：州名。治所在今陝西銅川市耀州區。　　團練使：官名。唐代中期以後，於不設節度使的地區設團練使，掌本區各州軍事。

[7]從馬直指揮使：官名。五代後唐親軍將領。"從馬直"爲部隊番號。後唐明宗李嗣源創置。其兵丁選自諸軍驍勇敢戰者，沒有額定兵員。平時宿衛，戰時隨駕親征。　　郭從謙：人名。籍貫不詳。五代後唐將領、伶人。傳見本書附錄、《新五代史》卷三七。　　景州：州名。治所在今河北東光縣。　　莊宗：即李存勖。小字亞子，沙陀部人，太原（今山西太原市）人。晋王李克用之子，後唐開國皇帝。紀見本書卷二七至卷三四及《新五代史》卷四、卷五。

[8]尚書左丞：官名。尚書省佐貳官。唐中期以後，與尚書右丞實際主持尚書省日常政務，權任甚重。正四品上。　　崔沂：人名。博州（今山東聊城市）人。唐宰相崔鉉之子，後梁、後唐大臣。傳見本書卷六八。　　太子少保：官名。與太子少傅、太子少師合稱"三少"，唐後期、五代多爲大臣、勳貴加官。從二品。

[9]荆南：方鎮名。治所在荆州（今湖北荆州市）。　　太尉：

官名。與司徒、司空並爲三公，唐後期、五代時多爲大臣、勳貴加官。正一品。　尚書令：官名。秦始置。隋、唐前期爲尚書省長官，與中書令、侍中並爲宰相。因以李世民爲之，後皆不授，唐高宗廢其職。唐後期以李適、郭子儀有功而特授此職，爲大臣榮銜，不參與政務。五代因之。唐時爲正二品，後梁開平三年（909）升爲正一品。　高季興：人名。原名高季昌，陝州硤石（今河南三門峽市）人。南平（即荆南）開國君主。傳見本書卷一三三、《新五代史》卷六九。　襄州：州名。治所在今湖北襄陽市。　劉訓：人名。隰州永和（今山西永和縣）人。五代藩鎮將領。傳見本書卷六一。　招討使：官名。掌招撫討伐等事務。唐貞元始置。戰時任命，兵罷則省。常以大臣、將帥或地方軍政長官兼任。　知荆南行府事：官名。爲荆南府的臨時行政長官。　許州：州名。治所在今河南許昌市。　夏魯奇：人名。青州（今山東青州市）人。五代後唐將領。傳見本書卷七〇、《新五代史》卷三三。　副招討使：官名。行營統兵官。位次行營都統、招討使。掌招撫討伐事務。

[10]湖南：方鎮名。又稱武安軍節度。治所在潭州（今湖南長沙市）。　馬殷：人名。許州鄢陵（今河南鄢陵縣）人，一說上蔡（今河南上蔡縣）人。五代十國南楚開國君主。傳見本書卷一三三、《新五代史》卷六六。

[11]東川：方鎮名。指劍南東川節度使，簡稱東川。至德二載（757）分劍南節度使東部地區置劍南東川節度使，治所在梓州（今四川三臺縣）。　董璋：人名。籍貫不詳。五代後梁、後唐將領。傳見本書卷六二、《新五代史》卷五一。　夔州：州名。治所在今重慶市奉節縣。　西方鄴：人名。定州滿城（今河北保定市滿城區）人。五代後唐將領。傳見本書卷六一、《新五代史》卷二五。　“以東川節度使董璋”至“爲副招討使”：中華書局本有校勘記：“‘東南面’，原作‘南面’，據殿本、劉本、《通鑑》卷二七五改。”《舊五代史考異》卷二：“《通鑑考異》：梓、夔皆在荆南之西南，而云東南面者，蓋據夔、梓所向言之。”按西方鄴墓誌（拓

片刊《千唐誌齋藏誌》）記鄆時爲東南面招討副使。見《通鑑》卷二七五天成二年二月壬寅條及該條《考異》。　峽州：州名。即硤州。治所在今湖北宜昌市夷陵區。

[12]兗州：州名。治所在今山東濟寧市兗州區。　宋州：州名。治所在今河南商丘市睢陽區。　王晏球：人名。洛陽（今河南洛陽市）人。五代將領。傳見本書卷六四、《新五代史》卷四六。

[13]蕭頃：人名。京兆萬年（今陝西西安市長安區）人。後梁、後唐大臣。傳見本書卷五八。

[14]御史大夫：官名。秦始置，與丞相、太尉合稱三公。至唐代，在御史中丞之上設御史大夫一人，爲御史臺長官，專掌監察、執法。正三品。　李琪：人名。河西敦煌（今甘肅敦煌市）人。後梁、後唐大臣。傳見本書卷五八、《新五代史》卷五四。　右僕射：官名。秦始置。隋、唐前期，以左、右僕射佐尚書令總理六官、綱紀庶務；如不置尚書令，則總判省事，爲宰相之職。唐後期多爲大臣加銜。從二品。　李鏻：人名。唐朝宗室，五代大臣。傳見本書卷一〇八、《新五代史》卷五七。中華書局本有校勘記：“原作‘李璘’，據彭校、本書卷三七《唐明宗紀三》改。按本書卷一〇八、《新五代史》卷五七有《李鏻傳》。本卷下一處同。”見《輯本舊史》卷三七《唐明宗紀三》天成元年十月庚寅條、卷一〇八《李鏻傳》、《新五代史》卷五七《李鏻傳》。　戶部尚書：官名。戶部最高長官。掌管全國土地、戶籍、賦稅、財政收支諸事。正三品。

吏部侍郎：官名。尚書省吏部次官。協助吏部尚書掌文選、勳封、考課之政。正四品上。　李德休：人名。贊皇（今河北贊皇縣）人。五代官員。傳見本書卷六〇。　崔貽孫：人名。籍貫不詳。五代官員。傳見本書卷六九。　戶部侍郎：官名。尚書省戶部次官。協助戶部尚書掌天下田戶、均輸、錢穀之政令。正四品下。

兵部侍郎：官名。尚書省兵部次官。協助兵部尚書掌武官銓選、勳階、考課之政。正四品下。

[15]新安：縣名。治所在今河南新安縣。　次赤：即畿縣，也

稱次赤縣。唐代縣分七等，畿縣比京都所治的赤縣次一等。 河南府新安縣宜陞爲次赤：中華書局本有校勘記：“‘陞’字原闕，據《册府》卷三一補。按《五代會要》卷二〇河南府新安縣注：‘後唐天成二年二月升爲次赤縣，以奉莊宗雍陵。’”見明本《册府》卷三一《帝王部·奉先門四》天成二年二月庚戌條、《會要》卷二〇州縣望條。 雍陵：五代後唐莊宗陵墓。至後晋避廟諱，改稱“伊陵”。

[16]刑部侍郎：官名。尚書省刑部次官。協助刑部尚書掌天下刑法及徒隸、勾覆、關禁之政令。正四品下。 歸藹：人名。吳郡（今江蘇蘇州市）人。傳見本書卷六八。

三月壬子朔，以中書舍人馬縞爲刑部侍郎。[1]幸會節園，宰相、樞密使及在京節度使共進錢絹，請開宴。癸丑，遣供奉官賈俊使淮南。[2]甲寅，以西川節度副使李敬周爲遂州武信軍留後。乙卯，開府儀同三司、司徒致仕趙光逢可太保致仕，[4]仍封齊國公。以武信軍節度使李紹文卒廢朝。[5]丙辰，宰臣判三司任圜奏：“諸道藩府，請依天復三年已前許貢綾絹金銀，隨其土産折進馬之直。又請選孳生馬，分置監牧。”並從之。[6]太常丞段顒請國學五經博士各講本經，[7]以申橫經齒胄之義，從之。庚申，以前澤潞節度使、檢校太傅、兼侍中孔勍爲河陽節度使，壬戌，幸甘水亭。[8]甲子，青州節度使霍彦威加檢校太尉、兼中書令，以大内皇城使、守饒州刺史李從璋爲應州節度使。[9]丁卯，詔：“所在府縣糾察殺牛賣肉，犯者準條科斷。其自死牛即許貨賣，肉斤不得過五錢，鄉村民家死牛，但報本村所由，準例輸皮入官。"癸酉，以户部郎中、知制誥盧詹爲中書舍人。[10]

　　[1]中書舍人：官名。中書省屬官。掌起草文書、呈遞奏章、傳宣詔命等。正五品上。　　馬縞：人名。籍貫不詳。五代官員。傳見本書卷七一、《新五代史》卷五五。

　　[2]會節園：五代後唐時洛陽城內園林。位於今河南洛陽市。供奉官：泛指侍奉皇帝左右的臣僚，亦爲東、西頭供奉官通稱。賈俊：人名。籍貫不詳。本書僅此一見。《舊五代史考異》："《九國志》作賈進，考《册府元龜》所引《薛史》亦作'俊'，今仍其舊。"檢《九國志》《册府》未見。　　淮南：方鎮名。治所在揚州（今江蘇揚州市）。

　　[3]節度副使：官名。唐、五代方鎮屬官。位於行軍司馬之下、判官之上。　　李敬周：人名。又名李周。邢州內丘（今河北內丘縣）人。五代將領。傳見本書卷九一、《新五代史》卷四七。　　遂州：州名。治所在今四川遂寧市。　　武信軍：方鎮名。治所在遂州（今四川遂寧市）。

　　[4]趙光逢：人名。京兆奉天（今陝西乾縣）人。後梁、後唐大臣。傳見本書卷五八、《新五代史》卷三五。

　　[5]李紹文：人名。鄆州（今山東東平縣）人。本名張從楚。五代將領。傳見本書卷五九。

　　[6]三司：官署名。五代後唐明宗天成元年（926）合鹽鐵、度支、户部爲一職，始稱三司，爲中央最高之理財機構。　　天復：唐昭宗李曄年號（901—904）。　　"丙辰"至"並從之"：《舊五代史考異》："《五代會要》任圜奏：三京留守、諸道節度觀察、諸州防禦使、刺史，每年應聖節及正、至等節貢奉，或討伐勝捷，各進獻馬。伏見本朝舊事，雖以獻馬爲名，多將綾絹金銀折充馬價，蓋跋涉之際，護養稍難，因此群方俱爲定制。自今後伏乞除蕃部進駝馬外，諸州所進馬，許依天復三年已前事例，隨其土產折進價直，

冀貢輸之稍易，又誠敬之獲申。兼欲于諸處揀㧱生馬，準舊制分置監牧，仍委三司使別具制置奏聞。"見《會要》卷五節日條，繫於三月五日，即丙辰日。

[7]太常丞：官名。太常寺屬官。掌判寺事。凡大饗太廟，則修七祀於太廟西門之内。若祫享，則兼修配享功臣之禮。從五品上。　段顯：人名。籍貫不詳。五代後唐、後晉官員。事見本書卷一四二。　五經博士：官名。國子監屬官。掌以其經之學教國子。《周易》《尚書》《毛詩》《左氏春秋》《禮記》爲五經，《論語》《孝經》《爾雅》不立學官，附中經而已。正五品上。

[8]澤潞：方鎮名。唐至德元載（756）置澤潞沁節度使，治所在潞州（今山西長治市）。廣德元年（763）又置相、衛六州節度使，治所在相州（今河南安陽市）。　孔勍：人名。兗州（今山東濟寧市兗州區）人。唐末、五代將領。傳見本書卷六四。　河陽：方鎮名。治所在孟州（今河南孟州市）。　甘水亭：地名。位於今河南洛陽市西南。

[9]青州：州名。治所在今山東青州市。　霍彦威：人名。洺州曲周（今河北曲周縣）人。五代後梁將領霍存之養子。後梁、後唐將領。傳見本書卷六四、《新五代史》卷四六。　饒州：州名。治所在今江西鄱陽縣。　李從璋：人名。五代後唐明宗從子。後唐、後晉將領。傳見本書卷八八、《新五代史》卷一五。　應州：州名。治所在今山西應縣。

[10]户部郎中：官名。即尚書省户部户部司主官。掌户口、土田、賦役、貢獻、優復、婚姻、繼嗣等事。從五品上。　知制誥：官名。掌起草皇帝的詔、誥之事，原爲中書舍人之職。唐開元末置學士院，翰林學士入院一年，則加知制誥銜，專掌任免宰相、册立太子、宣布征伐等特殊詔令，稱爲内制。而中書舍人所撰擬的詔敕稱爲外制。兩種官員總稱兩制。　盧詹：人名。長安（今陝西西安市）人。五代官員。傳見本書卷九三。《輯本舊史》之影庫本粘籤："原本作'盧處'，今據列傳改正。"見《輯本舊史》卷九三

《盧詹傳》，又見《宋本冊府》卷四七五《臺省部・奏議門六》盧詹條。

夏四月辛巳朔，房知溫奏：“前月二十一日，盧臺戍軍亂，害副招討寧國軍節度使烏震，尋與安審通斬殺亂兵訖。”[1]帝聞之，廢朝一日，贈震太傅。[2]新羅國遣使貢方物。丁亥，以華州留後劉彥琮爲本州節度使。[3]是日，幸會節園，宴近臣。己丑，以兵部侍郎崔居儉權知尚書左丞，以戶部侍郎王權爲兵部侍郎，以禮部侍郎裴皥爲戶部侍郎，以翰林承旨、守中書舍人李愚爲禮部侍郎充職。[4]庚寅，御史臺奏：“今月三日廊下食，百官坐定，兩省官方來，自五品已下輒起。”[5]詔曰：“每赴廊餐，如對御宴，若行私禮，是失朝儀，各罰半月俸。”[6]詔：“盧臺亂軍龍晊所部鄴都奉節等九指揮三千五百人，[7]在營家口骨肉，並可全家處斬。”龍晊所部之衆，即梁故魏博節度使楊師厚之所招置也，皆天下雄勇之士，目其都爲銀槍効節，僅八千人。[8]師厚卒，賀德倫不能制。[9]西迎莊宗入魏，從征河上，所向有功。莊宗一統之後，雖數頒賚，而驕縱無厭。同光末，自貝州劫趙在禮，[10]據有魏博。及帝纘位，在禮冀脫其禍，潛奏願赴朝覲，遂除皇子從榮爲帥，乃令北禦契丹。[11]是行也，不支甲冑，惟幟於長竿表隊伍而已，[12]故俛首遄征。在途聞李嚴爲孟知祥所害，以爲劍南阻絕，[13]互相煽動。及屯於盧臺，會烏震代房知溫爲帥，轉增浮説。震與房知溫博於東寨，日亭午，大譟於營外，知溫上馬出門，爲甲士所擁，且曰：“不與兒郎爲主，更何處去?"知温紿之曰:"馬軍皆在河西,步卒獨何爲也!"遂得躍馬登舟,濟於西岸。安審通戢騎軍不動,知温與審通謀伺便攻之,令亂兵卷甲南行。騎軍徐進,部伍嚴整。叛者相顧失色,列炬宵行,疲於荒澤。遲明,潛令外州軍別行,知温等遂擊亂軍,横尸於野,餘衆復趨舊寨,至則已焚之矣。翌日,盡戮之,脱於叢草溝塍者十無二三,迨夜竄於山谷,稍奔於定州。[14]及王都之敗,[15]乃無噍類矣。癸巳,兖州節度使房知温加侍中,齊州防禦使安審通加檢校太傅,並賞盧臺之功也。[16]丁酉,僞吳楊溥遣移署右威衛將軍雷峴貢端午禮幣。[17]辛丑,以前利州節度使張敬詢爲雲州節度使。[18]遣樞密使孔循赴荆南城下,時招討使劉訓有疾故也。甲辰,以户部侍郎韓彦惲爲祕書監。[19]是日,幸石敬瑭、安重誨第。丙午,故振武節度使李嗣恩贈太尉,以司封郎中、充樞密院直學士閻至爲左諫議大夫充職。[20]右諫議大夫梁文矩上言,平蜀已來,軍人剽略到西川人口甚多,骨肉阻隔,恐傷和氣,請許收認。[21]帝仁慈素深,因文矩之奏,詔河南、河北舊因兵火擄隔者,並從識認。是日,鄆州進白鵲。[22]

[1]盧臺:軍(政區)名。治所在今天津市寧河區盧臺鎮。參見余蔚《中國行政區劃通史》(遼金卷),復旦大學出版社2012年版,第326頁。 寧國軍:方鎮名。治所在宣州(今安徽宣城市)。唐天復三年(903)廢,五代吳復置。此烏震爲遥領寧國軍節度使。

安審通:人名。籍貫不詳。五代將領。傳見本書卷六一。 "夏四月辛巳朔"至"尋與安審通斬殺亂兵訖":《舊五代史考異》:

"《五代春秋》：盧臺戍軍亂，房知溫討平之。據《薛史·房知溫傳》及《通鑑》，知溫初誘戍軍爲亂，繼恐事不濟，乃與安審通謀討亂兵也。《五代春秋》所書殊非事實。"見《五代春秋》明宗仁德皇帝條、《輯本舊史》卷九一《房知溫傳》、《通鑑》卷二七五天成二年（927）三月壬申條。

[2]太傅：官名。與太師、太保合稱三師，唐後期、五代時多爲大臣、勳貴加官。正一品。

[3]華州：州名。治所在今陝西渭南市華州區。　劉彥琮：人名。雲中（今山西大同市）人。五代將領。傳見本書卷六一。中華書局本有校勘記："'劉'字原闕，據殿本、劉本、本書卷六一《劉彥琮傳》、《册府》卷三八七補。"見《輯本舊史》卷六一《劉彥琮傳》、《宋本册府》卷三八七《將帥部·褒異門一三》劉彥琮條。

[4]崔居儉：人名。清河（今河北清河縣）人。崔蕘之子。五代大臣。傳見本書附錄、《新五代史》卷五五。　王權：人名。太原（今山西太原市）人。五代官員。傳見本書卷九二、《新五代史》卷五六。　禮部侍郎：官名。尚書省禮部次官。協助禮部尚書掌禮儀、祭享、貢舉之政。正四品下。　裴皥：人名。河東（今山西永濟市）人。五代官員。傳見本書卷九二、《新五代史》卷五七。　翰林承旨：官名。爲翰林學士之首。掌拜免將相、號令征伐等詔令的起草。《舊唐書·職官志二·翰林院》："例置學士六人，內擇年深德重者一人爲承旨，所以獨承密命故也。"　李愚：人名。渤海無棣（今山東慶雲縣）人。唐末進士，五代大臣。傳見本書卷六七、《新五代史》卷五四。

[5]御史臺：官署名。秦漢始置。古代國家的監察機構。掌糾察官吏違法，肅正朝廷綱紀。大事廷辨，小事奏彈。　自五品已下輒起：中華書局本有校勘記："'已'字原闕，據殿本、《册府》卷五一七、《五代會要》卷六補。孔本作'以'。'起'，原作'取'，據殿本、劉本、孔本、邵本、《五代會要》卷六改。"見《會要》卷六廊下餐條天成二年四月御史臺奏文、《宋本册府》卷五一七

《憲官部・振舉門二》。

[6]"詔曰"至"各罰半月俸"：《舊五代史考異》："《五代會要》：長興三年五月詔：文武兩班，每遇入閤賜食，從前御史臺官及諸朝官皆在敷政門外兩廊食，惟北省官于敷政門內別坐，既爲隔門，各不相見，致行坐不齊，難于肅整。今後每遇入閤賜食，北省官亦宜于敷政門外東廊下設席，以北首爲上，待班齊一時就坐。""長興三年三月詔"，中華書局本有校勘記："'三月'，原作'五月'，據《五代會要》卷六改。"見《會要》卷六廊下餐條長興三年（932）三月詔。

[7]龍晊：人名。籍貫不詳。五代後唐時作亂戍兵首領。事見本書本卷。《輯本舊史》之影庫本粘籤："原本作'龍暗'，今據《通鑑》改正。"見《通鑑》卷二七五天成二年三月壬申條。　鄴都：地名。治所在今河北大名縣。後唐同光元年（923）改魏州爲興唐府，建號東京。三年，改東京爲鄴都。　奉節：禁軍番號。

[8]魏博：方鎮名。治所在魏州貴鄉縣（今河北大名縣）。楊師厚：人名。潁州斤溝（今安徽太和縣阮橋鎮斤溝村）人。唐末、五代將領。傳見本書卷二二、《新五代史》卷二三。　銀槍効節：部隊番號。原爲魏博牙兵銀槍効節軍，李存勗將其編組爲帳前銀槍軍。後唐建立以後，爲侍衛親軍的一支。掌宿衛宮禁，護衛皇帝出行。

[9]賀德倫：人名。先世爲河西部落人，後居滑州（今河南滑縣）。五代後梁、後唐將領。傳見本書卷三一、《新五代史》卷四四。

[10]貝州：州名。治所在今河北清河縣。　趙在禮：人名。涿州（今河北涿州市）人。五代後唐、後晉將領。傳見本書卷九〇、《新五代史》卷四六。

[11]從榮：人名。即李從榮。沙陀部人。唐明宗李嗣源次子。傳見本書卷五一、《新五代史》卷一五。　契丹：古部族、政權名。公元4世紀中葉宇文部爲前燕攻破，始分離而成單獨的部落，自號

契丹。唐貞觀中，置松漠都督府，以其首領爲都督。唐末强盛，916 年迭剌部耶律阿保機建立契丹國（遼）。先後與五代、北宋並立，保大五年（1125）爲金所滅。參見張正明《契丹史略》，中華書局 1979 年版。

[12]惟幟於長竿表隊伍而已：中華書局本有校勘記："'長竿'，原作'長行'，據《新五代史》卷四六《房知温傳》、《通鑑》卷二七五改。"見《新五代史》卷四六《房知温傳》、《通鑑》卷二七五天成二年三月壬申條。

[13]劍南：劍南東川、劍南西川的簡稱。東川治所在梓州（今四川三臺縣）。西川治所在成都府（今四川成都市）。

[14]定州：州名。治所在今河北定州市。

[15]王都：人名。中山陘邑（今河北定州市）人。本姓劉，後爲義武軍節度使王處直養子。五代軍閥。傳見本書卷五四。

[16]齊州：州名。治所在今山東濟南市。

[17]吳：政權名。五代時十國之一，楊行密所建。唐景福元年（892），楊行密任淮南節度使，據揚州。天復二年（902）被唐朝封爲吳王，建都廣陵（即揚州），稱江都府。吳國統治地區有今江蘇、安徽、江西、湖北等地。吳國在楊行密統治時期，政權相對穩定，獎勵農桑，江淮一帶社會經濟有所恢復。唐天祐二年（905），楊行密死，其子楊渥繼位，大權旁落於權臣張顥、徐温、徐知誥等人手中。吳天祚三年（937）爲南唐所取代。凡四主，共三十六年。楊行密傳見本書卷一三四、《新唐書》卷一八八、《新五代史》卷六一。　楊溥：人名。五代十國吳睿帝，後禪位於徐知誥。傳見本書卷一三四、《新五代史》卷六一。　右威衛將軍：官名。唐置，掌宮禁宿衛。唐代置十六衛之一。從三品。　雷峴：人名。五代吳國人。本書僅此一見。中華書局本有校勘記："原作'雷現'，據《册府》卷一六九、卷二三二改。影庫本粘籤：'雷現，《九國志》作"雷觀"，《十國春秋》仍作"現"，今仍其舊。'按今檢《十國春秋》卷三亦作'雷峴'。"見明本《册府》卷一六九《帝王部·

納貢獻門》、卷二三二《僭僞部·稱藩門》、《十國春秋》卷三吳國乾貞元年（927）四月條。

[18]利州：州名。治所在今四川廣元市利州區。　張敬詢：人名。金河縣（一説在今内蒙古托克托縣北中灘鄉哈拉板申村大黑河東岸古城，一説在托克托縣西南之沙拉湖灘附近）人。五代將領。傳見本書卷六一。　雲州：州名。治所在今山西大同市。

[19]韓彦惲：人名。籍貫不詳。五代後唐大臣。事見本書本卷、卷三四、卷四四、卷四五、卷四六、卷四八、卷一四三。

[20]振武：方鎮名。後梁貞明二年（916）以前，治所在單于都護府城（今内蒙古和林格爾縣）。貞明二年單于都護府城爲契丹占據。此後至後唐清泰三年（936），治所在朔州（今山西朔州市朔城區）。後晋時隨燕雲十六州割予契丹，改名順義軍。　李嗣恩：人名。本姓駱，吐谷渾部人。五代後唐將領。傳見本書卷五二、《新五代史》卷三六。　司封郎中：官名。尚書省吏部司封司長官。掌封爵、命婦、朝會及賜予等事。從五品上。　樞密院直學士：官名。五代後唐同光元年，改直崇政院置，選有政術文學者充任。充皇帝侍從，備顧問應對。　閻至：人名。籍貫不詳。五代官員。事見本書本卷、卷四〇、卷四六、卷七八、卷八〇、卷九二。　左諫議大夫：官名。隸門下省。唐代置左、右諫議大夫各四人，分隸門下省、中書省。掌諫諭得失，侍從贊相。正四品下。

[21]右諫議大夫：官名。唐置左、右諫議大夫，左屬門下省，右屬中書省。掌諫諭得失，侍從贊相。正四品下。　梁文矩：人名。鄆州（今山東東平縣）人。五代官員。傳見本書卷九二。蜀：五代十國之前蜀。

[22]郢州：州名。治所在今湖北鍾祥市。　白鵲：白羽鵲。古時以爲瑞鳥。

五月癸丑，以福建留後、檢校太傅、舒州刺史王延鈞爲檢校太師、守中書令，充福建節度使、瑯琊郡王，以太常卿蕭頃爲吏部尚書。[1]是日，懷州進白鵲。[2]戊午，以三司副使、守太子賓客張格卒廢朝。[3]以翰林學士、駕部郎中、知制誥竇夢徵爲中書舍人充職。[4]癸亥，遣宣徽使張延朗調發郡縣糧運赴荆南城下，[5]仍以軍法從事。以右龍武統軍崔公實爲左龍武統軍，以前復州刺史高行周爲右龍武統軍。[6]割果州屬郡。[7]乙丑，僞吳楊溥貢新茶。滄州進白鶴。[8]庚午，詔罷荆南之師，既而令軍士散掠居民而迴。詔："文武臣僚及諸道節度使、刺史，有父母在者，各與恩澤。"宰臣任圜表辭三司事，乃以樞密院承旨孟鵠充三司副使權判。[9]

[1]福建：方鎮名。治所在福州（今福建福州市）。　舒州：州名。治所在今安徽安慶市。　王延鈞：人名。即王鏻。初名延鈞，王審知次子，五代十國閩國君主。傳見本書卷一三四、《新五代史》卷六八。　檢校太師：官名。爲散官或加官，以示恩寵，無實際執掌。太師，與太傅、太保並爲三師。　中書令：官名。漢代始置，隋、唐前期爲中書省長官，屬宰相之職；唐後期多爲授予元勳大臣的虛銜。正二品。　吏部尚書：官名。尚書省吏部最高長官，與二侍郎分掌六品以下文官選授、勳封、考課之政令。正三品。

[2]懷州：州名。治所在今河南沁陽市。

[3]三司副使：官名。五代後唐明宗天成元年（926）將晚唐以來的户部、度支、鹽鐵三部合爲一職，設三司使、副使統之。主管國家財政。　太子賓客：官名。爲太子官屬。唐高宗顯慶元年（656）始置。掌侍從規諫、贊相禮儀。正三品。　張格：人名。宿州符離（今安徽宿州市埇橋區）人。前蜀高級官員。傳見本書卷

七一。

[4]駕部郎中：官名。尚書兵部駕部司長官。掌輿輦、車乘、傳驛、厩牧等事。從五品上。郎中爲尚書省屬官，位在侍郎之下、員外郎之上。　竇夢徵：人名。同州（今陝西大荔縣）人，一作棣州（今山東惠民縣）人。唐末進士，五代後梁、後唐官員。傳見本書卷六八。

[5]宣徽使：官名。唐後期置。宣徽院的長官。初用宦官，五代以後改用士人。掌内諸司及三班内侍之名籍，郊祀、朝會、宴享供帳之儀，應内外進奉，悉檢視名物，用其印。　張延朗：人名。汴州（今河南開封市）人。五代後唐大臣，歷任三司使、宰相。傳見本書卷六九、《新五代史》卷二六。

[6]右龍武統軍：官名。唐置六軍，分左、右羽林，左、右龍武，左、右神武等，即“北衙六軍”。興元元年（784），六軍各置統軍，以寵勳臣。其品秩，《唐會要》卷七一、《舊唐書》卷一二記載爲“從二品”，《通鑑》卷二二九記載爲“從三品”。　崔公實：人名。籍貫不詳。唐末、五代將領。本書僅此一見。　左龍武統軍：官名。唐置六軍，分左、右羽林，左、右龍武，左、右神武等，即“北衙六軍”。興元元年，六軍各置統軍，以寵勳臣。其品秩，《唐會要》卷七一、《舊唐書》卷一二記載爲“從二品”，《通鑑》卷二二九記載爲“從三品”。　復州：州名。治所在今湖北天門市。　高行周：人名。幽州（今北京市）人。五代名將。傳見本書卷一二三、《新五代史》卷四八。

[7]果州：州名。治所在今四川巴中市恩陽區。

[8]滄州：州名。治所在今河北滄縣舊州鎮。　白鶴：中華書局本有校勘記：“《册府》卷二五作‘白鵲’。”見明本《册府》卷二五《帝王部·符瑞門四》天成二年五月乙丑條。

[9]樞密院承旨：官名。五代樞密院置，主管承旨司之事。孟鵠：人名。魏州（今河北大名縣）人。五代官員。傳見本書卷六九。

六月壬午，華州、邢州進兩岐麥，[1]兖州進三足烏。丙戌，宰相任圜落平章事，守太子少保。丁亥，詔天下除併無名額寺院。己丑，[2]以宣徽北院使張延朗爲右武衛大將軍、判三司，[3]依前宣徽使、檢校司徒。辛卯，大理少卿王鬱上言：“凡決極刑，準敕合三覆奏，近年已來，全隳此法，伏乞今後決、前一日許各一覆奏。”[4]從之。壬辰，南面招討使、知荊南行府事、襄州節度使、檢校太傅劉訓責授檢校右僕射、守檀州刺史。[5]訓南征無功，故有是譴。詔喪葬之家，送終之禮不得過度。乙未，户部尚書李鏻上言：“請朝班自四品已上官各許薦令、録兩人，五品六品官各薦簿、尉兩人，[6]功過賞罰，與舉者同之。”詔從之。其所舉人，仍於官告内標所舉姓名，或有不公，[7]連坐舉主。仍令三品已上各舉堪任兩使判官者。丙申，以天策上將軍、湖南節度使、開府儀同三司、檢校太師、守尚書令、楚王馬殷爲守太師、尚書令，[8]封楚國王。庚子，幸白司馬陂，祭突厥神，從北俗之禮也。[9]

[1]邢州：州名。治所在今河北邢臺市。

[2]己丑：《輯本舊史》原無，據《通鑑》卷二七五天成二年（927）六月己丑條補。

[3]宣徽北院使：官名。唐始置。宣徽北院的長官。初用宦官，五代以後改用士人。與宣徽南院使通掌内諸司及三班内侍之名籍，郊祀、朝會、宴享供帳之儀，檢視内外進奉名物。參見王永平《論唐代宣徽使》，《中國史研究》1995 年第 1 期；王孫盈政《再論唐代的宣徽使》，《中華文史論叢》2018 年第 3 期。　右武衛大將軍：

官名。唐置，掌宫禁宿衛。唐代置十六衞之一。正三品。　以宣徽北院使張延朗爲右武衞大將軍、判三司："宣徽"，《輯本舊史》之影庫本粘籤："原本脱'徽'字，今據文增入。"《通鑑》卷二七五天成二年六月己丑條明載以宣徽北院使張延朗判三司。

　　[4]大理少卿：官名。爲大理寺的副長官。協助大理卿負責本寺的具體事務。從四品上。　王鬱：人名。籍貫不詳。事見本書本卷、卷一四七。　伏乞今後決、前一日許各一覆奏：中華書局本有校勘記："'各'字原闕，據本書卷一四七《刑法志》、《五代會要》卷一〇、《册府》卷六一三、《文獻通考》卷一六六補。"見《會要》卷一〇刑法雜録條、《宋本册府》卷六一三《刑法部·定律令門五》、《通考》卷一六六《刑考五》。

　　[5]檢校右僕射：官名。右僕射爲隋唐宰相名號。檢校右僕射爲散官或加官，以示恩寵，無實際執掌。　檀州：州名。治所在今北京市密雲區。　"南面招討使"至"守檀州刺史"："荆南"，中華書局本有校勘記："'荆南'，原作'荆州南'，據本書卷六一《劉訓傳》、《册府》卷四三八、卷四五〇及本卷上文改。"見《輯本舊史》本卷二月壬寅條、卷六一《劉訓傳》、明本《册府》卷四三八《將帥部·無功門》劉訓條、《宋本册府》卷四五〇《將帥部·譴讓門》劉訓條。又見《通鑑》卷二七五天成二年二月壬寅條。

　　[6]五品六品官各薦簿、尉兩人：《輯本舊史》原無"六品"二字，有案語："《五代會要》作五品、六品官各許薦簿尉兩人，原本疑脱'六品'二字。"並補。《會要》卷四舉人自代條有"六品"二字，且文云"各許"，確可據補。

　　[7]或有不公：《輯本舊史》之案語："原本脱'公'字，今從《五代會要》增。"見《會要》卷四舉人自代條、《宋本册府》卷四七五《臺省部·奏議門六》李鏻條。

　　[8]天策上將軍：官名。唐武德四年（621）置，掌國之征討，總判府事。正一品。

[9]白司馬陂：地名。位於今河南洛陽市。

秋七月庚戌朔，以宋州節度使王晏球充北面行營副招討使。癸丑，以左金吾將軍烏昭遠爲左衛上將軍，充入蠻國信使。[1]中書奏：[2]“馬殷封楚國王，禮文不載國王之制，請約三公之儀，用竹册。”從之。壬戌，西川節度副大使、知節度事孟知祥加檢校太尉、兼侍中，[3]東川董璋加爵邑。以左效義指揮使元習爲資州刺史，右效義指揮使盧密爲雅州刺史。[4]癸亥，幸冷泉宮。[5]甲子，以檢校工部尚書謝洪爲宿州團練使。[6]夔州刺史西方鄴奏，殺敗荆南賊軍，收峽內三州。[7]丙寅，升夔州爲寧江軍，以鄴爲節度使。[8]戊辰，詔曰：“頃因本朝親王遥領方鎮，遂有副大使知節度事，[9]年代已深，相沿未改。其東川、西川今後落副大使，只云節度使。”庚午，遂州留後李敬周、鄜州留後劉仲殷並正授本州節度使。[10]壬申，兖州節度使房知溫移鎮徐州，徐州節度使安元信移鎮襄州，[11]滄州節度使趙在禮移鎮兖州。以齊州防禦使安審通爲滄州節度使。是日，詔陵州、合州長流百姓豆盧革、韋説等，宜令逐處刺史監賜自盡，其骨肉並放逐便。[12]是日，逐段凝於遼州，劉訓於濮州，温韜於德州。[13]甲戌，太子少保任圜上表乞致仕，[14]仍於外地尋醫，詔從之。丁丑，以左金吾大將軍曹廷隱爲齊州防禦使。[15]

[1]左金吾將軍：官名。唐置，掌宫禁宿衛。唐代置十六衛之一。從三品。　烏昭遠：人名。五代後唐將領。事見本書本卷、卷

四六。　左衛上將軍：官名。唐置，掌宮禁宿衛。唐代置十六衛之一。從二品。

[2]中書：官署名。唐代以來爲宰相處理政務的機構。參見劉後濱《唐代中書門下體制研究——公文形態‧政務運行與制度變遷》，齊魯書社 2004 年版。

[3]節度副大使：官名。方鎮中僅次於節度使之使職，如持節，則位同於節度使。

[4]左効義指揮使：官名。爲左効義禁軍統兵官。　元習：人名。籍貫不詳。本書僅此一見。　資州：州名。治所在今四川資中縣。　右効義指揮使：官名。爲右効義禁軍統兵官。　盧密：人名。籍貫不詳。本書僅此一見。　雅州：州名。治所在今四川雅安市。

[5]冷泉宮：地名。位於今河南洛陽市。

[6]檢校工部尚書：官名。爲散官或加官，以示恩寵，無實際執掌。　謝洪：人名。籍貫不詳。本書僅此一見。　宿州：州名。治所在今安徽宿州市。

[7]峽內三州：指夔州、忠州、萬州。　夔州刺史西方鄴奏，殺敗荆南賊軍，收峽內三州：《舊五代史考異》："《通鑑》：六月，西方鄴敗荆南水軍于峽中，復取夔、忠、萬三州。《薛史》繫七月甲子，蓋以奏聞之日爲據。《歐陽史》與《薛史》同。"見《新五代史》卷六《唐本紀六》天成二年七月甲子條，但誤夔州爲隨州，又見《通鑑》卷二七五天成二年六月丙申條。

[8]寧江軍：方鎮名。治所在夔州（今重慶市奉節縣）。

[9]副大使：《輯本舊史》之影庫本粘籤："原本作'正使'，今據《新唐書‧百官志》改正。"見《舊唐書‧地理志三》《新唐書‧百官志四下》。

[10]鄜州：州名。治所在今陝西富縣。此處指保大軍。　劉仲殷：人名。籍貫不詳。五代官員。事見本書本卷、卷三五、卷三六、卷四一、卷四二、卷四四、卷四五、卷四六。

[11]徐州：州名。治所在今江蘇徐州市。　安元信：人名。代北（今山西代縣）人。五代後唐、後晉將領。本書卷六一有傳。

[12]陵州：州名。治所在今四川仁壽縣。　合州：州名。治所在今重慶市合川區。　豆盧革：人名。先世爲鮮卑慕容氏，後改豆盧氏。唐同州刺史豆盧籍之孫，舒州刺史豆盧瓚之子。後唐宰相。傳見本書卷六七、《新五代史》卷二八。　韋説：人名。京兆萬年（今陝西西安市長安區）人。唐福建觀察使韋岫之子。唐末進士，後梁大臣、後唐宰相。傳見本書卷六七。　"是日"至"宜令逐處刺史監賜自盡"：《舊五代史考異》："《五代春秋》作元年七月，殺豆盧革、韋説。考《歐陽史》，元年七月，貶豆盧革爲辰州刺史，韋説溆州刺史。甲申，流革于陵州，説于合州。二年七月，殺豆盧革、韋説。與《薛史》同。《五代春秋》統繫于元年，誤也。""與薛史同"，中華書局本有校勘記："'同'，原作'異'，據殿本《考證》改。"見《五代春秋》卷上明宗仁德皇帝條、《新五代史》卷六《唐本紀六》天成二年七月癸酉條。

[13]段凝：人名。開封（今河南開封市）人。其妹爲朱温美人，因其妹而爲朱温親信。後梁將領。傳見本書卷七三、《新五代史》卷四五。　遼州：州名。治所在今山西左權縣。　濮州：州名。治所在今山東鄄城縣。　温韜：人名。京兆華原（今陝西銅川市耀州區）人。唐末李茂貞部將，五代後梁、後唐將領。傳見本書卷七三、《新五代史》卷四〇。　德州：州名。治所在今山東德州市陵城區。

[14]太子少保任圜上表乞致仕：《新五代史》卷二八《唐臣傳第十六》："圜遽求罷職，乃罷爲太子少保。圜不自安，因請致仕，退居于磁州。"

[15]左金吾大將軍：官名。唐置，掌宫禁宿衛。唐代置十六衛之一。正三品。　曹廷隱：人名。魏州（今河北大名縣）人。五代後唐將領。傳見本書卷七一。

　　八月己卯朔，日有食之。辛巳，以右諫議大夫孔昭序爲給事中，以祕書少監崔憶爲右諫議大夫。[1]壬午，以右驍衞大將軍劉衡爲左領衞上將軍；以鄴都副留守趙敬怡爲右衞上將軍、判興唐府事。[2]乙酉，昆明大鬼主羅殿王、普露靜王九部落，各差使隨牂牁、清州八郡刺史宋朝化等一百五十三人來朝，進方物，各賜官告、繒綵、銀器放還蕃。[3]丙戌，以御史中丞盧文紀爲工部尚書，以右諫議大夫梁文矩爲御史中丞。[4]鄧州留後陶玘貶嵐州司馬，以其爲内鄉縣令盛歸仁所訟，稅外科率故也。[5]仍賜歸仁緋袍魚袋。[6]癸巳，幸皇子從榮第，宣禁中伎樂觀宴，從榮進馬及器幣，帝因以伎樂賜之。華州上言，渭河泛濫害稼。[7]丁酉，以吏部郎中、襲文宣公孔邈爲左諫議大夫。[8]史館修撰趙熙上言：“應内中公事及詔書奏對，應不到中書者，請委内臣一人抄録，月終送史館。”[9]詔差樞密直學士録送。[10]丁酉，青州進芝草。新州奏，[11]契丹乞置互市。癸卯，汴州節度使朱守殷加兼侍中，鄆州節度使符習加檢校太尉。[12]甲辰，皇子從榮娶鄜州節度使劉仲殷女，是夕禮會，百僚表賀。

　　[1]孔昭序：人名。籍貫不詳。五代後唐官員。事見本書卷一二七。　給事中：官名。秦始置。隋唐以來，爲門下省屬官。掌讀署奏抄，駁正違失。正五品上。　祕書少監：官名。唐承隋制，置秘書省，設秘書少監二人協助秘書監工作。從四品上。　崔憶：人名。籍貫不詳。本書僅此一見。

　　[2]右驍衞大將軍：官名。唐置，掌宮禁宿衞。唐代置十六衞之一。正三品。　劉衡：人名。後唐將領。其餘不詳。　左領衞上

將軍：官名。唐置，掌宮禁宿衛。唐代置十六衛之一。從二品。
副留守：官名。古代皇帝出巡或親征時指定親王或大臣留守京城，綜理國家軍事、行政、民事、財政，稱京城留守。在陪都或軍事重鎮也常設留守。時鄴都爲陪都，常設留守以守衛京師，以地方長官兼任。副留守即其副貳。　趙敬怡：人名。籍貫不詳。五代後唐大臣。事見本書卷四〇。　右衛上將軍：官名。唐置，掌宮禁宿衛。唐代置十六衛之一。從二品。　興唐府：府名。治所在今河北大名縣。

[3]昆明：地名、部族名。位於今雲南境內。傳見本書卷一三八、《新五代史》卷七四。　鬼主：唐宋時期，西南諸蠻首領的稱號。以其俗尚鬼，祭祀爲大事，故稱主祭者爲鬼主。因勢力大小不同，有鬼主、大鬼主、都鬼主之分。　羅殿王：或作“羅甸王”。貴州水西地區彝族酋邦首領被賜或自稱之封號。蜀漢建興三年（225）貴州水西彝族酋邦首領火濟（亦作“濟火”，妥阿哲）被諸葛亮封羅甸王，並於慕俄格（今貴州大方縣）建立政權。唐代又因其故地而封爲羅甸王，治今貴州貞豐縣羅王亭。本書僅此一見。普露靜王：貴州水西地區彝族酋邦首領被賜或自稱之封號。本書僅此一見。　牂（zāng）牁（kē）：地名、部族名。位於今貴州境內。傳見本書卷一三八、《新五代史》卷七四。　宋朝化：人名。牂牁使者。事見《新五代史》卷七四。

[4]御史中丞：官名。如不置御史大夫，則爲御史臺長官。掌司法監察。正四品下。　盧文紀：人名。京兆萬年（今陝西西安市長安區）人。唐末進士，五代宰相。傳見本書卷一二七、《新五代史》卷五五。　工部尚書：官名。尚書省工部主官。掌百工、屯田、山澤之政令。正三品。　以右諫議大夫梁文矩爲御史中丞：《輯本舊史》原作“左”，中華書局本有校勘記：“‘左’，本書卷九二《梁文矩傳》及本卷上文作‘右’。”但未改。見《輯本舊史》卷九二《梁文矩傳》、《宋本册府》卷四二《帝王部·仁慈門》天成二年（927）四月條，今據改。

［5］陶玘：人名。籍貫不詳。五代後唐官員。傳見本書附録。　嵐州：州名。治所在今山西嵐縣。　司馬：官名。州軍佐官，名義上紀綱衆務，通判列曹，品高俸厚，實際上無具體職事，多用以安置貶謫官員，或用作遷轉官階。上州從五品下，中州正六品下，下州從六品上。　内鄉：縣名。治所在今河南内鄉縣。　縣令：官名。縣的行政長官，掌治本縣。唐代之縣，分赤（京）、次赤、畿、次畿、望、緊、上、中、中下、下十等。縣令分六等，正五品上至從七品下。　盛歸仁：人名。籍貫不詳。本書僅此一見。

［6］緋袍：輿服制度。皇帝頒賜緋色官服。唐代五品、四品官服緋。後世或沿用此制，品級不盡相同。　魚袋：唐制，三品以上官員佩帶金魚袋，金飾魚形，用以盛放標誌品級、身份的金魚符。

［7］渭河：水名。即今渭河。

［8］吏部郎中：官名。尚書省吏部頭司吏部司長官。掌文官階品、朝集、禄賜，給其告身、假使以及選補流外官等事。《新唐書》記正五品上。　孔邈：人名。孔子四十一代孫。五代官員。傳見本書卷六八。

［9］史館修撰：官名。唐天寶以後，他官兼領史職者，稱史館修撰。　趙熙：人名。京兆奉天（今陝西乾縣）人。後梁、後唐宰相趙光遠侄。於晉州爲契丹搜刮錢財嚴急，爲百姓所殺。傳見本書卷九三。　史館：官署名。官修史書之機構。北齊始置。唐初隸秘書省著作局。唐貞觀三年（629）移於禁中，隸門下省。修本朝史由史官負責，修前代史多由他官編纂，宰相監修，正式確立史館修史、宰相監修之制。開元二十五年（737），徙史館於中書省。天寶後，他官兼領史職者，謂之史館修撰，初入者爲直館。

［10］樞密直學士：官名。五代後唐莊宗同光元年（923），改直崇政院置，選有政術文學者充任。備顧問應對。

［11］新州：州名。治所在今河北涿鹿縣。

［12］汴州：州名。治所在今河南開封市。　朱守殷：人名。籍貫不詳。五代後唐將領。傳見本書卷七四、《新五代史》卷五一。

鄆州：州名。治所在今山東東平縣。　符習：人名。趙州（今河北趙縣）人。五代後唐將領。傳見本書卷五九、《新五代史》卷二六。

九月辛亥，義武軍節度使、檢校太尉、兼中書令王都加食邑實封。[1]幽州節度使趙德鈞加檢校太尉，[2]鎮州節度使王建立加同平章事。僞吳楊溥遣使以應聖節貢獻。己未，以前雲州節度使高行珪爲鄧州節度使。[3]是日，出御札曰：“歷代帝王，以時巡狩，一則遵於禮制，一則按察方區。[4]矧彼夷門，控茲東夏，當先帝戡平之始，爲眇躬殿守之邦，俗尚貞純，兵懷忠勇。自元臣鎮靜，庶事康和，兆民咸樂於有年，闔境彌堅於望幸，事難違衆，議在省方。朕取十月七日親幸汴州。”庚申，以衛尉卿李延光爲大理卿。[5]北京留守李彥超上言：“先父存審，本姓符氏，蒙武皇賜姓，乞却還本姓。”[6]從之。乙丑，夏州節度使李仁福、鳳翔節度使李從曮、朔方節度使韓洙，[7]並加食邑，改賜功臣。以汝州防禦使趙延壽爲河陽節度使，以比部郎中、知制誥劉贊爲中書舍人，以河陽掌書記程遜爲比部員外郎、知制誥，以代州刺史李德玩爲蔚州刺史。[8]丙寅，樞密使孔循兼東都留守。[9]襄州夏魯奇上言，[10]荊南高季興遣使持書乞修貢奉，詔魯奇不納。詔諸州錄事參軍，不得兼使府賓職。己巳，鄧州節度使史敬鎔加檢校太保，同州節度使盧質加檢校司徒。[11]御史臺奏：“每遇入閣，舊例只一員侍御史在龍墀邊祇候，彈奏公事，或有南班失儀，點檢不及。今欲依常朝例，差殿中侍御史二員押鐘鼓樓位，[12]仍各綴供奉班出入。”從之。以青州節度副使淳于晏爲亳州團練使。[13]契丹遣使梅老没骨已下朝貢。[14]戊寅，西川奏：據黎州狀，雲南使趙和於大渡河南起舍一間，留信物十五籠，并雜牋詩一卷，遞至闕下。[15]

[1]義武：方鎮名。唐建中三年（782）置，治所在定州（今河北定州市）。　檢校太尉：官名。爲散官或加官，以示恩寵，無實際執掌。太尉，與司徒、司空並爲三公。

[2]幽州：州名。治所在今北京市。　趙德鈞：人名。幽州（今北京市）人。初爲幽州節度使劉守光部將，再爲後唐將領，後投降遼國。傳見本書卷九八。

[3]高行珪：人名。幽州（今北京市）人。五代名將。傳見本書卷一二三、《新五代史》卷四八。

[4]一則按察方區：《輯本舊史》之影庫本粘籤：“‘按察’下原空一字，今據《册府元龜》增‘方’字。”見明本《册府》卷一一四《帝王部·巡幸門三》天成二年八月己未條。該月己卯朔，無己未，《册府》己未前漏“九月”兩字。

[5]衛尉卿：官名。北魏置，隋、唐、五代時爲衛尉寺長官。掌供宮廷、祭祀、朝會之儀仗帷幕。從三品。　李延光：人名。籍貫不詳。五代後梁、後唐官員。事見本書本卷。　大理卿：官名。大理寺長官。負責大理寺的具體事務，掌邦國折獄詳刑之事。從三品。

[6]留守：官名。古代皇帝出巡或親征時指定親王或大臣留守京城，綜理國家軍事、行政、民事、財政等事務，稱京城留守。在陪都或軍事重鎮也常設留守，以地方長官兼任。　李彦超：人名。即符彦超。陳州宛丘（今河南淮陽縣）人。五代後唐將領，符存審之子。傳見本書卷五六、《新五代史》卷二五。　存審：人名。即符存審。陳州宛丘（今河南淮陽縣）人。原姓符名存，李克用賜姓

李氏，名存審。五代後唐將領。傳見本書卷五六、《新五代史》卷二五。

[7]夏州：州名。治所在朔方縣（今陝西靖邊縣）。　李仁福：人名。党項拓跋部人。五代党項首領。傳見本書卷一三二、《新五代史》卷四〇。　鳳翔：方鎮名。治所在鳳翔府（今陝西鳳翔縣）。　李從曤：人名。深州博野（今河北蠡縣）人。李茂貞之子，後晉時封秦王。傳見本書卷一三二。《輯本舊史》之影庫本粘籤：“李從曤作‘逢曤’，據上文李曤賜名從曤，‘逢’字當係‘從’字之訛，今改正。”見上卷天成元年（926）九月辛巳條。朔方：方鎮名。治所在靈州（今寧夏吳忠市）。　韓洙：人名。籍貫不詳。五代軍閥。傳見本書卷一三二。

[8]汝州：州名。治所在今河南汝州市。　趙延壽：人名。本姓劉，恒山（今河北正定縣）人。後唐明宗李嗣源女婿，後降契丹，引導契丹攻滅後晉。傳見本書卷九八、《遼史》卷七六。　比部郎中：官名。唐、五代刑部比部司長官，掌管勾會內外賦斂、經費俸禄等。從五品上。　劉贊：人名。魏州（今河北大名縣）人。五代後唐官員。傳見本書卷六八、《新五代史》卷二八。　掌書記：官名。唐五代方鎮僚屬，位在判官下。掌表奏書檄、文辭之事。程遜：人名。壽春（今安徽壽縣）人。五代官員。傳見本書卷九六。　比部員外郎：官名。刑部屬官。佐理勾會內外賦斂、經費、俸禄、公廨、勳賜、贓贖、徒役課程、逋欠之物，及軍資、械器、和糴、屯收所入。從六品。　代州：州名。治所在今山西代縣。李德玨：人名。應州金城（今山西應縣）人。五代將領。傳見本書卷九〇。　蔚州：州名。治所在今河北蔚縣。

[9]東都：地名。即洛陽。位於今河南洛陽市。

[10]襄州夏魯奇上言：《新五代史》卷三三《死事傳》：“唐師伐荊南，以魯奇爲招討副使，無功而還。”

[11]史敬鎔：人名。太原（今山西太原市）人。五代後唐將領。傳見本書卷五五。　同州：州名。治所在今陝西大荔縣。　盧

質：人名。河南（今河南洛陽市）人。五代大臣。傳見本書卷九三、《新五代史》卷五六。

[12]殿中侍御史：官名。三國魏始置。唐前期屬御史臺之殿院，掌宫門、庫藏及糾察殿庭供奉朝會儀式，及分掌左、右巡，負責京師治安、京畿軍兵。唐後期常爲外官所帶憲銜。從七品下。

[13]淳于晏：人名。籍貫不詳。登明經第，久事霍彦威。彦威曾兵敗，他獨自仗劍隨從，因而受到信任。彦威節度數鎮，他被任爲從事，凡軍府之事、私家之務，都由他處理，職似家宰，被當時仿效，稱爲“效淳”。傳見本書卷七一。　　亳州：州名。治所在今安徽亳州市。

[14]梅老没骨：人名。契丹使者。本書僅此一見。中華書局本有校勘記：“原作‘摩琳孟衮’。注云：‘舊作“梅老没骨”，今改正。’按此係輯録《舊五代史》時所改，今恢復原文。”又見明本《册府》卷九七二《外臣部·朝貢門五》天成二年九月條。

[15]黎州：州名。治所在今四川漢源縣。　　雲南：泛指西川南邊和西邊的少數民族諸部。詳見劉復生《“雲南八國”辨析——兼談北宋與大理國的關係》，《四川大學學報》2002年第6期。中華書局本有校勘記：“原作‘雲州’，據劉本、邵本、彭本、《五代會要》卷三〇、《册府》卷九八〇改。”見《會要》卷三〇南詔蠻條、《宋本册府》卷九八〇《外臣部·通好門》天成二年條。　　趙和：人名。雲南使者。本書僅此一見。　　大渡河：水名。古名涐水、渽水、沫水、羊山江（陽山江）、銅河、中鎮水。位於今四川西部，爲岷江最大支流。

冬十月己卯朔，帝御文明殿視朝。[1]癸未，亳州刺史李鄴貶郴州司户，又貶崖州長流百姓，所在賜自盡。[2]判官樂文紀配祁州，[3]責其違法黷貨也。乙酉，駕發西京，[4]詔留宰相崔協以奉祠祭。丁亥，帝宿於滎陽。[5]汴州朱守殷奏，都指揮使馬彥超等欲謀亂，[6]已處斬訖。戊子，次京水，[7]知朱守殷反，帝親統禁軍倍程前進。翌日，至汴州，攻其城，拔之，守殷伏誅。丙申，磁州刺史藥縱之上言，今月十二日，供奉官王仁鎬至，稱制殺太子少保致仕任圜。[8]契丹遣使持書求碑石，欲爲其父表其葬所。戊戌，詔曰：“諸道州府，自同光三年已前所欠秋夏稅租，并主持務局敗闕課利，并沿河舟船折欠，天成元年殘欠夏稅，並特與除放。”時重誨既搆任圜之禍，恐人非之，思市恩於衆以掩己過，[9]乃奏曰：“三司積欠約二百萬貫，虛繫帳額，請並蠲放。”帝重違其意，故有是詔。時議者以蠲隔年之賦，猶或惠民，場院課利一概除之，得不啟奸倖之門乎？己亥，詔曰：“太子少保致仕任圜，早推勳舊，曾委重難，既退免於劇權，俾優閑於外地。而乃不遵禮分，潛附守殷，緘題罔避於嫌疑，情旨頗彰於怨望。自收汴壘，備見蹤由，[10]若務含弘，是孤典憲。尚全大體，止罪一身，已令本州私第自盡，其骨肉親情僕使等並皆放罪。”辛丑，詔曰：“后來其蘇，動必從於人欲；天監厥德，靜宜布於國恩。近者言幸浚郊，暫離洛邑，[11]蓋逢歲稔，共樂時康。不謂奸臣，遽彰逆狀，爲厲之階既甚，覆宗之禍自貽。以致近輔生靈，遘此多端紛擾，永言軫惻，無輟寐興。[12]宜覃雨露之恩，式表雲雷之澤，應汴州城內百姓，既經驚劫，宜放二年屋稅；諸處有曾受逆人文字者，隨處焚毀。應天下見禁囚徒，除十惡五逆、殺人放火、劫盜、合造毒藥、官典犯贓、僞行印信、屠牛外，罪無輕重，並從釋放。應有民年八十已上及家長有廢疾者，[13]免一丁差役”云。以山南西道節度使張筠爲西京留守，行京兆尹。[14]青州節度使霍彥威差人走馬進箭一對，賀誅朱守殷，帝却賜彥威箭一對。傳箭，蕃家之符信也，起軍令衆則使之，彥威本非蕃將，以臣傳箭於君，非禮也。癸卯，以權知汴州事、陝州節度使石敬瑭爲汴州節度使、兼六軍諸衛副使、侍衛親軍馬步都指揮使。[15]鳳翔奏，地震。丙午，威武軍節度副使、檢校太尉、守建州刺史王延稟可同平章事、守建州刺史，[16]充奉國軍節度使、兼威武軍節度副使。[17]詔割施州却屬黔南。[18]

[1]文明殿：宮殿名。五代後梁開平三年（909）以貞觀殿改名，故址在今河南洛陽市。

[2]李鄴：人名。魏州（今河北大名縣）人。五代後唐官員。傳見本書卷七三。　郴州：州名。治所在今湖南郴州市。　司户：官名。即司户參軍。州級政府僚佐。掌本州屬縣之户籍、賦税、倉庫受納等事。上州從七品下，中州正八品下，下州從八品下。　崖州：州名。治所在今海南海口市瓊山區。

[3]判官：官名。爲長官的佐吏，協理政事，或備差遣。　樂文紀：人名。籍貫不詳。本書僅此一見。　祁州：州名。治所在今河北無極縣。

[4]西京：地名。治所在今陝西西安市。

[5]滎陽：縣名。治所在今河南滎陽市。

[6]馬彥超：人名。籍貫不詳。五代後唐將領。事見《新五代史》卷五一。　都指揮使馬彥超等欲謀亂：中華書局本作“都指揮使馬彥超謀亂”，明本《册府》卷一一八《帝王部·親征門三》天

成二年（927）十月己丑條載："當日寧帖告諭天下曰：'……得朱守殷詐奏，稱本道都指揮使馬彥超等欲謀叛逆，輒使殺害。'"據補"等欲"字。

[7]京水：水名。汴水支流，位於今河南鄭州市西北。今已堙廢。

[8]磁州：州名。治所在今河北磁縣。　藥縱之：人名。太原（今山西太原市）人。五代後唐官員。傳見本書卷七一。《輯本舊史》之影庫本粘籤："原本作'縱正'，今據列傳改正。"見《輯本舊史》卷七一《藥縱之傳》，《宋本冊府》卷一七二《帝王部·求舊門二》藥縱之條、卷六九九《牧守部·譴讓門》藥縱之條。供奉官：官名。泛指侍奉皇帝左右的臣僚，亦爲東、西頭供奉官通稱。　王仁鎬：人名。邢州龍岡（今河北邢臺市）人。五代、宋初將領。傳見《宋史》卷二六一。　今月十二日，供奉官王仁鎬至，稱制殺太子少保致仕任圜：《舊五代史考異》："安重誨害任圜，《五代春秋》及《通鑑》俱不書日。《歐陽史》作乙未，殺太子少保致仕任圜。據《薛史》作十二日，是年十月爲己卯朔，十二日乃庚寅也，與《歐陽史》異日。"見《新五代史》卷六《唐本紀六》天成二年十月乙未條、《通鑑》卷二七六天成二年十月戊子條。

[9]思市恩於衆以掩己過：中華書局本有校勘記："'市'，原作'沛'，據《冊府》卷三三九、卷四九二改。"見明本《冊府》卷三三九《宰輔部·邪佞門》安重誨條、《宋本冊府》卷四九二《邦計部·蠲復門四》。

[10]備見蹤由：中華書局本有校勘記："'蹤'，原作'綜'，據殿本、劉本、彭校、本書卷六七《任圜傳》改。"

[11]洛邑：地名。即洛陽。

[12]以致近輔生靈，遘此多端紛擾：中華書局本有校勘記："殿本、孔本、《冊府》卷九二、卷四九二作'俾我生靈遘兹紛擾'。"見明本《冊府》卷九二《帝王部·赦宥門一一》、《宋本冊府》卷四九二。

[13]應有民年八十已上及家長有廢疾者：中華書局本有校勘記："'長'下原有'者'字，據彭校、《册府》卷五五、卷九二、卷四九二删。"見明本《册府》卷五五《帝王部·養老門》及卷九二、卷四九二。

[14]山南西道：方鎮名。治所在興元府（今陝西漢中市）。張筠：人名。海州（今江蘇連雲港市海州區）人。五代後梁、後唐將領。傳見本書卷九〇、《新五代史》卷四七。《輯本舊史》之影庫本粘籤："原本作'張漢筠'，今考《張筠傳》，筠未嘗名漢筠，當係傳寫衍文，今删去。"見《輯本舊史》卷九〇《張筠傳》。京兆尹：官名。唐開元元年（713）改雍州置京兆府，治所在今陝西西安市。以京兆尹總其政務。從三品。

[15]侍衛親軍馬步都指揮使：官名。五代時侍衛親軍長官，多爲皇帝親信。

[16]威武軍：方鎮名。治所在福州（今福建福州市）。　建州：州名。治所在今福建建甌市。　王延稟：人名。籍貫不詳。王審知養子。與王延鈞聯合叛殺王延翰。事見《新五代史》卷六八。中華書局本有校勘記："原作'王延寰'，據本書卷四〇《唐明宗紀六》、卷四一《唐明宗紀七》、卷四二《唐明宗紀八》、《通鑑》卷二七六改。"見《輯本舊史》卷四〇《唐明宗紀六》天成四年十一月甲戌條、卷四一《唐明宗紀七》長興元年（930）七月庚辰條、卷四二《唐明宗紀八》長興二年十一月庚子條、《通鑑》卷二七六天成四年十二月及其庚子條《考異》。

[17]奉國軍：方鎮名。治所在今浙江寧波市。　節度使：中華書局本有校勘記："'節度使'，原作'節度副使'，據本書卷四〇《唐明宗紀六》、卷四一《唐明宗紀七》、《通鑑》卷二七六改。"見《輯本舊史》卷四〇《唐明宗紀六》天成四年十一月甲戌條、卷四一《唐明宗紀七》長興元年七月庚辰條、《通鑑》卷二七六天成四年十二月庚子條。

[18]施州：州名。治所在今湖北恩施土家族苗族自治州。　黔

南：方鎮名。治所在黔州（今重慶彭水苗族土家族自治縣）。

　　十一月己酉，帝祭蕃神於郊外。庚戌，以皇城使、行袁州刺史李從敏爲陝州節度使。[1]乙卯，青州霍彥威、鄆州符習來朝。以太子詹事温韜爲吏部侍郎。[2]徐州房知温來朝。戊午，黔南節度使李紹義加檢校太保。[3]庚申，皇子河中節度使、檢校太保、同平章事從珂，鄴都留守、檢校太保、同平章事從榮，河南尹、判六軍諸衛事、檢校太保、同平章事從厚，[4]並加檢校太傅，進爵邑。貝州刺史竇廷琬上言：請制置慶州青白兩池，逐年出絹十萬匹，米萬石。[5]詔升慶州爲防禦所，[6]以廷琬爲使。壬申，詔霍彥威等歸藩。詔太宗朝左僕射李靖可册贈太保，鄭州僕射陂可改爲太保陂。[7]時議者以僕射陂者，後魏孝文帝賜僕射李沖，[8]故因以爲名，及是命之降以爲李靖，蓋誤也。契丹遣使梅老等來乞通和。[9]

　　[1]袁州：州名。治所在今江西宜春市袁州區。　李從敏：人名。後唐明宗之侄。傳見本書卷一二三、《新五代史》卷一五。

　　[2]太子詹事：官名。掌領太子之詹事府，爲太子官屬之長。正三品。　温韜：人名。籍貫不詳。事見本書本卷、卷三七。

　　[3]李紹義：人名。籍貫不詳。本書僅此一見。

　　[4]河南尹、判六軍諸衛事、檢校太保、同平章事從厚：《新五代史》卷七《唐本紀第七》：“天成二年，（從厚）以檢校司徒拜河南尹、判六軍諸衛事，加檢校太保、同中書門下平章事。”

　　[5]竇廷琬：人名。籍貫不詳，世爲青州（今山東青州市）牙將。五代後梁、後唐將領。傳見本書卷七四。　慶州：州名。治所在今甘肅慶城縣。　青白兩池：即青白鹽池。在今寧夏鹽池縣北。

米萬石：中華書局本有校勘記："'萬石'，本書卷七四《竇廷琬傳》作'十萬石'，《册府》卷四九四作'五萬石'。"見《宋本册府》卷四九四《邦計部·山澤門二》。

[6]詔升慶州爲防禦所：中華書局本有校勘記："'所'，《册府》卷四九四作'使'。"

[7]太宗：即唐太宗李世民。唐代皇帝，626年至649年在位。李淵次子。隋末，隨父起兵於太原。唐武德元年（618），爲尚書令，封秦王。在唐統一全國的過程中戰功甚多。九年，發動"玄武門之變"，即皇帝位，次年改元貞觀。在位期間，繼續沿用均田制、租庸調法、府兵制和科舉制，以房玄齡、杜如晦、魏徵等爲相，社會安定，經濟復蘇，史稱"貞觀之治"。貞觀四年（630），平東突厥。九年，平吐谷渾。十四年，平高昌。十五年，以文成公主和親於吐蕃贊普松贊干布。唐太宗對少數民族採取較爲開明的政策，被尊稱爲"天可汗"。統治中期以後，生活日漸奢靡，征戰頻仍，加劇了國内矛盾。卒葬昭陵（位於今陝西禮泉縣東北），謚文皇帝。紀見《舊唐書》卷二至卷三、《新唐書》卷二。　左僕射：官名。秦始置。隋唐前期，以左、右僕射佐尚書令總理六官、綱紀庶務；如不置尚書令，則總判省事，爲宰相之職。唐後期多爲大臣加銜。從二品。　李靖：人名。京兆三原（今陝西三原縣東北）人。隋末唐初將領、軍事家，精熟兵法。唐高祖時，任行軍總管，率軍從李孝恭平蕭銑，攻取嶺南。後以副帥佐李孝恭，擊敗輔公祏起義軍。唐太宗時，與李世勣等出擊東突厥，擒頡利可汗，封代國公，遷尚書右僕射。後平吐谷渾，封衛國公，圖形凌煙閣。著有《李衛公兵法》，原書散佚，散見於《通典》。傳見《舊唐書》卷六七、《新唐書》卷九三。　太保：官名。與太師、太傅並爲三師。唐後期、五代時多爲大臣、勳貴加官。正一品。　鄭州：州名。治所在今河南鄭州市。　僕射陂：地名。位於今河南鄭州市東。

[8]孝文帝：北魏皇帝拓跋宏。鮮卑族。471年至499年在位。獻文帝拓跋弘之子。皇興五年（471），即帝位，改元延興。年幼時

由祖母馮太后臨朝當國。太和十四年（490），馮太后死，始親政。太和十七年，由平城（今山西大同東北）遷都洛陽。孝文帝在位期間，大力推行漢化：改變原有的風俗、衣飾、語言；改鮮卑姓爲漢姓，以拓跋氏爲元姓等；鼓勵與漢人通婚；參照漢、晋、南朝典章舊制，審訂新律令、官制及朝儀；重用漢人官員等。孝文帝在位期間，北魏進一步與中原文化相結合，促進了北方各族人民的融合。太和二十三年，孝文帝復親征南齊，病死於穀塘原行宫。謚號孝文帝，廟號高祖。紀見《魏書》卷七上、卷七下及《北史》卷三。

李沖：人名。隴西狄道（今甘肅臨洮縣）人。北魏官員。傳見《魏書》卷五三。《輯本舊史》之影庫本粘籤：“原本作‘李种’，今據《魏書》改正。”見《魏書》卷五三《李沖傳》，又見《册府》卷五五三《詞臣部·謬誤門》）。

[9]梅老：官名。遥輦時有官稱“梅録”，也作“梅落”“梅老”，此即回鶻的“媚録”“密録”，不同時期不同民族轉寫方式不同，職掌也有變化，或總兵爲指揮官，或爲“皇家總管”。參見李桂芝《遼金簡史》，福建人民出版社1996年版，第19—20頁。中華書局本有校勘記：“原作‘摩琳’，注云：‘舊作“梅老”，今改正。’按此係輯録《舊五代史》時所改，今恢復原文。‘等’下殿本有‘率其屬’三字。按《册府》卷九八〇敘其事作‘契丹使梅老等三十餘人見傳本土願和好之意’。”《宋本册府》卷九八〇《外臣部·通好門》作“契丹使梅老等三十餘人見傳本土愿和好之意”，《會要》卷二九契丹條作：“至二年十一月，又遣使梅老等二十餘人朝貢，兼申和好之意。”

十二月戊寅朔，以前鳳翔留後高允貞爲右監門上將軍。[1]詔以施州爲夔州屬郡，以其便近故也。遣飛勝指揮安念德使於契丹，[2]賜契丹王錦綺、銀器等，兼賜其母繡被纓絡。己卯，蔚州刺史周令武得代歸闕，[3]帝問北州事，令武奏曰："山北甚安，諸蕃不相侵擾。雁門已北，[4]東西數千里，斗粟不過十錢。"帝悅，顧謂左右曰："須行善事，以副天道。"居數日，帝延宰臣於元德殿，[5]言及民事，馮道奏曰："莊宗末年，不撫軍民，惑於聲樂，遂致人怨國亂。陛下自膺人望，歲時豐稔，亦淳化所致也。更願居安思危。"帝然之。許州地震。庚辰，皇子鄴都留守從榮移鎮太原。[6]以北京留守符彥超爲潞州節度使。[7]乙酉，以彰國軍節度使李從璋昧於政理，[8]詔歸闕。敕新及第進士有聞喜宴、闕宴，[9]逐年賜錢四十萬。己丑，兗州節度使趙在禮來朝。詔出潛龍宅米以賑百官。壬辰，以太傅致仕齊國公趙光逢卒輟朝。丙申，許州節度使夏魯奇移鎮遂州。庚子，幸石敬瑭公署及康義誠私第。[10]甲辰，狩於東郊，臘也。[11]丙午，追尊四廟，以應州舊宅爲廟。《永樂大典》卷七千一百六十四。[12]

[1]高允貞：人名。籍貫不詳。五代後唐將領。事見本書本卷、卷三〇、卷四四、卷六九。　右監門上將軍：官名。唐置，掌宮禁宿衛。唐代置十六衛之一。從二品。

[2]飛勝指揮：官名。所部統兵將領。"飛勝"爲部隊番號。　安念德：人名。籍貫不詳。後唐官員。事見《册府》卷九七六。中華書局本有校勘記："'安念德使'四字原闕，據《册府》卷九七六補。按孔本校：'"飛勝指揮"下似脱人名。'《五代會要》卷二九、《新五代史》卷七二《四夷附錄》亦記飛勝指揮使安念德使契丹事。"見《會要》卷二九契丹條、《宋本册府》卷九七六《外臣部‧褒異門三》，《新五代史》卷七二《四夷附錄一》載："德光立三年，改元曰天顯，遣使者以名馬聘唐"，"明宗厚禮之，遣飛勝指

揮使安念德報聘"。

[3]周令武：人名。籍貫不詳。本書僅此一見。

[4]雁門：關隘名。位於今山西代縣。

[5]元德殿：宮殿名。位於今河南洛陽市。

[6]太原：府名。治所在今山西太原市。

[7]潞州：州名。治所在今山西長治市。

[8]彰國軍：方鎮名。治所在應州（今山西應縣）。

[9]敕新及第進士有聞喜宴：中華書局本有校勘記："句下《册府》（宋本）卷六四一有'關宴'二字。"但未補，見《宋本册府》卷六四一《貢舉部·條制門三》，據補。

[10]康義誠：人名。沙陀部人。五代後唐將領。傳見本書卷六六、《新五代史》卷二七。

[11]臘也：中華書局本有校勘記："'臘'，原作'獵'，據殿本、邵本、《册府》卷一一五改。"見明本《册府》卷一一五《帝王部·蒐狩門》。

[12]《永樂大典》卷七一六四"唐"字韻"明宗（一）"事目。

舊五代史　卷三九

唐書十五

明宗紀第五

天成三年春正月戊申朔，帝御崇元殿受朝賀，仗衛如式。[1]辛亥，前河陽節度使、檢校太傅、兼侍中孔勍以太子太師致仕。[2]癸丑，詔取今月十七日幸鄴都。[3]甲寅，以國子祭酒朱守素卒廢朝。[4]丙辰，以鎮南軍節度使袁建豐卒廢朝，詔贈太尉。[5]丁巳，詔曰："朕聞堯舜有恤刑之典，貴務好生；禹湯申罪己之言，庶明知過。[6]今月七日，[7]據巡檢軍使渾公兒口奏稱，[8]有百姓二人，以竹竿習戰鬭之事。朕初聞奏報，實所不容，率爾傳宣，令付石敬瑭處置。[9]今旦安重誨敷奏，[10]方知悉是幼童爲戲，載聆讜議，方覺失刑，循揣再三，愧惕非一。亦以渾公兒誑誣頗甚，石敬瑭詳覆稍乖，致人枉法而殂，處朕有過之地。今減常膳十日，以謝幽冤。其石敬瑭是朕懿親，合施極諫，既兹錯誤，宜示省循，可罰一月俸。渾公兒決脊杖二十，仍削在身職銜，[11]配流登州。[12]小兒骨肉，賜絹五十匹、粟麥各百石，便令如法埋葬。兼此後在朝及諸道州府，凡有極刑，並須子細裁遣，不得因循。"百僚進表稱賀。己未，中書門下奏，國子祭酒望令宰相兼判。[13]乃詔崔協判之。[14]辛酉，以前潞州節度使毛璋爲右金吾上將軍，以左驍衛上將軍華溫琪爲右金吾大將軍，以春州刺史張虔釗爲鄭州防禦使。[15]契丹陷平州。[16]癸亥，詔應廟諱文字，只避正文，其偏旁文字，不用虧缺點畫。[17]甲子，契丹遣使禿汭悲梅老等貢獻，[18]帝遣散指揮使奔托山押國信賜契丹王妻。[19]戊辰，以隨駕馬軍都指揮使、富州刺史康義誠兼領鎮南軍節度使，以隨駕步軍都指揮使、潮州刺史楊漢章遥領寧國軍節度使。[20]中書上言："舊制遇二月十五日玄元皇帝降聖節，[21]休假三日。準會昌元年二月敕，[22]休假一日，請準近敕。"從之。吐蕃野利延孫等六人、迴鶻米里都督等四人，並授歸德、懷遠將軍，放還蕃。[23]庚午，册贈故瀛州刺史李嗣顒爲太尉。[24]壬申，册贈故皇子檢校司空從譚爲太保。[25]甲戌，制以楚國夫人曹氏爲淑妃，以韓國夫人王氏爲德妃，仍令所司擇日册命。[26]

[1]天成：後唐明宗李嗣源年號（926—930）。　崇元殿：宮殿名。位於今河南開封市。

[2]河陽：方鎮名。治所在孟州（今河南孟州市）。　節度使：官名。唐時在重要地區所設掌握一州或數州軍事、民事、財政的長官。　檢校太傅：官名。爲散官或加官，以示恩寵，無實際執掌。　侍中：官名。秦始置。隋、唐前期爲門下省長官。唐後期多爲大

臣加銜，不參與政務，實際職務由門下侍郎執行。正二品。　孔
勍：人名。兗州（今山東濟寧市兗州區）人。唐末、五代將領。傳
見本書卷六四。　太子太師：官名。與太子太傅、太子太保統稱太
子三師。隋唐以後多作加官或贈官。從一品。　致仕：官員告老
辭官。

[3]鄴都：地名。治所在今河北大名縣。五代後唐同光元年
（923），改魏州爲興唐府，建號東京。三年，改東京爲鄴都。

[4]國子祭酒：官名。國子監長官。從三品。　朱守素：人名。
籍貫不詳。五代官員。事見本書本卷、卷一〇。

[5]鎮南軍：方鎮名。治所在洪州（今江西南昌市）。《輯本舊
史》之影庫本粘籤：“原本作‘鎮方’，今據《歐陽史》改正。”
《新五代史》卷二五《袁建豐傳》載：“明宗即位，以舊恩召還京
師，親幸其第，撫慰甚厚，加檢校太尉，遥領鎮南軍節度使。”鎮
南軍治洪州，在吴轄境，故遥領，且五代無“鎮方軍”。　袁建豐：
人名。籍貫不詳。唐末、五代後唐將領。傳見本書卷六一、《新五
代史》卷二五。　太尉：官名。與司徒、司空並爲三公，唐後期、
五代時多爲大臣、勳貴加官。正一品。

[6]堯：人名。又稱唐堯。相傳爲上古帝王。帝嚳之子，祁姓，
名放勳，原封於唐，故稱陶唐氏。代摯登帝位，都平陽（今山西臨
汾市西南）。設官分職，命羲仲、羲叔、和仲、和叔分居東、南、
西、北四方，觀察天象，制定曆法，以授民時，名爲“四嶽”。堯
晚年，“四嶽”薦舜，遂禪位於舜。紀見《史記》卷一《五帝本
紀》。參見《中國歷史大辭典·先秦史》，上海辭書出版社 1996 年
版。　舜：人名。相傳爲上古帝王。姚姓，名重華，號有虞氏，又
稱虞舜。生於嬀汭（今山西永濟市），年二十以孝聞名。堯年老，
以“四嶽”薦舉代堯攝政，巡行四方，除去鯀、共工、驩兜和三苗
“四凶”。堯死後登帝位，都於蒲坂（今山西永濟市西）。以禹、後
稷、契、皋陶、倕、益等分掌政事。年老，薦舉治水有功的禹爲
嗣，後南巡狩，死於蒼梧之野（今湖南寧遠縣南），葬於九疑（今

寧遠縣東南)。紀見《史記》卷一《五帝本紀》。參見《中國歷史大辭典·先秦史》，上海辭書出版社 1996 年版。　禹：人名。又稱崇禹、戎禹、伯禹、大禹。一説名文命，號高密，姒姓，鯀之子。奉舜命繼鯀治理洪水，以疏導方法平水治土，發展農業，在外十三年，終於成功。因功大，繼舜位，爲夏朝第一代王。建都之地有陽城（今河南登封市告城鎮）、陽翟（今河南禹州市）、安邑（今山西夏縣北）、平陽（今山西臨汾市西南）諸説。曾"會諸侯於塗山（今地有安徽當塗縣、河南登封市三塗山、浙江紹興市西北三説），執玉帛者萬國"（《左傳·哀公七年》），又東巡狩，至會稽之山（今浙江中部紹興市一帶），大會諸侯，誅違命後至的防風氏（《國語·魯語下》），死後葬於會稽。紀見《史記》卷一。參見《中國歷史大辭典·先秦史》，上海辭書出版社 1996 年版。　湯：人名。又稱成湯、武湯、武王、太乙、天乙，殷墟甲骨文作唐、成、大乙，周原甲骨文作成唐。名履，主癸之子，商朝的第一位王。湯繼位後始居亳（今地有河南商丘、山東曹縣、河南偃師三説），任用伊尹、仲虺爲輔佐，自葛（今河南寧陵縣北）開始，接連攻滅韋（今河南滑縣東）、顧（今山東鄄城縣東北）、昆吾（今河南濮陽市，一説在新鄭市境内）等夏之屬國，進而滅夏，建立商朝。紀見《史記》卷三《殷本紀》。參見《中國歷史大辭典·先秦史》，上海辭書出版社 1996 年版。

[7]今月七日：中華書局本有校勘記："'七日'，原作'十七日'，據《冊府》卷一五一、卷一七五改。按是月戊申朔，丁巳下詔，爲初十，詔敘已發生之事，不應爲十七日。"見《宋本冊府》卷一五一《帝王部·慎罰門》、卷一七五《帝王部·悔過門》天成三年（928）正月丁巳條。"詔"，《冊府》兩卷均作"内出御札"。

[8]巡檢軍使：官名。即京師巡檢軍使。掌巡邏京師。　渾公兒：人名。籍貫不詳。後唐將領。本書僅此一見。

[9]石敬瑭：人名。後晉高祖，五代後晉的建立者。紀見本書卷七五至卷八〇、《新五代史》卷八。

　　[10]安重誨：人名。應州（今山西應縣）人。五代後唐大臣。傳見本書卷六六、《新五代史》卷二四。　今旦安重誨敷奏：《輯本舊史》之影庫本粘籤：“原本作‘令旦’，今從《冊府元龜》改正。”中華書局本有校勘記：“‘安’字原闕，據彭校、《冊府》卷一五一、卷一七五、《容齋三筆》卷七引《舊五代史》補。”見《容齋三筆》卷七五代濫刑條引《舊五代史》。“令旦”在此處亦不成文。

　　[11]仍削在身職銜：中華書局本有校勘記：“‘削’，原作‘銷’，據《冊府》卷一五一、卷一七五改。”

　　[12]登州：州名。治所在今山東蓬萊市。

　　[13]中書門下：官署名。唐代以來爲宰相處理政務的機構。參見劉後濱《唐代中書門下體制研究——公文形態·政務運行與制度變遷》，齊魯書社2004年版。　己未，中書門下奏，國子祭酒望令宰相兼判：《舊五代史考異》：“《五代會要》載原奏云：祭酒之資，歷朝所貴，爰從近代，不重此官。況屬聖朝，方勤庶政，須宏雅道，以振時風。望令宰臣一員，兼判國子祭酒。”見《會要》卷一六國子監條，明本《冊府》卷三二九《宰輔部·兼領門》崔協條錄中書門下奏，後載：“奉敕，令崔協兼判。”《輯本舊史》卷五八《崔協傳》載：“朝廷以國庠事重，命協兼判祭酒事。”

　　[14]崔協：人名。清河（今河北清河縣）人。唐末進士，五代後梁、後唐官員，仕至宰相。傳見本書卷五八。

　　[15]潞州：州名。治所在今山西長治市。　毛璋：人名。滄州（今河北滄縣舊州鎮）人。後唐將領。傳見本書卷七三、《新五代史》卷二六。　右金吾上將軍：官名。唐置，掌宮禁宿衛。唐代置十六衛，即左右衛、左右驍衛、左右武衛、左右威衛、左右領軍衛、左右金吾衛、左右監門衛、左右千牛衛，各置上將軍，從二品；大將軍，正三品；將軍，從三品。　左驍衛上將軍：官名。唐置，掌宮禁宿衛。唐代十六衛之一。從二品。　華溫琪：人名。宋州下邑（今河南夏邑縣）人。後唐將領。傳見本書卷九〇、《新五

代史》卷四七。　右金吾大將軍：官名。唐置，掌宮禁宿衞。唐代十六衞之一。正三品。　春州：州名。治所在今廣東陽春市。　刺史：官名。漢武帝時始置。州一級行政長官，總掌考覈官吏、勸課農桑、地方教化等事。唐中期以後，節度使、觀察使轄州而設，刺史爲其屬官，職任漸輕。從三品至正四品下。　張虔釗：人名。遼州（今山西左權縣）人。後唐、後蜀將領。傳見本書卷七四。　鄭州：州名。治所在今河南鄭州市。　防禦使：官名。唐代始置，設有都防禦使、州防禦使兩種。常由刺史或觀察使兼任，實際上爲唐代後期州或方鎮的軍政長官。

[16]契丹：古部族、政權名。公元 4 世紀中葉宇文部爲前燕攻破，始分離而成單獨的部落，自號契丹。唐貞觀中，置松漠都督府，以其首領爲都督。唐末强盛，916 年迭刺部耶律阿保機建立契丹國（遼）。先後與五代、北宋並立，保大五年（1125）爲金所滅。參見張正明《契丹史略》，中華書局 1979 年版。　平州：州名。治所在今河北盧龍縣。　契丹陷平州：《舊五代史考異》：“契丹陷平州，《歐陽史》作丁巳，《通鑑》不書日。考平州自梁開平中劉守光以賂契丹，天成元年盧文進舉其地以歸於唐，至三年復爲遼人所取，自是平州遂屬於遼。宋人論石晉賂遼故地，兼及平州，蓋未詳考，今附識于此。”見《新五代史》卷六《唐本紀六》天成三年正月丁巳條、《通鑑》卷二七六天成三年正月條。

[17]“癸亥”至“不用虧缺點畫”：《輯本舊史》原無“癸亥”，中華書局本有校勘記：“以上二字原闕，據殿本補。按《册府》卷三繫其事於正月十六日，是月戊申朔，癸亥爲十六日。”見明本《册府》卷三《帝王部·名諱門》清泰二年五月中書門下奏文。

[18]禿汭悲：人名。契丹使者。本書僅此一見。　梅老：梅里，官名。遙輦時有官稱“梅録”，也作“梅落”“梅老”，此即回鶻的“媚録”“密録”，不同時期不同民族轉寫方式不同，職掌也有變化，或總兵爲指揮官，或爲“皇家總管”。參見李桂芝《遼金

簡史》，福建人民出版社 1996 年版，第 19—20 頁。 甲子，契丹遣使禿涊悲梅老等貢獻："甲子"，《輯本舊史》原無，據《宋本册府》卷九七六《外臣部·褒異門》補。《册府》無"遣"字，更確。"禿涊悲梅老"，中華書局本有校勘記："原作'特蘇巴摩琳'。注云：'舊作"禿涊悲梅老"，今改正。'按此係輯録《舊五代史》時所改，今恢復原文。"又見《宋本册府》卷九七六《外臣部·褒異門三》天成三年正月甲子條，甲子爲十七日。

[19]指揮使：官名。唐末、五代軍隊、州軍多置都指揮使、指揮使，爲統兵將領。 奔托山：人名。籍貫不詳。本書僅此一見。

帝遣散指揮使奔托山押國信賜契丹王妻："奔托山"，《輯本舊史》之影庫本粘籤："原本作'賁托山'，考《通鑑》作'奔'，胡三省云：奔，姓也。今改正。" "散指揮使"，中華書局本有校勘記："'散指揮使'，原作'指揮使'，據《册府》卷九七六改。"見《册府》卷九七六天成三年正月甲子條、《通鑑》卷二七九清泰元年四月庚午條胡注引史炤言。

[20]隨駕馬軍都指揮使：官名。後唐隨駕馬軍統兵將領。 富州：州名。治所在今廣西昭平縣。 康義誠：人名。沙陀部人。五代後唐將領。傳見本書卷六六、《新五代史》卷二七。 隨駕步軍都指揮使：官名。後唐隨駕步兵統兵將領。 潮州：州名。治所在今廣東潮州市。 楊漢章：人名。籍貫不詳。五代將領。事見《通鑑》卷二八〇。 遥領：官職術語。雖居此官職，然實際上並不赴任。 寧國軍：方鎮名。治所在宣州（今安徽宣城市）。唐景福元年（892）升宣歙觀察使爲寧國軍節度使，天復三年（903）廢。五代吴復置。

[21]玄元皇帝：即老子。春秋時楚國苦縣（今河南鹿邑縣東）人。傳説爲李氏，名耳，字聃，或稱老聃。曾任周王朝的守藏史，孔子曾向其問禮。後見周室衰弱，出函谷關（一説散關），關令尹喜留其著書，乃著《道德經》上下篇而去。傳見《史記》卷六三《老子韓非列傳》。參見《中國歷史大辭典·先秦史》，上海辭書出

版社 1996 年版。

[22]會昌：唐武宗李炎年號（841—846）。

[23]吐蕃：部族名、政權名。隋初，勢力漸盛。唐貞觀三年（629）松贊干布即贊普位，先後統一蘇毗、羊同、白蘭、黨項諸部，建立吐蕃王朝。會昌二年（842），吐蕃贊普達磨遇刺死，王室內部紛爭，統一王朝從此瓦解。共歷九世贊普，二百餘年。參見才讓《吐蕃史稿》，人民出版社 2010 年版。　野利延孫：人名。西北吐蕃部落首領。似爲原六州党項野利諸姓部後裔。　迴鶻：部族名、政權名。即回鶻。又作“回紇”。原係突厥鐵勒部的一支。唐天寶三載（744）建立回鶻汗國，8 世紀末 9 世紀初，回鶻與吐蕃爭奪北庭和安西並最終取勝，統治西域。9 世紀中葉，回鶻汗國瓦解。參見楊蕤《回鶻時代：10—13 世紀陸上絲綢之路貿易研究》，中國社會科學出版社 2015 年版。　米里：本書僅此一見。按照文義可做兩種解釋，一是人名，一是部族名。　都督：官名。一種是唐前期在邊疆地區和戰略要地設置的都督府，管理地方軍政。掌管數州兵馬、甲械、城隍、鎮戍、糧廩，總判府事，一般兼任所在州刺史，兼理民政。到唐玄宗以後，都督逐漸爲節度使所取代。大都督爲從二品，中都督爲正三品，下都督爲從三品。另一種爲羈縻府州，設置於內附民族地。《新唐書·地理志下》：“即其部落列置州縣。其大者爲都督府，以其首領爲都督、刺史，皆得世襲。雖貢賦版籍，多不上戶部，然聲教所暨，皆邊州都督、都護所領。”此處爲羈縻府州。　歸德：官名。即歸德將軍。唐高宗顯慶三年（658）置，授歸唐少數民族政權首領，分隸諸衛。從三品。　懷遠將軍：官名。初見於五代。授予少數民族政權首領。

[24]瀛州：州名。治所在今河北河間市。　李嗣顯：人名。籍貫不詳。後唐將領。事見本書本卷、卷七六。

[25]檢校司空：官名。爲散官或加官，以示恩寵，無實際執掌。按，檢校某某官，唐中後期逐漸確立，五代沿用。多作爲使府或方鎮僚佐秩階、升遷的階官，非正式官銜。參見賴瑞和《論唐代

的檢校官制》，《漢學研究》2006 年第 24 卷第 1 期。　從譓：人名。即李從譓。後唐明宗之弟。本書僅此一見。　太保：官名。與太師、太傅並爲三師。唐後期、五代時多爲大臣、勳貴加官。正一品。

[26]楚國夫人曹氏：人名。籍貫不詳。後唐明宗妃嬪。傳見本書卷四九、《新五代史》卷一五。　韓國夫人王氏：人名。籍貫不詳。後唐明宗妃嬪。傳見本書卷四九、《新五代史》卷一五。

　　二月丁丑朔，有司上言，太陽合虧，既而有雲不見，群官表賀。詔巡幸鄴都事宜停。[1]庚辰，僞吴楊溥遣使貢獻，賀誅朱守殷。[2]帝以荆南拒命，通連淮夷，不納其使，遣還。[3]壬午，以光禄卿韋寂卒廢朝，贈禮部尚書。[4]癸未，工部尚書盧文紀貶石州司馬，員外安置。[5]文紀私諱“業”，[6]時新除于鄴爲工部郎中，[7]舊例，僚屬名與長官諱同，或改其任。文紀素與宰相崔協有隙，故中書未議改官。[8]于鄴授官之後，文紀自請連假。鄴尋就位，及差延州官告使副，[9]未行，文紀參告，且言候鄴迴日終請換曹，鄴其夕自經而死，故文紀貶官。以倉部郎中何澤爲吏部郎中，[10]獎伏閤諫巡幸鄴都也。丁亥，天德軍節度使郭承豐加檢校司徒。[11]辛卯，以山南西道節度使張筠爲左驍衛上將軍。[12]詔中外群臣父母亡没者，並與追封贈。癸巳，以禮部尚書崔貽孫卒輟朝。[13]甲午，以吐渾寧朔、奉化兩府都知兵馬使李紹魯爲吐渾寧朔府都督。[14]乙未，以樞密使兼東都留守孔循爲許州節度使兼東都留守，鄧州節度使高行珪移鎮安州，應州節度使李從璋移鎮滑州，滑州節度使盧文進移鎮鄧州。[15]丁酉，以責授檀州刺史劉訓爲右龍武大將軍。[16]己亥，迴鶻可汗仁喻遣都督李阿山等貢獻。[17]壬寅，以左金吾大將軍羅周敬爲同州節度使。[18]甲辰，以威塞軍節度使張廷裕卒廢朝，詔贈太保。[19]以耀州團練使孫岳爲閬州團練使，以左監門上將軍高允貞爲右金吾衛大將軍，以右金吾衛大將軍華溫琪爲左金吾衛大將軍。[20]

[1]"二月丁丑朔"至"宜停"：日食不見，百官稱賀，亦見《輯本舊史》卷一三九《天文志》。"詔巡幸鄴都事宜停"，中華書局本有校勘記："'鄴都'，原作'汴京'，據殿本、孔本、邵本校、《册府》卷一一四、《通鑑》卷二七六改。"見明本《册府》卷一一四《帝王部·巡幸門三》天成三年（928）二月丁酉條、《通鑑》卷二七六天成三年二月丁丑條。

[2]吴：政權名。五代時十國之一，楊行密所建。唐景福元年（892），楊行密任淮南節度使，据揚州。天復二年（902）被唐朝封爲吴王，建都廣陵（即揚州），稱江都府。吴國統治地區有今江蘇、安徽、江西、湖北等地。吴國在楊行密統治時期，政權相對穩定，獎勵農桑，江淮一帶社會經濟有所恢復。唐天祐二年（905），楊行密死，其子楊渥繼位，大權旁落於權臣張顥、徐溫、徐知誥等人。吴天祚三年（937）爲南唐所取代。凡四主，共三十六年。楊行密傳見本書卷一三四、《新唐書》卷一八八、《新五代史》卷六一。　楊溥：人名。五代十國吴睿帝，後禪位於徐知誥。傳見本書卷一三四、《新五代史》卷六一。　朱守殷：人名。籍貫不詳。五代後唐將領。傳見本書卷七四、《新五代史》卷五一。

[3]荆南：又稱南平。五代十國之一。後梁開平元年（907）朱溫命高季興爲荆南節度使，梁末帝時封季興爲渤海王。同光二年（924）受後唐封爲南平王。　淮夷：五代十國之吴國。

[4]光禄卿：官名。南朝梁天監七年（508）改光禄勳置，隋唐沿置。掌宮殿門户、帳幕器物、百官朝會膳食等。從三品。　韋寂：人名。籍貫不詳。本書僅此一見。　禮部尚書：官名。尚書省禮部主官。掌禮儀、祭享、貢舉之政。正三品。

[5]工部尚書：官名。尚書省工部主官。掌百工、屯田、山澤之政令。正三品。　盧文紀：人名。京兆萬年（今陝西西安市長安區）人。唐末進士，五代宰相。傳見本書卷一二七、《新五代史》卷五五。　石州：州名。治所在今山西吕梁市離石區。　司馬：官名。州軍佐官，名義上紀綱衆務，通判列曹，品高俸厚，實際上無具體職事，多用以安置貶謫官員，或用作遷轉官階。上州從五品下，中州正六品下，下州從六品上。　員外：古代官員名額有定數，是爲"正員額"。在正員額以外所任官員，稱爲"員外置"。

[6]文紀私諱"業"：《輯本舊史》之影庫本粘籤："原本作'諱葉'，今從《册府元龜》改正。"《宋本册府》卷八二五《總録部·名字門二》郭彦夔條祇載"于鄴奏名是盧文紀私諱"，未云諱業。

[7]于鄴：人名。籍貫不詳。五代後唐官員。本書僅此一見。　工部郎中：官名。尚書省屬官，位在侍郎之下、員外郎之上。六部的郎中主持各司事務。從五品上。

[8]中書：官署名。"中書門下"的簡稱。唐代以來爲宰相處理政務的機構。參見劉後濱《唐代中書門下體制研究——公文形態·政務運行與制度變遷》，齊魯書社2004年版。

[9]延州：州名。治所在今陝西延安市。　官告使副：官名。唐朝所置專送封官告身之使者。

[10]倉部郎中：官名。尚書省户部倉部司長官。掌天下庫儲，出納租税、禄糧、倉廩之事。以木契百，合諸司出給之數，以義倉、常平倉備凶年，平穀價。從五品上。　何澤：人名。廣州（今廣東廣州市）人。五代後唐、後晋官員。傳見本書附録、《新五代史》卷五六。　吏部郎中：官名。尚書省吏部頭司吏部司長官。掌

文官階品、朝集、禄賜，給其告身、假使以及選補流外官等事。《新唐書》記正五品上。　　以倉部郎中何澤爲吏部郎中：中華書局本有校勘記：“《通鑑》卷二七三胡注引《薛史》：‘何澤，廣州人，梁貞明中清海節度使劉陟薦其才，以進士擢第。’按此則係《舊五代史·何澤傳》佚文，清人未輯《何澤傳》，姑附於此。”見《通鑑》卷二七三同光二年（924）九月癸卯條胡注。何澤增傳，見本書卷九二。

　　［11］天德軍：方鎮名。治天德軍城（今内蒙古烏拉特前旗烏梁素海土城子）。　　郭承豐：人名。籍貫不詳。中華書局本有校勘記：“劉本作郭彦豐。”郭承豐在《輯本舊史》中僅此一見，未見其任天德軍節度使（治豐州）之記載。　　檢校司徒：官名。爲散官或加官，以示恩寵，無實際執掌。

　　［12］山南西道：方鎮名。治所在興元府（今陝西漢中市）。張筠：人名。海州（今江蘇連雲港市海州區）人。五代後唐將領。傳見本書卷九〇、《新五代史》卷四七。　　以山南西道節度使張筠爲左驍衛上將軍：《舊五代史考異》：“《通鑑》作左衛上將軍，《歐陽史》從《薛史》作左驍衛。”見《新五代史》卷四七《張筠傳》、《通鑑》卷二七六天成三年二月庚辰條。

　　［13］崔貽孫：人名。籍貫不詳。後唐官員。傳見本書卷六九。

　　［14］吐渾：部族名。吐谷渾的省稱。源出鮮卑，後游牧於今甘肅、青海一帶。參見周偉洲《吐谷渾資料輯録》（增訂本），商務印書館 2017 年版。　　寧朔：羈縻府名。治所在今河北蔚縣。　　奉化：羈縻府名。治所在今河北蔚縣。　　都知兵馬使：官名。原爲唐、五代方鎮自置之部隊統率官，稱兵馬使，其權尤重者稱兵馬大使或都知兵馬使。掌兵馬訓練、指揮。此處指寧朔、奉化都督府的統兵官。　　李紹魯：人名。原名白承福。吐谷渾首領。後唐莊宗以吐谷渾部落置寧朔、奉化兩府，以承福爲都督。賜姓名爲李紹魯，訛作“李紹虜”。事見《新五代史》卷七四。

　　［15］樞密使：官名。樞密院長官，五代時以士人爲之。備顧

問，參謀議，出納詔奏，權侔宰相。參見李全德《唐宋變革期樞密院研究》，國家圖書館出版社 2009 年版。　東都留守：官名。古代皇帝出巡或親征時指定親王或大臣留守京城，綜理國家軍事、行政、民事、財政等事務，稱京城留守。在陪都或軍事重鎮也常設留守，以地方長官兼任。　孔循：人名。籍貫不詳。五代後唐大臣。傳見《新五代史》卷四三。　許州：州名。治所在今河南許昌市。

鄧州：州名。治所在今河南鄧州市。《輯本舊史》之影庫本粘籤："原本作'甄州'，今據《歐陽史·盧文進傳》改正。"《新五代史》卷四八《盧文進傳》云"徙鎮威勝"，據《輯本舊史》卷三〇《唐莊宗紀四》同光元年十二月戊寅條，鄧州爲威勝軍治。　高行珪：人名。幽州（今北京市）人。五代名將。傳見本書卷一二三、《新五代史》卷四八。　安州：州名。治所在今湖北安陸市。　應州：州名。治所在今山西應縣。　李從璋：人名。後唐明宗從子。五代後唐、後晉將領。傳見本書卷八八、《新五代史》卷一五。　滑州：州名。治所在今河南滑縣。　盧文進：人名。范陽（今河北涿州市）人。後唐將領，先後投降契丹、南唐。傳見本書卷九七、《新五代史》卷四八。

[16]檀州：州名。治所在今北京市密雲區。　劉訓：人名。隰州永和（今山西永和縣）人。五代將領。傳見本書卷六一。　右龍武大將軍：官名。唐置六軍，分左、右羽林，左、右龍武，左、右神武，即"北衙六軍"。正三品。

[17]己亥：《舊五代史考異》："《歐陽史》作戊戌。"見《新五代史》卷六《唐本紀六》天成三年（928）二月戊戌條。己亥二三、戊戌二二，相差一日。　仁喻：人名。又作"仁裕"。五代甘州回鶻可汗。本名阿咄欲，仁美之弟。後唐同光二年，兄仁美卒後，權知國事，稱權知可汗。天成三年被後唐明宗冊封爲順化可汗。後晉天福四年（939），被後晉高祖冊封爲奉化可汗。　都督：回鶻部落首領和軍官的稱號。鄂爾渾突厥文碑銘寫作 Tutuq 或 Totoq，爲漢語詞彙"都督"的借詞。　李阿山：人名。回鶻使者。

事見本書卷一三八、《新五代史》卷七四。

[18]左金吾大將軍：官名。唐置，掌宮禁宿衛。唐代十六衛之一。正三品。　羅周敬：人名。魏州貴鄉（今河北大名縣）人。五代將領。傳見本書卷九一。　同州：州名。治所在今陝西大荔縣。

[19]威塞軍：方鎮名。治所在今河北涿鹿縣。　張廷裕：人名。代北（今山西代縣）人。後唐將領。傳見本書卷六五。

[20]耀州：州名。治所在今陝西銅川市耀州區。　團練使：官名。唐代中期以後，於不設節度使的地區設團練使，掌本區各州軍政。　孫岳：人名。稷州（今陝西武功縣）人，一本作冀州（今河北衡水市冀州區）人。五代後唐大臣。傳見本書卷六九。　閬州：州名。治所在今四川閬中市。　左監門上將軍：官名。唐置，掌宮禁宿衛。唐代十六衛之一。從二品。　高允貞：人名。籍貫不詳。後唐將領。事見本書本卷、卷三〇、卷三八、卷四四、卷四六。　右金吾衛大將軍：官名。唐置，掌宮禁宿衛。唐代十六衛之一。正三品。　左金吾衛大將軍：官名。唐置，掌宮禁宿衛。唐代十六衛之一。正三品。

　　三月丁未朔，以久雨，詔文武百辟極言時政得失。丁巳，以邢州節度使王景戡爲華州節度使，以前北京副留守李從溫爲邢州節度使。[1]己未，以宰臣鄭珏爲開府儀同三司、左僕射致仕，加食邑五百戶。[2]庚申，以前復州刺史翟璋爲新州威塞軍留後。[3]中書奏：「孟夏薦饗，合宰相行事，在朝只有宰相二員，今東都留守孔循帶平章事，[4]宜令攝太尉行事。」孔循稱：「使相有戎機，不當司祠祭重事。」[5]癸亥，以前鎮州節度使王建立爲右僕射兼中書侍郎、平章事、集賢殿大學士、判三司。[6]西方鄴上言，收復歸州。[7]以前鄭州刺史楊漢賓爲洋州武定軍留後。[8]戊辰，以前彰國軍節度副使陳皋爲鳳州武興軍留後，以前蔡州刺史孫漢韶爲應州彰國軍留後，以宣徽南院使范延光爲樞密使，以宣徽北院使、判三司張延朗爲宣徽南院使，以前冀州刺史夔繼英爲耀州團練使，以懷州刺史張廷蘊爲金州防禦使。[9]己巳，命范延光權知鎮州軍府事。[10]西方鄴奏，於歸州殺敗荊南賊軍。[11]太白山道士解元龜自西川至，[12]對於便殿，稱年一百一歲。既而上表乞西都留守兼西川制置使，[13]要修西京宮闕。帝謂侍臣曰：“此人老耄，自遠來朝，方期別有異見，反爲身名，甚可笑也。”賜號知白先生，賜紫，放歸山。甲戌，册迴鶻可汗仁喻爲順化可汗。

[1]邢州：州名。治所在今河北邢臺市。《輯本舊史》之影庫本粘籤：“原本作‘汧州’，今從《册府元龜》改正。”檢《册府》相關卷未見“邢州節度使王景戡”，但《輯本舊史》卷三七《明宗紀三》天成元年（926）十一月戊午條載“以滄州留後王景戡爲邢州節度使”。且五代亦無汧州，蓋形近之誤。　王景戡：人名。籍貫不詳。後唐將領。事見本書本卷、卷三四、卷三七、卷四〇、卷四二、卷四六、卷四七、卷四八。　華州：州名。治所在今陝西渭南市華州區。　北京：地名。即太原府。治所在今山西太原市。副留守：官名。古代皇帝出巡或親征時指定親王或大臣留守京城，綜理國家軍事、行政、民事、財政，稱京城留守。在陪都或軍事重鎮也常設留守。時鄴都爲陪都，常設留守以守衛京師，以地方長官兼任。副留守即其副貳。　李從溫：人名。後唐明宗之侄。傳見本書卷八八、《新五代史》卷一五。

[2]鄭珏：人名。滎陽（今河南滎陽市）人。唐末進士，五代後梁、後唐宰相。傳見本書卷五八、《新五代史》卷五四。　開府

儀同三司：官名。曹魏始置，隋、唐時爲散官之最高官階，多授功勳重臣。從一品。　　左僕射：官名。秦始置。隋、唐前期以左、右僕射佐尚書令總理六官，綱紀庶務；如不置尚書令，則總判省事，爲宰相之職。唐後期多爲大臣加銜。從二品。

　　[3]庚申：中華書局本作"庚辰"，校勘記："按是月丁未朔，無庚辰，本卷繫其事於己未、癸亥間，疑爲庚申。"但未改。己未爲十三，癸亥爲十七，庚申爲十四，今據改。　　復州：州名。治所在今湖北天門市。　　翟璋：人名。籍貫不詳。後唐、契丹將領。傳見本書卷九五。中華書局本有校勘記："原作'翟章'，據本書卷四〇《唐明宗紀六》改。按本書卷九五有《翟璋傳》。"《輯本舊史》卷四〇《唐明宗紀六》天成四年五月丁亥條載，"以新州威塞軍留後翟璋爲威塞軍節度使"。　　新州：州名。治所在今河北涿鹿縣。　　留後：官名。唐、五代節度使多以子弟或親信爲留後，以代行節度使職務，亦有軍士、叛將自立爲留後者。掌一州或數州軍政。

　　[4]平章事：官名。即"同中書門下平章事"。唐代高宗以後，凡實際任宰相之職者，常在其本官後加同平章事的職銜，後成爲宰相專稱。後晉天福五年（940），升中書門下平章事爲正二品。

　　[5]不當司祠祭重事：中華書局本有校勘記："'當'字原闕，據殿本、孔本補。《册府》卷三三六敘其事作'不合當祠祭重事'。"見明本《册府》卷三三六《宰輔部·強很門》孔循條。

　　[6]鎮州：州名。治所在今河北正定縣。　　王建立：人名。遼州榆社（今山西榆社縣）人。五代後唐、後晉大臣。傳見本書卷九一、《新五代史》卷四六。　　右僕射：官名。秦始置。隋、唐前期以左、右僕射佐尚書令總理六官，綱紀庶務；如不置尚書令，則總判省事，爲宰相之職。唐後期多爲大臣加銜。從二品。　　中書侍郎：官名。中書省副長官。唐後期三省長官漸爲榮銜，中書侍郎、門下侍郎却因參議朝政而職位漸重，常常用爲以"同三品"或"同平章事"任宰相者的本官。正三品。　　集賢殿大學士：官名。

唐中葉置，位在學士之上，以宰相兼。掌修書之事。　三司：官署名。五代後唐明宗天成元年（926）合鹽鐵、度支、户部爲一職，始稱三司，爲中央最高之財政管理機構。

[7]西方鄴：人名。定州滿城（今河北保定市滿城區）人。五代後唐將領。傳見本書卷六一、《新五代史》卷二五。　歸州：州名。治所在今湖北秭歸縣。

[8]楊漢賓：人名。籍貫不詳。五代後唐、後晋將領。事見《通鑑》卷二七七、卷二八〇。　洋州：州名。治所在今陜西洋縣。

武定軍：方鎮名。治所在洋州（今陜西洋縣）。

[9]彰國軍：方鎮名。治所在應州（今山西應縣）。　節度副使：官名。唐、五代方鎮屬官，位於行軍司馬之下、判官之上。陳皋：人名。籍貫不詳。後唐將領。事見本書本卷、卷四〇、卷四一、卷四二、卷四六。　鳳州：州名。治所在今陜西鳳縣。　武興軍：方鎮名。治所在今陜西鳳縣。　蔡州：州名。治所在今河南汝南縣。　孫漢韶：人名。太原（今山西太原市）人。後唐、後蜀將領。傳見孫漢韶墓誌（拓片刊《成都出土歷代墓銘券文圖録綜釋》，文物出版社 2012 年版）。　宣徽南院使：官名。唐始置。宣徽南院的長官。初用宦官，五代以後改用士人。與宣徽北院使通掌內諸司及三班內侍之名籍，郊祀、朝會、宴享供帳之儀，檢視內外進奉名物。參見王永平《論唐代宣徽使》，《中國史研究》1995 年第 1 期；王孫盈政《再論唐代的宣徽使》，《中華文史論叢》2018 年第 3 期。　范延光：人名。鄴郡臨漳（今河北臨漳縣）人。五代後唐、後晋將領。傳見本書卷九七、《新五代史》卷五一。　宣徽北院使：官名。唐始置。宣徽北院的長官。初用宦官，五代以後改用士人。與宣徽南院使通掌內諸司及三班內侍之名籍，郊祀、朝會、宴享供帳之儀，檢視內外進奉名物。參見王永平《論唐代宣徽使》、王孫盈政《再論唐代的宣徽使》。　張延朗：人名。汴州（今河南開封市）人。五代後唐大臣，歷任三司使、宰相。傳見本書卷六九、《新五代史》卷二六。　冀州：州名。治所在今河北衡

水市冀州區。　婁繼英：人名。籍貫不詳。五代後梁、後唐、後晉將領。傳見《新五代史》卷五一。　懷州：州名。治所在今河南沁陽市。　張廷蘊：人名。開封襄邑（今河南睢縣）人。後唐官員。傳見本書卷九四、《新五代史》卷四七。　金州：州名。治所在今陝西安康市。

[10]命范延光權知鎮州軍府事：《輯本舊史》卷九七：“（范延光）遷樞密使，權知鎮州軍府事，尋正授節旄，加檢校太保。”

[11]於歸州殺敗荊南賊軍：中華書局本有校勘記：“句下殿本有‘數千人’三字。”

[12]太白山：山名。位於今陝西寶雞市，是秦嶺主峰。　解元龜：人名。籍貫不詳。本書僅此一見。　西川：方鎮名。治所在成都府（今四川成都市）。

[13]西都：地名。指長安（今陝西西安市）。後唐恢復唐制，以洛陽爲東都，長安爲西都。　制置使：官名。唐後期臨時差遣官，爲地方用兵時控制該地秩序而設。

　　夏四月戊寅，以汴州節度使石敬瑭爲鄴都留守，充天雄軍節度使，加同平章事；以樞密使、權知鎮州軍府事、檢校太保范延光爲鎮州節度使、兼北面水陸轉運使；以司農卿鄭續爲太僕卿。[1]壬午，夔州節度使、東南面副招討使西方鄴加檢校太保。[2]甲申，皇第三女石氏封永寧公主，第十三女趙氏封興平公主，仍令所司擇日冊命。[3]幽州上言，契丹有書求樂器。[4]乙酉，達靼遣使朝貢。[5]以隨駕馬軍都指揮使康義誠爲侍衛親軍馬步軍都指揮使。[6]丙戌，樞密使安重誨兼河南尹；以皇子河南尹、判六軍諸衛事從厚爲汴州節度使，[7]判六軍如故。丁亥，復州奏，湖南大破淮賊於道人磯。[8]以西川馬步軍都指揮使趙廷隱兼漢州刺史，從孟知祥之請也。[9]洋州上言，重開入蜀舊路三百餘里，比今官路較二十五程而近。癸巳，殿中少監石知訥貶憲州司戶，[10]坐扇惑軍鎮也。北面副招討、宋州節度使王晏球以定州節度使王都反狀聞。[11]庚子，制義武軍節度使、檢校太尉、兼中書令、太原王王都削奪官爵。[12]壬寅，以王晏球爲北面行營招討使，知定州行軍州事；以滄州節度使兼北面行營馬軍都指揮使安審通爲副招討使兼諸道馬軍都指揮使；以左散騎常侍蕭希甫兼判大理卿事。[13]西京奏，前樞密使張居翰卒。[14]

[1]汴州：州名。治所在今河南開封市。　天雄軍：方鎮名。亦稱“魏博軍”。唐天祐元年（904）以魏博節度使號爲天雄軍，治所在魏州（今河北大名縣）。　北面水陸轉運使：官名。掌一方水陸轉運、賦稅諸事。爲差遣職事。　范延光：《輯本舊史》之影庫本粘籤：“原本作‘廷光’，今據《歐陽史》改正。”范延光在《輯本舊史》卷九七、《新五代史》卷五一均有長傳。　司農卿：官名。司農寺長官。掌國家之農耕、倉儲以及宮廷百官供應。從三品。　鄭續：人名。籍貫不詳。後唐官員。事見本書本卷、卷四三、卷一三八。　太僕卿：官名。西漢置太僕，南朝梁始置太僕卿。太僕寺長官。掌管車馬及牲畜之政令。從三品。

[2]夔州：州名。治所在今重慶市奉節縣。　副招討使：官名。招討使副職。戰時任命，兵罷則省。掌招撫討伐等事務。

[3]永寧公主：即後唐明宗李嗣源之女，後晉高祖石敬瑭之妻。晉出帝即位，尊爲皇太后。與晉出帝一同被俘至遼國。傳見本書卷八六、《新五代史》卷一七。“永寧”，《輯本舊史》之影庫本粘籤：“原本作‘求寧’，今從《五代會要》改正。”見《會要》卷二公主

條。　興平公主：後唐明宗李嗣源之女，趙延壽之妻。事見本書卷九八。

　　[4]幽州：州名。治所在今北京市。

　　[5]達靼：部族名。其名始見於唐開元二十年（732）突厥文《闕特勤碑》。唐末活躍於陰山一帶。參見白玉冬《九姓達靼游牧王國史研究（8—11世紀）》，中國社會科學出版社2017年版。

　　[6]都指揮使：官名。五代軍隊編制，五百人爲一指揮，設指揮使、副指揮使；十指揮爲一軍，設都指揮使、副都指揮使。

　　[7]河南尹：官名。唐開元元年改洛州爲河南府，治所在今河南洛陽市。以河南府尹總其政務。從三品。　判六軍諸衛事：官名。後唐沿唐代舊制，置六軍諸衛，以判六軍諸衛事爲禁軍六軍與諸衛的最高統帥。　從厚：人名。即後唐閔帝李從厚。小名菩薩奴，明宗第三子。長興四年（933）十二月，李從厚即皇帝位，是爲後唐閔帝。應順元年（934）四月，李從珂入洛陽即帝位，令人毒殺閔帝。紀見本書卷四五、《新五代史》卷七。

　　[8]湖南：方鎮名。又稱武安軍節度。治所在潭州（今湖南長沙市）。　道人磯：地名。位於今湖南岳陽市陸城鎮。

　　[9]趙廷隱：人名。天水（今甘肅天水市）人。後蜀將領。事見本書本卷。　漢州：州名。治所在今四川廣漢市。《舊五代史考異》：“《九國志·趙廷隱傳》：知祥至蜀，康延孝陷漢州，遣廷隱率兵擊破之，擒延孝，檻送闕下。知祥奏加檢校司空、漢州刺史，遂留屯成都。”見《九國志》卷七《後蜀·趙廷隱傳》，但作“趙庭隱”。　孟知祥：人名。邢州龍岡（今河北邢臺市）人。李克用女婿，五代十國後蜀開國皇帝。傳見本書卷一三六、《新五代史》卷六四。

　　[10]殿中少監：官名。殿中省副長官。掌天子服御，總領尚食、尚藥、尚衣、尚舍、尚乘、尚輦六局之官屬，備其禮物，供其職事。從四品。　石知訥：人名。籍貫不詳。傳見本書附錄。中華書局本有校勘記：“原作‘石知納’，據殿本、《册府》卷九三八、

卷九四二及本卷下文改。"見明本《册府》卷九三八《總録部·姦佞門二》、《宋本册府》卷九四二《總録部·禍敗門》温韜條及本卷本年九月乙未條。　憲州：州名。治所在今山西婁煩縣。　司户：官名。即司户參軍。掌本州屬縣之户籍、賦税、倉庫受納等事。小州之司户，兼掌司法之獄訟斷刑等事。上州從七品下，中州正八品下，下州從八品下。

[11]宋州：州名。治所在今河南商丘市睢陽區。　王晏球：人名。洛陽（今河南洛陽市）人。五代將領。傳見本書卷六四、《新五代史》卷四六。　定州：州名。治所在今河北定州市。　王都：人名。中山陘邑（今河北定州市）人。本姓劉，後爲義武軍節度使王處直養子。五代軍閥。傳見本書卷五四。　北面副招討、宋州節度使王晏球以定州節度使王都反狀聞：《輯本舊史》之案語："《遼史》作三月，王都以定州來歸。《五代春秋》及《通鑑》並從《薛史》作四月。"見《五代春秋》卷上明宗仁德皇帝天成三年（928）四月條、《通鑑》卷二七六天成三年四月癸巳條、《遼史》卷三《太宗紀上》天顯三年三月條（遼天顯三年即唐天成三年）。

[12]義武軍：方鎮名。唐建中三年（782）置，治所在定州（今河北定州市）。　中書令：官名。漢代始置，隋、唐前期爲中書省長官，屬宰相之職；唐後期多爲授予元勳大臣的虛銜。正二品。

[13]招討使：官名。唐始置。戰時任命，兵罷則省。常以大臣、將帥或地方軍政長官兼任。掌招撫討伐等事務。　滄州：州名。治所在今河北滄縣舊州鎮。　安審通：人名。籍貫不詳。後唐將領。事見本書本卷、卷三六、卷三七、卷三八、卷七六、卷九一。　左散騎常侍：官名。門下省屬官。掌侍奉規諷，備顧問應對。正三品下。　蕭希甫：人名。宋州（今河南商丘市睢陽區）人。後梁、後唐官員。傳見本書卷七一、《新五代史》卷二八。大理卿：官名。爲大理寺長官。負責大理寺的具體事務，掌邦國折獄詳刑之事。從三品。

[14]張居翰：人名。籍貫不詳。唐末、五代宦官。傳見本書卷

七二、《新五代史》卷三八。

五月乙巳朔，迴鶻可汗仁喻封順化可汗。[1]丁未，鄴都留守、天雄軍節度使石敬瑭，河陽節度使趙延壽並加駙馬都尉。[2]以右僕射李琪爲太子少傅。[3]辛亥，沙州節度使曹義金加爵邑。[4]王晏球上言，收奪得定州北西二關城。[5]癸丑，湖南馬殷奏，二月中，大破淮寇二萬，生擒將士五百餘人。[6]中書上言：“諸道薦人，宜酌定員數。[7]今後節度使每年許薦二人，帶使相者許薦三人，團練、防禦使各一人，節度、觀察判官並聽旨授，[8]書記已下即許隨府。”從之。以六軍判官、尚書司封郎中史圭爲右諫議大夫，充樞密直學士。[9]詔州縣官以三十月爲考限，刺史以二十五月爲限，以到任日爲始。己未，幽州奏，契丹禿餒領二千騎西南趨定州。[10]以前同州節度使盧質行兵部尚書，[11]判太常卿事。辛酉，以天雄軍節度副使、判興唐府事趙敬怡爲樞密使。[12]詔曰：“上柱國，[13]勳之極也。近代已來，文臣官階稍高，便授柱國，歲月未深，便轉上柱國。武資初官，便授上柱國。今後凡加勳，先自武騎尉，十二轉方授上柱國，[14]永作成規，不令踰越。”丁卯，鎮州奏，今月十八日，王師不利於新樂。[15]壬申，王晏球奏，今月二十一日，大破定州賊軍及契丹於曲陽，[16]斬獲數千人，王都與禿餒以數十騎復入於定州。

　　[1]五月乙巳朔，迴鶻可汗仁喻封順化可汗：中華書局本有校勘記：“按本卷上文‘（三月甲戌）册迴鶻可汗仁喻爲順化可汗’，

兩者疑有一誤。本書卷一三八《回鶻傳》、《册府》卷九六五、《五代會要》卷二八皆繫其事於三月，《新五代史》卷六《唐本紀》繫於五月。"《會要》卷二八回鶻條載："其年三月，命使册（權知可汗）仁裕爲順化可汗。"《輯本舊史》卷一三八《回鶻傳》同《會要》。明本《册府》卷九六五《外臣部·封册門三》載："三年二月，命使册迴鶻權知可汗仁祕爲順化可汗。"《新五代史》卷六繫於五月，《册府》之仁祕爲形近之誤。

［2］趙延壽：人名。常山（今河北正定縣）人。本姓劉，爲後唐將領趙德鈞養子。仕至後唐樞密使，遼朝幽州節度使、燕王。傳見本書卷九八。

［3］李琪：人名。河西敦煌（今甘肅敦煌市）人。後梁、後唐官員。傳見本書卷五八、《新五代史》卷五四。　太子少傅：官名。與太子少保、太子少師合稱"三少"。唐後期、五代時多爲大臣、勳貴加官。從二品。

［4］沙州：州名。治所在今甘肅敦煌市。　曹義金：人名。即曹議金。祖籍亳州（今安徽亳州市），世居敦煌。五代歸義軍節度使。參見榮新江《歸義軍史研究——唐宋時代敦煌歷史考索》，上海古籍出版社2015年版。

［5］收奪得定州北西二關城："北西二關"，《輯本舊史》之影庫本粘籤："原本作'比三關'，今從《通鑑》增改。"《通鑑》卷二七六天成三年（928）四月壬寅條載：是日，晏球攻定州，拔其北關城。五月，禿餒……奔還定州，晏球追至城門，因進攻之，得其西關城。

［6］馬殷：人名。許州鄢陵（今河南鄢陵縣）人，一説上蔡（今河南上蔡縣）人。五代十國南楚開國君主。傳見本書卷一三三、《新五代史》卷六六。　生擒將士五百餘人：中華書局本有校勘記："'餘'字原闕，據殿本、《册府》卷四三五補。"見明本《册府》卷四三五《將帥部·獻捷門》天成三年五月癸丑條。

［7］宜酌定員數：中華書局本有校勘記："殿本、孔本、《册府》

卷六三二作‘總與不可，全阻又難’。”見《宋本册府》卷六三二《銓選部・條制門四》天成三年五月條。

[8]節度、觀察判官：節度判官，官名。唐、五代方鎮僚屬，位在行軍司馬下。分掌使衙内各曹事，並協助使職官員通判衙事。觀察判官，官名。唐肅宗以後置，五代沿置。觀察使屬官，參理田賦事，用觀察使印、署狀。

[9]尚書司封郎中：官名。尚書省吏部司封司主官。掌封爵、命婦、朝會及賜予等政。從五品上。　史圭：人名。常山石邑（今河北石家莊市鹿泉區）人。後唐官員。傳見本書卷九二、《新五代史》卷五六。　右諫議大夫：官名。唐置左、右諫議大夫，左屬門下省，右屬中書省。掌諫諭得失，侍從贊相。正四品下。　樞密直學士：官名。五代後唐莊宗同光元年（923），改直崇政院置，選有政術文學者充任。備顧問應對。

[10]禿餒：人名。一作“托諾”，奚人。契丹將領。事見本書本卷、卷四六。中華書局本有校勘記：“原作‘塔納’，注云：‘舊作“禿餒”，今改正。’按此係輯録《舊五代史》時所改，今恢復原文。”又可參見《宋本册府》卷三六〇《將帥部・立功門一三》王晏球條、《通鑑》卷二七六天成三年五月條。

[11]盧質：人名。河南（今河南洛陽市）人。五代大臣。傳見本書卷九三、《新五代史》卷五六。　兵部尚書：官名。尚書省兵部主官。掌兵衛、武選、車輦、甲械、厩牧之政令。正三品。

[12]興唐府：府名。治所在今河北大名縣。　趙敬怡：人名。籍貫不詳。五代後唐大臣。事見本書本卷、卷四〇。

[13]上柱國：官名。北周武帝建德四年（575），置上柱國爲高級勳官。隋唐沿置。五代後唐明宗天成三年（928）詔，今後凡加勳，先自武騎尉經十二轉方授爲上柱國。正二品。

[14]十二轉方授上柱國：“十二轉”，《輯本舊史》之影庫本粘籤：“原本作‘二輔’，今據《新唐書・百官志》改正。”又見《會要》卷一四司勳條天成三年五月十九日敕及《輯本舊史》卷一四

九《職官志》勳格條，該條並云：“雖有是命，竟不革前例。”

　　[15]新樂：縣名。治所在今河北新樂市。

　　[16]曲陽：縣名。治所在今河北曲陽縣。

　　六月己卯，以右金吾上將軍毛璋爲左金吾上將軍，以前安州節度使史敬鎔爲右金吾上將軍，以前華州節度使劉彥琮爲左武衛上將軍。[1]壬午，放内園鹿七頭於深山。乙酉，皇子故金槍指揮使、檢校左僕射從璟贈太保。[2]己丑，幽州趙德鈞奏，[3]殺契丹千餘人於幽州東，獲馬六百匹。壬辰，宰臣馮道率百僚上表，[4]請上尊號曰聖明神武文德恭孝皇帝，詔報不允。丙申，馮道等再上尊號，不允。戊戌，以西京副留守、知留守事張遵誨行京兆尹。[5]

　　[1]史敬鎔：人名。五代後唐將領。傳見本書卷五五。　劉彥琮：人名。雲中（今山西大同市）人。後唐將領。傳見本書卷六一。　左武衛上將軍：官名。唐置，掌宮禁宿衛。唐代十六衛之一。從二品。

　　[2]金槍指揮使：官名。所部統兵將領。金槍爲五代禁軍番號。　檢校左僕射：官名。左僕射爲隋唐宰相名號。檢校左僕射爲散官或加官，以示恩寵，無實際執掌。　從璟：人名。即李從璟。後唐明宗李嗣源之子。傳見本書卷五一、《新五代史》卷一五。

　　[3]趙德鈞：人名。幽州（今北京市）人。初爲幽州節度使劉守光部將，再爲後唐將領，後投降遼國。傳見本書卷九八。

　　[4]馮道：人名。瀛州景城（今河北滄縣）人。五代時官拜宰相，歷仕後唐、後晋、後漢、後周，亦曾臣服於契丹。傳見本書卷一二六、《新五代史》卷五四。

[5]張遵誨：人名。魏州（今河北大名縣）人。後唐將領。傳見本書卷六一。　京兆尹：官名。唐開元元年（713）改雍州置京兆府，治所在今陝西西安市。以京兆尹總其政務。從三品。

秋七月乙巳，詔故僞蜀主王衍追封順正公，[1]以諸侯禮葬。丙午，以前武信軍節度使李敬周爲邠州節度使。[2]丁未，以滄州節度使安審通卒於師輟朝。壬子，以朔方節度使韓洙卒廢朝。[3]甲寅，王晏球奏，六月二十二日進攻逆城，將士傷者三千人。時晏球知城中有備，未欲急攻，朱宏昭、張虔釗切於立功，[4]促攻賊壘，晏球不得已而進兵，遂致傷痍者衆。乙卯，以太子少保李茂勳卒輟朝。[5]己未，詔弛麴禁，許民間自造，於秋苗上徵納麴價，畝出五錢。[6]時孔循以麴法殺一家於洛陽，[7]或獻此議，以爲愛其人，便於國，故行之。宗正卿李紓除名，刑部侍郎馬縞貶綏州司馬，刑部員外郎李慎儀貶階州司户。[8]初，李紓差攝陵臺令張保嗣等各虛稱試銜，爲奉先令王延朗所訟，大理寺斷以詐假官論，刑部詳覆，稱非詐假。[9]大理執之，召兩司廷議，刑部理屈，故有是貶。紓續敕配隴州，[10]徒一年。未幾，詔曰：“天下州府，例是攝官，皆結試銜，[11]或因勘窮，便關詐假。已前或有稱試銜，一切不問，此後並宜禁止。”曹州刺史成景宏貶綏州司户參軍，續敕長流宥州，尋賜自盡，坐受本州倉吏錢百緡也。[12]壬戌，齊州防禦使曹廷隱以奏舉失實，配流永州，續敕賜自盡。[13]甲子，王晏球奏，今月十九日契丹七千騎來援定州，王師逆戰於唐河北，[14]大破之。追至滿城，又破之，斬二千級，獲馬千匹。[15]戊辰，福建節度使王延鈞可依前檢校太師、守中書令，[16]進封閩王。己巳，王晏球奏，此月二十一日，追契丹至易州，[17]掩殺四十里，擒獲甚眾。故朔方節度使韓洙贈太尉。以兵部侍郎王權、御史中丞梁文矩並爲吏部侍郎，以左諫議大夫呂夢奇爲御史中丞。[18]

[1]王衍：人名。許州舞陽（今河南舞陽縣）人。王建幼子，五代十國前蜀皇帝。傳見本書卷一三六、《新五代史》卷六三。

[2]武信軍：方鎮名。治所在遂州（今四川遂寧市）。 李敬周：人名。又名李周。邢州內丘（今河北內丘縣）人。五代將領。傳見本書卷九一、《新五代史》卷四七。 邠州：州名。治所在今陝西彬縣。

[3]朔方：方鎮名。又稱靈州、靈鹽。治所在靈州（今寧夏吳忠市）。 韓洙：人名。籍貫不詳。五代軍閥。事見本書卷一三二。

[4]朱宏昭：人名。籍貫不詳。後唐將領。事見本書本卷、卷四一。

[5]太子少保：官名。與太子少傅、太子少師合稱"三少"，唐後期、五代時多爲大臣、勳貴加官。從二品。 李茂勳：人名。籍貫不詳。五代後梁、後唐將領。事見本書本卷、卷二。

[6]己未：《輯本舊史》之影庫本粘籤："原本作'丁未'。考《通鑑》云：東都民有犯私麴者，留守孔循族之。或請聽民造麴，而于秋稅畝收五錢。己未，敕從之。今改正。"見《通鑑》卷二七六天成三年（928）七月己未條。 詔弛麴禁，許民間自造，於秋苗上徵納麴價：詔文內容，《通曆》卷一三後唐明宗條略同。

[7]洛陽：地名。即今河南洛陽市。

[8]宗正卿：官名。秦始置宗正，南朝梁始有宗正卿之官。由宗室充任。掌皇族外戚屬籍。正三品。 李紓：人名。五代後唐宗室。歷任太僕卿、宗正卿。天成三年七月除名。事見本書本卷。

刑部侍郎：官名。尚書省刑部次官。協助刑部尚書掌天下刑法及徒隸、勾覆、關禁之政令。正四品下。　馬縞：人名。籍貫不詳。後唐官員。傳見本書卷七一、《新五代史》卷五五。　綏州：州名。治所在今陝西綏德縣。　刑部員外郎：官名。刑部郎中之副職，協理刑部司事務。從六品上。　李慎儀：人名。籍貫不詳。五代後唐、後晉官員。事見本書本卷、卷六七、卷七六、卷七九、卷八二、卷八四。　階州：州名。治所在今甘肅隴南市武都區。

　　[9]陵臺令：官名。唐置陵臺，掌管皇陵事務。五代沿用。長官爲陵臺令。從五品上。　張保嗣：人名。籍貫不詳。本書僅此一見。　奉先：縣名。治所在今陝西乾縣。《太平寰宇記》卷三一：“乾州，本京兆奉天縣，唐末李茂貞建爲乾州。”《新唐書·地理志一》記京兆奉天縣，文明元年析醴泉等縣置，以奉乾陵……乾寧二年以縣置乾州。按錢大昕《考異》卷六五：“‘奉先’當作‘奉天’。”　王延朗：人名。籍貫不詳。本書僅此一見。　大理寺：官署名。掌折獄、詳刑。

　　[10]隴州：州名。治所在今陝西隴縣。

　　[11]試銜：《輯本舊史》之影庫本粘籤：“原本作‘私銜’，今據《五代會要》改正。”《會要》卷一七試攝官條載天成四年正月敕，無“皆結試銜”語。

　　[12]曹州：州名。治所在今山東曹縣西北。　成景宏：人名。籍貫不詳。本書僅此一見。　宥州：州名。治所在今内蒙古鄂托克旗南境。

　　[13]齊州：州名。治所在今山東濟南市。　曹廷隱：人名。魏州（今河北大名縣）人。五代後梁將領。傳見本書卷七一。　永州：州名。治所在今湖南永州市。　“壬戌”至“續敕賜自盡”：《舊五代史考異》：“《歐陽史》作己未，殺齊州防禦使曹廷隱。己未在壬戌前三日，不應發配在後，賜死轉在前也，《歐陽史》疑訛。”見《新五代史》卷六《唐本紀六》天成三年七月己未條。七月甲辰朔；己未十六，壬戌十九，《新五代史》誤。

[14]唐河：水名。源自今河北唐縣北，南流經唐縣東，至今定州市北入滱水。《輯本舊史》之影庫本粘籤：“原本作‘康河’，今據《通鑑》改正。”見《通鑑》卷二七六天成三年七月壬戌條。五代亦無康河。

[15]滿城：縣名。治所在今河北保定市滿城區。　追至滿城，又破之，斬二千級，獲馬千匹：《輯本舊史》之案語：“《通鑑》：壬戌，王晏球破契丹于唐河北。甲子，追至易州。所推《長曆》與《薛史》合。”見《通鑑》卷二七六天成三年七月壬戌、甲子條。中華書局本有校勘記：“以上十五字原闕，據殿本、孔本補。《冊府》卷四三五作‘襲至蒲城，又掩殺二千級，捉馬千匹’，‘蒲城’係‘滿城’之訛。《新五代史》卷四六《王晏球傳》作‘追擊至滿城，斬首二千級，獲馬千匹’。”見明本《冊府》卷四三五《將帥部·獻捷門二》天成三年七月甲子條，《輯本舊史》卷六四《王晏球傳》、《通鑑》卷二七六天成三年七月甲子條作“易州”。

[16]福建：方鎮名。治所在福州（今福建福州市）。　王延鈞：人名。即王鏻。王審知次子，五代十國閩國君主。傳見本書卷一三四、《新五代史》卷六八。　檢校太師：官名。爲散官或加官，以示恩寵，無實際執掌。太師，與太傅、太保並爲三師。

[17]易州：州名。治所在今河北易縣。

[18]兵部侍郎：官名。兵部副長官，與尚書分掌武官銓選、勳階、考課之政。正四品下。　王權：人名。太原（今山西太原市）人。五代官員。傳見本書卷九二、《新五代史》卷五六。　御史中丞：官名。如不置御史大夫，則爲御史臺長官。掌司法監察。正四品下。　梁文矩：人名。鄆州（今山東東平縣）人。五代官員。傳見本書卷九二。　吏部侍郎：官名。尚書省吏部次官。協助吏部尚書掌文選、勳封、考課之政。正四品上。　左諫議大夫：官名。隸門下省。唐代置左、右諫議大夫各四人，分隸門下省、中書省。掌諫諭得失，侍從贊相。正四品下。　呂夢奇：人名。五代官員。事見本書本卷、卷三六、卷四〇、卷四三、卷七三等。

　　八月癸酉朔，以翰林學士守中書舍人李懌、劉昫並爲户部侍郎充職，以吏部侍郎劉岳守祕書監，以吏部侍郎韓彦惲守禮部尚書，以户部侍郎歸藹守太子賓客，以户部侍郎裴皞守兵部侍郎，以中書舍人張文寶守刑部侍郎。[1]詔凡有姓犯廟諱者，以本望爲姓。丁丑，以檢校尚書右僕射、守右龍武大將軍劉訓爲晋州節度使、檢校太傅。[2]壬午，幽州趙德鈞奏，於府西邀殺契丹敗黨數千人，生擒首領惕隱等五十餘人。[3]是時，官軍襲殺契丹，屬秋雨繼降，泥濘莫進，人饑馬乏，散投村落，所在村民持白梃毆殺之。德鈞出兵接於要路，惟奇峰嶺北有馬潛遁脱者數十，餘無噍類。[4]帝致書喻其本國。[5]辛卯，以朔方軍留後韓璞爲朔方軍節度使、靈武雄警甘肅等州觀察使、檢校司徒。[6]帝聞隨、鄧、復、郢、均、房之民，[7]父母骨肉有疾，以長竿遥致粥食而餇之，出嫁女，夫家不遣來省疾，乃下詔委長吏嚴加禁察。房州奏，新開山路四百里，南通夔州，畫圖以獻。以前洋州節度使戴思遠爲太子少保致仕。[8]庚子，詔：“今後翰林學士入院，以先後爲班次，承旨一員，不計官資先後，在學士之上。”

　　[1]翰林學士：官名。由南北朝始設之學士發展而來，唐玄宗改翰林供奉爲翰林學士，備顧問，代王言。掌拜免將相、號令征伐等詔令的起草。　中書舍人：官名。中書省屬官。掌起草文書、呈遞奏章、傳宣詔命等。正五品上。　李懌：人名。京兆（今陝西西安市）人。五代官員。傳見本書卷九二、《新五代史》卷五五。劉昫：人名。涿州歸義（今河北雄縣）人。五代大臣，曾任宰相、

監修國史，領銜撰進《舊唐書》。傳見本書卷八九、《新五代史》卷五五。　　户部侍郎：官名。尚書省户部次官。協助户部尚書掌天下田户、均輸、錢穀之政令。正四品下。　　劉岳：人名。洛陽（今河南洛陽市）人。五代後唐大臣。傳見本書卷六八、《新五代史》卷五五。　　祕書監：官名。秘書省長官。掌圖書秘記等。從三品。

　韓彦惲：人名。籍貫不詳。五代後唐大臣。本書僅此一見。　　歸藹：人名。吴郡（今江蘇蘇州市）人。五代官員。傳見本書卷六八。　　太子賓客：官名。爲太子官屬。唐高宗顯慶元年（656）始置。掌侍從規諫，贊相禮儀。正三品。　　裴皞：人名。河東（今山西太原市）人。五代官員。傳見本書卷九二、《新五代史》卷五七。　　張文寶：人名。籍貫不詳。五代後唐官員。傳見本書卷六八。

　　[2]檢校尚書右僕射：官名。尚書右僕射，秦始置。隋、唐前期以左、右僕射佐尚書令總理六官，綱紀庶務；如不置尚書令，則總判省事，爲宰相之職。唐後期多爲大臣加銜。檢校官無實際執掌。從二品。　　晉州：州名。治所在今山西臨汾市。　　右龍武大將軍：中華書局本有校勘記："'右'字原闕，據《册府》卷一四九及本卷上文補。"見本卷二月丁酉條及《宋本册府》卷一四九《帝王部·捨過門》天成三年（928）二月敕。

　　[3]惕隱：官名。出自契丹語。遼朝惕隱主要分爲兩類。中央惕隱掌管皇族教化和皇族户籍；地方惕隱，即遼朝在各部族及屬國屬部設置的惕隱，各部族的惕隱配合部族節度使管理部族事務，屬國屬部惕隱一般爲該部酋長。參見鞠賀《遼朝惕隱研究》，《西北民族大學學報》2019年第1期。中華書局本有校勘記："原作'特哩袞'，注云：'舊作"惕隱"，今改正。'按此係輯録《舊五代史》時所改，今恢復原文。'等五十餘人'，殿本作'及其屬凡五十餘人'。"明本《册府》卷四一〇《將帥部·壁壘門》趙德鈞條、卷四三五《將帥部·獻捷門二》天成三年八月條、《新五代史》卷六《唐本紀》天成三年八月條作"趙德鈞執契丹首領惕隱赫邈"。

　　[4]奇峰嶺：地名。位於今河北易縣。　餘無噍類：中華書局本有校勘記："原作'幾無噍類'，據殿本、孔本改。《册府》卷四三五、卷九八七略同，惟'有馬'作'有棄馬'。"見明本《册府》卷四三五天成三年八月條、《宋本册府》卷九八七《外臣部·征討門六》天成三年七月條。

　　[5]帝致書喻其本國：《輯本舊史》之案語："《通鑑》作八月壬戌，趙德鈞邀擊契丹。據《薛史》，八月係癸酉朔，不得有壬戌，疑《通鑑》誤。"見於十二行本及乙十一行本《通鑑》，但《通鑑》卷二七六繫於天成三年八月甲戌（初二）條。

　　[6]韓璞：人名。籍貫不詳。朔方軍節度使韓洙子。本書僅此一見。　靈：州名。治所在今寧夏吳忠市。　武：州名。唐大中五年（851）置，治所在蕭關縣（今寧夏海原縣東北李旺堡北）。中和四年（884）僑治潘原縣（今甘肅平涼市東南）。後周顯德五年（958）廢。　雄：州名。治所在今甘肅永昌縣。　警：州名。治所在今寧夏平羅縣西南姚伏鎮。　甘：州名。治所在今甘肅張掖市。　肅：州名。治所在今甘肅酒泉市。　以朔方軍留後韓璞爲朔方軍節度使、靈武雄警甘肅等州觀察使、檢校司徒："雄警"，《輯本舊史》之影庫本粘籤："疑當作'雄邠'。考《五代會要》及《册府元龜》俱作警。又《通鑑》注云：警州在涇原西。今仍其舊。"《會要》卷二四軍條載：晋天福七年（942）四月，"降雄州爲昌化軍，警州爲威肅軍"。《輯本舊史》卷一五〇録《大典》卷一七三八二"道"字韻"地理"事韻之關西道有雄州、警州。檢《册府》《通鑑》相關卷未見。

　　[7]隨：州名。治所在今湖北隨州市。　郢：州名。治所在今湖北鍾祥市。　均：州名。治所在今湖北丹江口市。　房：州名。治所在今湖北房縣。

　　[8]戴思遠：人名。籍貫不詳。五代後梁、後唐將領。傳見本書卷六四。　太子少保：中華書局本有校勘記："'太子少保'，原作'太子太保'，據本書卷四七《唐末帝紀中》、卷六四《戴思遠

傳》、戴思遠墓誌（拓片刊《洛陽新獲墓誌》）改。"見《輯本舊史》卷四七《唐末帝紀中》清泰二年（935）八月己丑條、卷六四《戴思遠傳》。

　　閏月丁未，兩浙節度觀察留後、清海軍節度使、檢校太師、兼中書令錢元瓘可杭州、越州大都督府長史，充鎮東、鎮海等軍節度使。[1]戊申，趙德鈞獻戎俘於闕下，其蕃將惕隱等五十人留於親衛，餘契丹六百人皆斬之。乙卯，升楚州爲順化軍。[2]以明州刺史錢元珦爲本州節度使，以吏部尚書蕭頃爲太子少保。[3]契丹遣使來貢獻。契丹平州刺史張希崇上表歸順。乙丑，陝州節度使李從敏移鎮滄州。[4]以宣徽南院使張延朗爲陝州節度使。詔："在京遇行極法日，宜不舉樂，兼減常膳。諸州遇行極法日，禁聲樂。"己巳，滑州掌書記孟昇匿母服，[5]大理寺斷處流，特敕孟昇賜自盡。觀察使、觀察判官、錄事參軍失其糾察，[6]各行殿罰。襄邑縣民聞威，[7]父爲人所殺，不雪父冤，有狀和解，特敕處死。是月二十七，大水，河水溢。絳州地震。[8]

　　[1]兩浙：方鎮名。治所在今浙江杭州市。　清海軍：方鎮名。治所在廣州（今廣東廣州市）。　錢元瓘：人名。祖籍臨安（今浙江杭州市臨安區）。錢鏐之子。五代十國吳越國國主，932年至941年在位。傳見本書卷一三三、《新五代史》卷六七。　杭州：州名。治所在今浙江杭州市。　越州：州名。治所在今浙江紹興市。　長史：官名。州府屬官。協助處理州府公務。正四品上至正六品上。　鎮東：方鎮名。治所在越州（今浙江紹興市）。　鎮海：方鎮名。治所在潤州（今江蘇鎮江市）。

　　［2］楚州：州名。治所在今江蘇淮安市。　順化軍：方鎮名。治所在楚州（今江蘇淮安市）。

　　［3］明州：州名。治所在今浙江寧波市。　錢元玽：人名。祖籍臨安（今浙江杭州市臨安區）。錢鏐之子。本書僅此一見。　吏部尚書：官名。尚書省吏部長官，與二侍郎分掌六品以下文官選授、勳封、考課之政令。正三品。　蕭頃：人名。京兆萬年（今陝西西安市長安區）人。後梁、後唐大臣。傳見本書卷五八。

　　［4］陝州：州名。治所在今河南三門峽市陝州區。　李從敏：人名。後唐明宗之姪。傳見本書卷一二三、《新五代史》卷一五。

　　［5］掌書記：官名。唐、五代方鎮僚屬，位在判官下。掌表奏書檄、文辭之事。　孟昇：人名。籍貫不詳。本書僅此一見。

　　［6］錄事參軍：官名。州府屬官，總掌諸曹事務。官品爲從六品至從八品不等。

　　［7］襄邑：縣名。治所在今河南睢縣。　聞威：中華書局本有校勘記：“《冊府》卷一五四作‘周威’。”見《宋本冊府》卷一五四《帝王部‧明罰門三》天成三年（928）閏八月條。

　　［8］絳州：州名。治所在今山西新絳縣。

　　九月乙亥，以捧聖左右廂副都指揮使索自通爲雲州節度使。[1]丁丑，以太府卿、判四方館事李郁爲宗正卿。[2]壬午，以晉州節度使安崇阮爲左驍衛上將軍。[3]甲申，吐蕃、迴紇各遣使貢獻。[4]壬辰，宰臣王建立進玉杯，[5]上有文曰“傳國萬歲盃”。乙未，詔德州流人溫韜、遼州流人段凝、嵐州司户陶玘、憲州司户石知訥、原州司馬聶嶼，[6]並宜賜死於本處，暴其宿惡而誅之也。丙申，以邠州節度使梁漢顒爲右威衛上將軍。[7]丁酉，河陽節度使、駙馬都尉趙延壽爲檢校司徒。[8]己亥，詔徐州節度使房知温兼荆南行營招討使，知荆南行府事。[9]

　　[1]索自通：人名。太原清源（今山西清徐縣）人。五代後唐將領。傳見本書卷六五。　雲州：州名。治所在今山西大同市。

　　[2]太府卿：官名。南朝梁始置。太府寺長官。掌國家財帛庫藏出納、關市稅收等務。從三品。　判四方館事：官名。隋始置四方館，以通事謁者爲主官。唐、五代沿置，以通事舍人或判四方館事爲主官。掌四方往來及互市事務。　李郁：人名。唐之宗屬。傳見本書卷九六。

　　[3]安崇阮：人名。一作“安重阮”。潞州上黨（今山西長治市）人。五代後唐、後晉將領。傳見本書卷九〇。

　　[4]甲申，吐蕃、回紇各遣使貢獻：明本《册府》卷九七六《外臣部・褒異門三》：“九月甲申，吐蕃、回紇入貢使放還蕃，賜錦衣繒帛有差。”

　　[5]宰臣王建立進玉杯：明本《册府》卷二五《帝王部・符瑞門四》：“宰臣王建立進玉盃壹隻，上有‘傳家國寶萬歲盃’字。水運都將段洪、趙實於臨河縣下得之。”

　　[6]德州：州名。治所在今山東德州市陵城區。　温韜：人名。京兆華原（今陝西銅川市耀州區）人。唐末李茂貞部將，五代後梁、後唐將領。傳見本書卷七三、《新五代史》卷四〇。　遼州：州名。治所在今山西左權縣。　段凝：人名。開封（今河南開封市）人。其妹爲朱温美人，因其妹而爲朱温親信。後梁將領。傳見本書卷七三、《新五代史》卷四五。　嵐州：州名。治所在今山西嵐縣。　陶玘：人名。籍貫不詳。五代後唐官員。傳見本書附録。
　　原州：州名。治所在今甘肅鎮原縣。　聶嶼：人名。鄆中（今河北臨漳縣）人。後唐官員。傳見本書卷七三。

　　[7]梁漢顒：人名。太原（今山西太原市）人。五代官員。傳

見本書卷八八。　右威衛上將軍：官名。唐置，掌宮禁宿衛。唐代十六衛之一。從二品。《輯本舊史》之影庫本粘籤：“原本作‘威武’，今從《五代會要》改正。”《會要》卷一二屯衛條載唐景雲二年（711）改左右屯衛爲威衛，明本《册府》卷四〇六《將帥部·清儉門》亦作“威衛”。

[8]駙馬都尉：官名。漢武帝時始置，魏晋以後，公主夫婿多加此稱號。從五品下。

[9]徐州：州名。治所在今江蘇徐州市。　房知溫：人名。兗州瑕丘（今山東濟寧市兗州區）人。五代後唐將領。傳見本書卷九一、《新五代史》卷四六。

冬十月甲辰，制瓊華長公主孟氏可册爲福慶長公主。[1]丙午，以滄州節度使李從敏兼北面行營副招討使。[2]戊申，帝臨軒，命禮部尚書韓彥惲、工部侍郎任贊往應州奉册四廟。[3]詔邠州節度使李敬周攻慶州，[4]以刺史竇廷琬拒命故也。[5]戊午，契丹平州刺史張希崇已下八十餘人見於玄德殿，[6]頒賜有差。突厥首領張慕晋等來朝貢。[7]甲子，安州節度使高行珪奏，屯駐左神捷、左懷順軍士作亂，[8]已逐殺出城。詔升壽州爲忠正軍。[9]戊辰，以雲州節度使索自通領壽州節度使，以前雲州節度使張溫復爲雲州節度使。[10]庚午夜，西南有彗星長丈餘，在牛星五度。

[1]瓊華長公主孟氏：後唐莊宗妹，孟知祥妻。事見《大唐福慶長公主墓誌》（拓片刊《成都出土歷代墓銘券文圖錄綜釋》）。

[2]以滄州節度使李從敏兼北面行營副招討使：中華書局本有校勘記：“‘行營副’三字原闕，據本書卷四〇《唐明宗紀六》、

《册府》卷一二〇、《通鑑》卷二七六補。"見《輯本舊史》卷四〇《唐明宗紀四》天成四年（929）二月辛亥條、明本《册府》卷一二〇《帝王部·選將門二》天成三年十月丙午條、《通鑑》卷二七六天成三年九月丙午條。

［3］工部侍郎：官名。尚書省工部次官。協助尚書掌管百工山澤水土之政令，考其功以詔賞罰，總所統各司之事。正四品下。
任贊：人名。籍貫不詳。五代後唐官員。事見本書卷四四。

［4］李敬周：《舊五代史考異》："《通鑑》作李敬通，《薛史》前後並作敬周，《歐陽史》亦作敬周，疑《通鑑》傳刻之訛。"見《新五代史》卷六《唐本紀六》天成三年十月、十二月條，又《通鑑》十二行本、乙十一行本亦作"敬周"，明本《册府》卷一二三《帝王部·征討門三》載：天成三年十月，"詔邠州節度使李從敬攻慶州"；長興元年（930）十二月，"邠州節度使李敬周如京師"。"敬通"當誤。 慶州：州名。治所在今甘肅慶城縣。

［5］竇廷琬：人名。籍貫不詳，世爲青州（今山東青州市）牙將。五代後梁、後唐將領。傳見本書卷七四。 以刺史竇廷琬拒命故也：《舊五代史考異》："竇廷琬反，《通鑑》從《薛史》作十月，《歐陽史》繫于十月以前，與《薛史》異。"見《新五代史》卷六《唐本紀六》天成三年八月條、《通鑑》卷二七六繫於天成三年十月丙午前，亦見明本《册府》卷一二三《帝王部·征討門三》天成三年十月條。

［6］張希崇：人名。幽州薊（今北京市）人。五代後唐將領。傳見本書卷八八、《新五代史》卷四七。 玄德殿：宮殿名。位於今河南開封市。

［7］突厥：部族名。6世紀至8世紀活躍於北亞和中亞，稱雄於漠北、西域。隋文帝開皇二年（582），突厥汗國分裂爲東、西突厥。唐中期以後西突厥、東突厥均已衰落。此處當指突厥的小部族。 張慕晉：人名。突厥使者。事見本書本卷，《新五代史》卷六、卷七四。"張慕晉"，中華書局本沿《輯本舊史》作"慕進"，

引《舊五代史考異》：“《歐陽史》作慕晉。”中華書局本又引孔本案語：“張慕進來朝，《歐陽史》作丁巳。”見《新五代史》卷六《唐本紀六》天成三年十月丁巳條、卷七四《突厥傳》天成二年條，《會要》卷二九突厥條天成二年正月記事，《宋本册府》卷九七二《外臣部·朝貢門五》天成二年正月條均爲“慕晉”，故改。

[8]左神捷、左懷順：禁軍番號。

[9]壽州：州名。治所在今安徽壽縣。　忠正軍：方鎮名。治所在壽州（今安徽壽縣）。

[10]張溫：人名。魏州魏縣（今河北魏縣）人。後梁、後唐將領。傳見本書卷五九。　以前雲州節度使張溫復爲雲州節度使：中華書局本有校勘記：“朱玉龍《方鎮表》：‘按《莊宗》《明宗本紀》及《通鑑》，皆無同光、天成年間張溫鎮雲州的記載，據《舊史》卷五九《張溫傳》云“天成初，歷振武、昭武留後，尋授利州節度使，入爲右衛上將軍。無幾，授洋州節度使、右龍武統軍，改雲州節制。清泰初，屯兵雁門……”據此，張溫節制雲州則當在長興末、清泰初。又卷六一《張敬詢傳》云，天成二年，詔還京師，復授大同節度使；四年，徵爲左驍衛上將軍。因疑“張溫”爲“張敬詢”之誤。’”

十一月癸酉，日南至，帝御崇元殿受朝賀。甲戌，捧聖指揮使何福進招收到安州作亂兵士五百人，自指揮使已下至節級四十餘人並斬，餘衆釋之。[1]壬午，房知溫奏，荆南高季興卒。[2]中書舍人劉贊奏：“請節度使及文班三品已上謝、見，通唤。”[3]從之。是日，以契丹所署平州刺史、光禄大夫、檢校太保張希崇爲汝州刺史，[4]加檢校太傅。己丑，中書奏：“今後或有封册，請御正衙。”從之。青州奏，節度使霍彦威卒，輟朝三日。^[5]詔宰臣王建立權知青州軍州事。庚寅，禮部員外郎和凝奏：^[6]"應補齋郎，^[7]並須引驗正身，以防僞濫。舊例，使蔭一任官補一人，今後改官須轉品即可，如無子，許以親姪繼限，念書十卷，試可則補。"^[8]從之。甲午，以尚書左僕射、同平章事、集賢殿大學士、判三司王建立爲青州節度使、檢校太尉、同平章事。^[9]丙申，帝謂侍臣曰："古鐵券如何？"趙鳳對曰：^[10]"帝王誓文，許其子子孫孫長享爵禄。"帝曰："先朝所賜，唯朕與郭崇韜、李繼麟三人爾，^[11]崇韜、繼麟尋已族滅，朕之危疑，慮在旦夕。"於是嗟嘆久之。趙鳳曰："帝王執信，故不必銘金鏤石矣。"吏部郎中何澤奏："流外官請不試書判之類。"從之。吐蕃遣使朝貢。戊戌，前安州節度副使范延策并男皆斬於軍巡獄，^[12]爲高行珪誣奏故也。

[1]捧聖指揮使：官名。所部統兵將領。"捧聖"爲部隊番號。何福進：人名。太原（今山西太原市）人。五代將領。傳見本書卷一二四。　節級：官名。禁軍低級將領。

[2]高季興：人名。原名高季昌，陝州硤石（今河南三門峽市）人。南平（即荆南）開國君主。傳見本書卷一三三、《新五代史》卷六九。　壬午，房知溫奏，荆南高季興卒：《舊五代史考異》："高季興卒，《通鑑》作十二月丙辰，詳見《通鑑考異》。"《通鑑》卷二七六天成三年（928）十二月丙辰條《考異》載："《唐明宗實録》：'天成三年十一月壬午，房知溫奏高季興卒。'《烈祖實録》亦云'乾貞二年十一月，季興卒'。蓋傳聞之誤。按陶穀《季興神道碑》及《勃海行年記》，皆云'十二月十五日卒'，今從之。"

[3]劉贊：人名。魏州（今河北大名縣）人。五代後唐官員。

傳見本書卷六八、《新五代史》卷二八。　請節度使及文班三品已上謝、見，通喚：中華書局本有校勘記："'文班三品已上'下《五代會要》卷六有'武班二品已上官'七字。《册府》卷一〇八略同。"見《會要》卷六雜録條天成三年十一月十一日載劉贊奏、明本《册府》卷一〇八《帝王部·朝會門三》天成三年十一月癸酉條。

[4]是日，以契丹所署平州刺史、光禄大夫、檢校太保張希崇爲汝州刺史：《舊五代史考異》："《歐陽史》作汝州防禦使，《通鑑》從《薛史》作刺史。"見《新五代史》卷四七《張希崇傳》、《通鑑》卷二七六繫於天成三年八月條。

[5]青州：州名。治所在今山東青州市。　霍彦威：人名。洺州曲周（今河北曲周縣）人。五代後梁將領霍存養子。後梁、後唐將領。傳見本書卷六四、《新五代史》卷四六。

[6]禮部員外郎：官名。協助禮部主官掌貳尚書、侍郎。舉其儀制，而辨其名數。從六品上。　和凝：人名。鄆州須昌（今山東東平縣）人。後晋宰相。傳見本書卷一二七、《新五代史》卷五六。

[7]齋郎：官名。以門資入仕的一種類型。

[8]如無子，許以親姪繼限：中華書局本有校勘記："《册府》卷六三二作'如無嫡子，即許以親姪繼院'。《五代會要》卷一六載和凝奏：'以姪繼院者，即初補時狀内言某無子，今以姪某繼院爲子使蔭。'"詳見《會要》卷一六禮部條，又見《宋本册府》卷六三二《銓選部·條制門四》天成三年十一月條。

[9]尚書左僕射：中華書局本有校勘記："本書卷九一《王建立傳》、《光緒榆社縣志》卷九載《韓王王建立墓銘》及本卷上文作'右'。"見本卷三月癸亥條。

[10]趙鳳：人名。幽州（今北京市）人。五代後唐大臣。傳見本書卷六七、《新五代史》卷二八。

[11]郭崇韜：人名。代州雁門（今山西代縣）人。五代後唐大臣。傳見本書卷五七、《新五代史》卷二四。　李繼麟：人名。

即朱友謙。許州（今河南許昌市）人。唐末、五代軍閥。傳見本書卷六三、《新五代史》卷四五。

　　[12]范延策：人名。幽州（今北京市）人。高行珪僚佐，因剛直被殺。傳見本書附録。中華書局本有校勘記：“原作‘范延榮’，據本書卷六五《高行珪傳》、《册府》卷九三一、《新五代史》卷四八《高行珪傳》改。”見《宋本册府》卷九三一《總録部·枉横門》。

　　十二月壬寅朔，詔真定府屬縣宜準河中、鳳翔例升爲次畿，真定縣升爲次赤。[1]甲辰，邠州節度使李敬周奏，收下慶州，刺史竇廷琬族誅。《永樂大典》卷七千一百六十四。[2]

　　[1]真定府：府名。治所在鎮州（今河北正定縣）。　河中：方鎮名。治所在河中府（今山西永濟市）。　鳳翔：方鎮名。治所在鳳翔府（今陝西鳳翔縣）。　真定：縣名。治所在今河北正定縣。
　　[2]《大典》卷七一六四“唐”字韻“明宗（一）”事目。

舊五代史　卷四〇

唐書十六

明宗紀第六

　　天成四年春正月壬申朔，帝御崇元殿受朝賀，仗衛如儀。[1]幽州節度使趙德鈞奏：“臣孫贊，年五歲，默念何《論》、《孝經》，舉童子，於汴州取解就試。”[2]詔曰：“都尉之子，太尉之孫，能念儒書，備彰家訓，不勞就試，特與成名。宜賜別敕及第，附今年春牓。”[3]戊子，放元年應欠秋稅。以左衛上將軍安崇阮爲黔南節度使。[4]壬辰，迴鶻入朝使掣撥等五人各授懷化司戈放還。[5]以北京副留守馮贇爲宣徽使、判三司。[6]戊戌，禁天下虛稱試攝衝。西川孟知祥奏：[7]“支屬刺史乞臣本道自署。”

　　[1]天成：後唐明宗李嗣源年號（926—930）。　崇元殿：五代後梁開平元年（907）改汴京正殿爲崇元殿。位於今河南開封市。

　　[2]幽州：州名。治所在今北京市。　節度使：官名。唐宋時

期在重要地區所設掌握一州或數州軍事、民事、財政的長官。 趙德鈞：人名。幽州薊（今北京市）人。初爲幽州節度使劉守光部將，再爲後唐將領，後投降遼國。傳見本書卷九八。 贊：人名。幽州薊（今北京市）人。後唐、遼朝將領趙延壽之子。五代後唐至宋初將領。傳見《宋史》卷二五四。中華書局本有校勘記："'贊'，《册府》卷一三一、卷七七五作'美'。《宋史》卷二五四《趙贊傳》云其'本名美，後改焉'。"《通鑑》卷二八六天福十二年（947）正月癸丑條稱"趙匡贊"。凡稱"贊"者當爲避宋太祖諱。

何《論》：中華書局本有校勘記："'何論'，原作'論語'，據《册府》卷一三一、卷七七五改。按《舊唐書》卷四六《經籍志上》有《論語》十卷，何晏集解。影庫本粘籤：'"論語"，原作"何論"，今從《册府元龜》改正。'"《宋本册府》卷七七五《總錄部·幼敏門三》趙美條、卷一三一《帝王部·延賞門二》天成四年（929）正月條均作"何論"，即何晏《論語集解》。 《孝經》：闡述孝道和孝治思想的儒家經典著作。《舊五代史考異》："《宋史》作贊七歲，誦書二十七卷。" 童子：科舉考試中爲兒童和少年設立的科目。《新唐書·選舉志上》："凡童子科，十歲以下能通一經及《孝經》《論語》，卷誦文十，通者予官；通七，予出身。" 汴州：州名。治所在今河南開封市。

[3]太尉：官名。與司徒、司空並爲三公，唐後期、五代時多爲大臣、勳貴加官。正一品。 "詔曰"至"附今年春牓"：《舊五代史考異》："《宋史》云：特賜童子及第，附長興三年禮部春牓。《薛史》作天成四年春牓，與《宋史》異。"見《宋史》卷二五四《趙贊傳》。《册府》卷一三一同《輯本舊史》。

[4]左衛上將軍：官名。唐置，掌宮禁宿衛。唐代置十六衛，即左右衛、左右驍衛、左右武衛、左右威衛、左右領軍衛、左右金吾衛、左右監門衛、左右千牛衛。各置上將軍，從二品；大將軍，正三品；將軍，從三品。中華書局本有校勘記："本書卷三九《唐明宗紀五》作'左驍衛上將軍'。"見《輯本舊史》卷三九天成三

年九月壬午條。　安崇阮：人名。一作“安重阮”。潞州上黨（今山西長治市）人。五代後唐、後晉將領。傳見本書卷九〇。　黔南：方鎮名。治所在黔州（今重慶彭水苗族土家族自治縣）。

[5]迴鶻：部族、政權名。又作“回紇”。原係突厥鐵勒部的一支。唐天寶三載（744）建立回紇汗國，8世紀末、9世紀初，回鶻與吐蕃爭奪北庭和安西並最終取勝，統治西域。9世紀中葉，回鶻汗國瓦解。參見楊蕤《回鶻時代：10—13世紀陸上絲綢之路貿易研究》，中國社會科學出版社2015年版。　掣撥：人名。回鶻使者。事見本書卷一三八。　懷化司戈：武散官名。正八品下。

[6]北京：地名。指五代後唐的北都太原，治所在今山西太原市。《新五代史》卷五《莊宗紀》載，同光元年（923）“十一月乙巳，復北都爲鎮州，太原爲北都”。　副留守：官名。古代在都城、陪都或軍事重鎮所設留守，由地方行政長官兼任。副留守爲留守之貳。　馮贇：人名。太原（今山西太原市）人。五代後唐明宗朝宰相、三司使。傳見本書附錄、《新五代史》卷二七。　宣徽使：官名。唐始置。宣徽南院使、北院使通稱宣徽使。初用宦官，五代以後改用士人。通掌內諸司及三班內侍之名籍，郊祀、朝會、宴享供帳之儀，檢視內外進奉名物。參見王永平《論唐代宣徽使》，《中國史研究》1995年第1期；王孫盈政《再論唐代的宣徽使》，《中華文史論叢》2018年第3期。　三司：官署名。五代後唐明宗天成元年合鹽鐵、度支、户部爲一職，始稱三司，爲中央最高之理財機構。

[7]西川：方鎮名。治所在成都（今四川成都市）。　孟知祥：人名。邢州龍岡（今河北邢臺市）人。李克用女婿，五代十國後蜀開國皇帝。傳見本書卷一三六、《新五代史》卷六四。

　　二月乙巳，王晏球奏，此月三日收復定州，[1]獲王都首級，生擒契丹禿餒等二千餘人。[2]百僚稱賀。詔取今月二十四日車駕還東京。[3]辛亥，以北面行營招討使、宋州節度使王晏球爲鄆州節度使，加兼侍中；以北面行營副招討使、滄州節度使李從敏爲定州節度使；以北面行營兵馬都監、鄭州防禦使張虔釗爲滄州節度使；幽州節度使趙德鈞加兼侍中。[4]乙卯，以樞密使趙敬怡權知汴州軍州事。[5]丙辰，邢州奏，定州送到僞太子李繼陶，已處置訖。[6]辛酉，帝御咸安樓受定州俘馘，百官就列，宣露布於樓前，禮畢，以王都首級獻於太社。王都男四人、弟一人，禿餒父子二人，並磔於市。[7]時露布之文，類制敕之體，蓋執筆者悮，頗爲識者所嗤。樞密使趙敬怡卒，贈太傅。以端明殿學士趙鳳權知汴州軍州事。甲子，車駕發汴州。丙寅，至鄭州。賜左僕射致仕鄭珏錢二十萬。丁卯，宰相崔協卒，詔贈尚書右僕射。東都留守、太子少傅李琪等奏，至偃師縣奉迎。時琪奏章中有"敗契丹之凶黨，破真定之逆城"之言。詔曰："契丹即爲凶黨，真定不是逆城，李琪罰一月俸。"庚午，車駕至自汴州。

[1]王晏球：人名。洛陽（今河南洛陽市）人。五代將領。傳見本書卷六四、《新五代史》卷四六。　定州：州名。治所在今河北定州市。　二月乙巳，王晏球奏，此月三日收復定州：《舊五代史考異》："《歐陽史》作二月癸卯，王晏球克定州，與《薛史》合。《通鑑》作癸丑，考癸丑非二月三日也，疑傳寫之訛。""與《薛史》合"，中華書局本有校勘記："與薛史合，'合'原作'異'，據孔本、殿本《考證》改。按是月辛丑朔，癸卯爲初三。"見《新五代史》卷六《唐本紀六》天成四年（929）二月癸卯條。

按《通鑑》卷二七六載天成四年二月癸丑日爲王晏球克定州日，
誤。參吳玉貴《資治通鑑疑年録》十一《後唐紀》：“天成四年二月
辛丑朔，癸丑十三日，辛亥十一日，癸丑不得在辛亥前。《新五代
史·明宗紀》：‘二月，癸卯，王晏球克定州。’《舊五代史·明宗
紀》：‘二月乙巳，王晏球奏，此月三日，收復定州。’癸卯適爲二
月三日。《通鑑》‘癸丑’當爲‘癸卯’之訛。”

[2]王都：人名。中山陘邑（今河北定州市）人。本姓劉，後
爲義武軍節度使王處直之養子。五代軍閥。傳見本書卷五四。　契
丹：古部族、政權名。公元4世紀中葉宇文部爲前燕攻破，始分離
而成單獨的部落，自號契丹。唐貞觀中，置松漠都督府，以其首領
爲都督。唐末强盛，916年迭剌部耶律阿保機建立契丹國（遼）。
先後與五代、北宋並立，保大五年（1125）爲金所滅。參見張正明
《契丹史略》，中華書局1979年版。　秃餒：人名。奚人。契丹將
領。事見《通鑑》卷二七六。

[3]東京：地名。即後唐都城東京河南府（今河南洛陽市）。

[4]招討使：官名。唐始置。戰時任命，兵罷則省。常以大臣、
將帥或地方軍政長官兼任。掌招撫討伐等事務。　宋州：州名。治
所在今河南商丘市睢陽區。　鄆州：州名。治所在今山東東平縣。
侍中：官名。秦始置。隋、唐前期爲門下省長官。唐後期多爲大
臣加銜，不參與政務，實際職務由門下侍郎執行。正二品。　副招
討使：官名。行營統兵官。位次行營都統、招討使。掌招撫討伐事
務。　滄州：州名。治所在今河北滄縣舊州鎮。　李從敏：人名。
後唐明宗之侄。傳見本書卷一二三、《新五代史》卷一五。　兵馬
都監：官名。唐代中葉命將出征，常以宦官爲監軍、都監。後爲臨
時委任的統兵官，稱都監、兵馬都監。掌屯戍、邊防、訓練之政
令。　防禦使：官名。唐代始置，設有都防禦使、州防禦使兩種。
常由刺史或觀察使兼任，實際上爲唐代後期州或方鎮的軍政長官。
張虔釗：人名。遼州榆社（今山西榆社縣）人。後唐、後蜀將
領。傳見本書卷七四。

［5］樞密使：官名。樞密院長官，五代時以士人爲之，備顧問、參謀議，出納詔奏，權侔宰相。參見李全德《唐宋變革期樞密院研究》，國家圖書館出版社 2009 年版。　　趙敬怡：人名。籍貫不詳。五代後唐大臣。事見本書本卷。《輯本舊史》之影庫本粘籤：“原本作‘敬貽’，今從《歐陽史》改正。”見《新五代史》卷六《唐本紀六》天成三年五月辛酉條、四年二月條。亦可見《輯本舊史》卷三八《唐明宗紀四》天成二年八月壬午條、卷三九《唐明宗紀五》天成三年五月辛酉條。　　權知汴州軍州事：官名。簡稱爲“知州”。州級行政長官。參見閆建飛《唐後期五代宋初知州制的實施過程》，《文史》2019 年第 1 期。

［6］邢州：州名。治所在今河北邢臺市。　　李繼陶：人名。又名得得。河朔（今河北地區）人。後唐莊宗李存勗養子。事見本書本卷、卷五四。

［7］咸安樓：樓臺名。位於今河南開封市。　　“辛酉”至“並磔於市”：《舊五代史考異》：“《五代會要》：尚書兵部宣露布于樓前，宣訖，尚書刑部侍郎張文寶奏曰：‘逆賊王都首級請付所司。’大理卿蕭希甫受之以出，獻于郊社。其王都男并蕃將等磔于開封橋。”見《會要》卷五獻俘條天成四年二月記事，露布全文見明本《册府》卷四三五《將帥部·獻捷門二》天成四年二月辛酉條。

　　三月甲戌，馮道進表乞命相。[1]丙戌，詔皇城使李從璨貶授房州司户參軍，[2]仍令盡命。從璨，帝之諸子也。先是，帝巡幸汴州，留從璨以警大内，從璨因遊會節園，[3]酒酣，戲登御榻。安重誨奏之，[4]故置於法焉。壬辰，中書奏：[5]“今後群臣内有乞假覲省者，請量賜茶藥。”從之。乙未，以前鄆州節度使符習爲汴州節度使。[6]丙申，詔鄴都、幽、鎮、滄、邢、易、定等州管内百姓，[7]除正税外，放免諸色差配，以討王都之役，有輓運之勞也。

[1]馮道：人名。瀛州景城（今河北滄縣）人。五代時官拜宰相，歷仕後唐、後晉、後漢、後周，亦曾臣服於契丹。傳見本書卷一二六、《新五代史》卷五四。

[2]皇城使：官名。唐末始置，爲皇城司的長官，一般爲君主的親信充任，以拱衛皇城。　李從璨：人名。後唐明宗李嗣源之侄。因不屈從權臣安重誨，被重誨奏劾，貶謫賜死。傳見本書卷五一、《新五代史》卷一五。　房州：州名。治所在今湖北房縣。司户參軍：官名。簡稱"司户"。州級政府僚佐。掌本州屬縣之户籍、賦税、倉庫受納等事。上州從七品下，中州正八品下，下州從八品下。

[3]會節園：五代後唐時洛陽城內園林。位於今河南洛陽市。《輯本舊史》之影庫本粘籤："原本作'曾筝'，考《通鑑注》云：會節園在洛陽城中，張全義鎮洛歲久，私第在會節坊，室宇園池，爲一時巨麗，輸之官，以爲會節園。今改正。"見《新五代史》卷六《唐本紀六》天成二年（927）三月壬子條、《通鑑》卷二七六天成四年三月丙戌條胡注。

[4]安重誨：人名。應州（今山西應縣）人。五代後唐大臣。傳見本書卷六六、《新五代史》卷二四。

[5]中書：官署名。"中書門下"的簡稱。唐代以來爲宰相處理政務的機構。參見劉後濱《唐代中書門下體制研究——公文形態·政務運行與制度變遷》，齊魯書社 2004 年版。

[6]符習：人名。趙州（今河北趙縣）人。五代後唐將領。傳見本書卷五九、《新五代史》卷二六。

[7]鄴都：地名。治所在今河北大名縣。五代後唐同光元年（923），改魏州爲興唐府，建號東京。三年，改東京爲鄴都。　鎮：

州名。治所在今河北正定縣。　易：州名。治所在今河北易縣。
定：州名。治所在今河北定州市。

　　夏四月庚子朔，禁鐵鑞錢。[1]壬寅，重修廣壽殿
成，[2]有司請以丹漆金碧飾之，帝曰：“此殿經焚，不可
不修，但務宏壯，不勞華侈。”湖南奏，敗荊南賊軍於
石首鎮。[3]詔沿邊置場買馬，不許蕃部直至闕下。先是，
党項諸蕃凡將到馬，[4]無駑良並云上進，國家雖約其價
以給之，及計其館穀錫賚，所費不可勝紀。計司以爲耗
蠹中華，遂止之。壬子，以皇子北京留守、河東節度使
從榮爲河南尹、判六軍諸衛事；以皇子河南尹、判六軍
諸衛事從厚爲北京留守；以河陽節度使趙延壽爲宋州節
度使；以侍衛親軍都指揮使、鎮南軍節度使康義誠爲河
陽節度使。契丹寇雲州。[5]癸丑，契丹遣捺括梅里等來
朝貢，[6]稱取禿餒等骸骨，並斬於北市。甲寅，以端明
殿學士趙鳳爲門下侍郎兼工部尚書、平章事。[7]丙辰，
諫議大夫致仕、襲文宣公孔邈卒。庚申，以王建立、孔
循帶中書直省吏歸藩，並追迴。壬戌，幽州節度使趙德
鈞兼北面行營招討使，鎮州節度使范延光加檢校太傅。
戊辰，中書奏：“五月一日，應在京九品已上官，及諸
道進奉使，請準貞元七年敕，就位起居，永爲恒式。”
從之。

　　[1]禁鐵鑞錢：“鐵鑞錢”，《舊五代史考異》：“《通鑑》作鐵錫
錢。胡三省注云：‘馬殷得湖南鑄錫錢，本用之境内，其後遂流入
中國。’疑原本‘鑞’字誤。考《册府元龜》亦作鐵鑞錢，今仍其

舊。”見《通鑑》卷二七六天成四年（929）四月庚子條及該條胡注，《會要》卷二七泉貨條載天成元年十二月敕：“行使銅錢之內，如聞夾帶鐵鑞，若不嚴設條流，轉恐私家鑄造。應中外所使銅錢內，鐵鑞錢即宜毀棄，不得輒更有行使。如違，其所使錢，不計多少，並納入官，仍科深罪。”明本《册府》卷五○一《邦計部・錢幣門三》天成四年四月條作“禁鐵鑞錢”。又見《輯本舊史》卷三七《唐明宗紀三》天成元年十二月戊戌條及該條《舊五代史考異》所引宋白《續通典》。

［2］廣壽殿：宮殿名。位於今河南洛陽市。

［3］湖南：方鎮名。又稱武安軍節度。治所在潭州（今湖南長沙市）。　荆南：方鎮名。治所在荆州（今湖北荆州市）。　石首鎮：地名。位於今湖北石首市。

［4］党項：部族名。源出羌族，時活躍於今甘肅東部、寧夏、陝西北部一帶。參見湯開建《党項西夏史探微》，商務印書館2013年版。

［5］留守：官名。古代皇帝出巡或親征時指定親王或大臣留守京城，綜理國家軍事、行政、民事、財政等事務，稱京城留守。在陪都或軍事重鎮也常設留守，以地方長官兼任。　河東：方鎮名。治所在太原（今山西太原市）。　從榮：人名。即李從榮。沙陀部人。後唐明宗李嗣源之次子。傳見本書卷五一、《新五代史》卷一五。　河南尹：官名。唐開元元年（713）改洛州爲河南府，治所在今河南洛陽市，河南府尹總其政務。從三品。　判六軍諸衛事：官名。沿唐代舊制，置六軍諸衛，以判六軍諸衛事爲禁軍六軍與諸衛的最高統帥。　從厚：即後唐愍帝（閔帝）李從厚。小名菩薩奴，明宗第三子。長興四年（933）十二月，李從厚即皇帝位，是爲後唐愍帝。應順元年（934）四月，李從珂入洛陽即帝位，令人毒殺閔帝。紀見本書卷四五、《新五代史》卷七。　河陽：方鎮名。治所在孟州（今河南孟州市）。　趙延壽：人名。常山（今河北正定縣）人。本姓劉，爲後唐將領趙德鈞養子。仕至後唐樞密使，遼

朝幽州節度使、燕王。傳見本書卷九八、《遼史》卷七六。　都指揮使：官名。五代軍隊編制，五百人爲一指揮，設指揮使、副指揮使；十指揮爲一軍，設都指揮使、副都指揮使。　鎮南軍：方鎮名。治所在洪州（今江西南昌市）。　康義誠：人名。沙陀部人。五代後唐將領。傳見本書卷六六、《新五代史》卷二七。　雲州：州名。治所在今山西大同市。

[6]捺括梅里：契丹將領。梅里，一作官職，遥輦時有官稱"梅録"，也作"梅落""梅老"，此即回鶻的"媚録""密録"，不同時期不同民族轉寫方式不同，職掌也有變化，或總兵爲指揮官，或爲"皇家總管"。參見李桂芝《遼金簡史》，福建人民出版社1996年版，第19—20頁。　契丹遣捺括梅里等來朝貢："捺括梅里"，中華書局本有校勘記："原作'紐赫美稜'，注云：'舊作"捺括梅里"，今改正。'按此係輯録《舊五代史》時所改，今恢復原文。'來朝貢'上殿本有'復率其屬'四字。"又見《宋本册府》卷九七二《外臣部·朝貢門五》天成四年四月條，《新五代史》卷六《唐本紀六》天成四年四月癸丑條作"撩括梅里"。

[7]端明殿學士：官名。後唐明宗始置，以翰林學士充任，負責誦讀四方書奏。　趙鳳：人名。幽州（今北京市）人。五代後唐大臣。傳見本書卷六七、《新五代史》卷二八。　門下侍郎：官名。門下省副長官。唐後期三省長官漸爲榮銜，中書侍郎、門下侍郎却因參議朝政而職位漸重，常常用爲以"同三品"或"同平章事"任宰相者的本官。正三品。　工部尚書：官名。尚書省工部主官。掌百工、屯田、山澤之政令。正三品。　平章事：官名。唐高宗以後，實際任宰相之職者，常在其本官後加同平章事的職銜。後成爲宰相專稱。　以端明殿學士趙鳳爲門下侍郎兼工部尚書、平章事：《舊五代史考異》："《歐陽史》本紀作端明殿學士、尚書兵部侍郎趙鳳爲門下侍郎兼工部尚書、同平章事。《趙鳳傳》作禮部侍郎，與本紀異，見吳縝《纂誤》。"見《新五代史》卷六《唐本紀六》天成四年四月甲寅條、卷二八《趙鳳傳》。

五月己巳朔，帝御文明殿受朝。[1]丙子，以夔州節度使西方鄴卒輟朝。[2]丁丑，大理卿李保殷卒。[3]己卯，以忠正軍節度使索自通爲京兆尹，充西京留守；以左威衛上將軍朱漢賓爲潞州節度使。[4]乙酉，以黔州節度使安崇阮爲夔州節度使，以左驍衛上將軍張溫爲洋州節度使，以黔州留後楊漢賓爲本州節度使。[5]中書奏：“太常寺定少帝謚昭宣光烈孝皇帝，廟號景宗。伏以少帝今不入廟，難以言宗，只云昭宣光烈孝皇帝。”從之。[6]丁亥，以鳳州武興軍留後陳皋爲武興軍節度使，以新州威塞軍留後翟璋爲威塞軍節度使。[7]壬辰，以權知尚書右丞崔居儉爲尚書右丞。[8]詔葺天下廨宇。丙申，襄州奏，荆南高從誨乞歸順。[9]雲州奏，契丹犯塞。

[1]文明殿：宮殿名。爲洛陽宮城之前殿。位於今河南洛陽市。

[2]夔州：州名。治所在今重慶市奉節縣。　西方鄴：人名。定州滿城（今河北保定市滿城區）人。五代後唐將領。傳見本書卷六一、《新五代史》卷二五。

[3]大理卿：官名。爲大理寺長官。負責大理寺的具體事務，掌邦國折獄詳刑之事。從三品。　李保殷：人名。洛陽（今河南洛陽市）人。

[4]忠正軍：方鎮名。治所在壽州（今安徽壽縣）。《輯本舊史》原作“忠武軍”。中華書局本有校勘記：“郭武雄《證補》：‘同《紀》上文，天成三年十月戊辰索自通領壽州忠正軍節度使。《紀》“忠武”當係“忠正”之誤。’據朱玉龍《方鎮表》，天成四年忠武軍節度使乃孔循，非索自通。”但未改。壽州在吳轄區，《輯本舊史》卷三九《唐明宗紀五》：“天成三年十月甲子，詔升壽州爲忠正軍。戊辰，以雲州節度使索自通領壽州節度使。”據改。　索自通：

人名。太原清源（今山西清徐縣）人。五代後唐將領。傳見本書卷六五。　京兆尹：官名。唐開元元年（713）改雍州置京兆府，治所在今陝西西安市。以京兆尹總其政務。從三品。　西京：地名。指京兆府（今陝西西安市）。　左威衛上將軍：官名。唐置，掌宮禁宿衛。唐代十六衛之一。從二品。　朱漢賓：人名。亳州譙縣（今安徽亳州市）人。五代後梁、後唐將領。傳見本書卷六四、《新五代史》卷四五。　潞州：州名。治所在今山西長治市。

[5]黔州：州名。治所在今重慶彭水苗族土家族自治縣。　左驍衛上將軍：官名。唐置，掌宮禁宿衛。唐代十六衛之一。從二品。　張溫：人名。魏州魏縣（今河北魏縣）人。後梁、後唐將領。傳見本書卷五九。　洋州：州名。治所在今陝西洋縣。　留後：官名。唐、五代節度使多以子弟或親信爲留後，以代行節度使職務，亦有軍士、叛將自立爲留後者。掌一州或數州軍政。　楊漢賓：人名。籍貫不詳。五代後唐、後晉將領。事見《通鑑》卷二七七、卷二八〇。

[6]太常寺：官署名。北齊始置，掌禮樂祭祀活動。隋、唐兩代下設郊廟、太廟、諸陵、太樂、鼓吹、太醫、太卜、廩犧等八署，長官爲太常寺卿，正三品。唐高宗龍朔年間曾改稱奉常，武則天光宅年間又曾稱爲司禮，後均復舊。歷代沿置。　少帝：即唐哀帝李柷。唐昭宗之子。904年至907年在位，年號天祐。爲朱溫所殺。紀見《舊唐書》卷二〇下、《新唐書》卷一〇。　“中書奏”至“從之”：《輯本舊史》之案語：“《舊唐書·哀帝紀》云：中書奏，少帝行事，不合稱宗。今考《五代會要》，天成三年，博士吕朋龜議，引‘君不逾年，不入宗廟’之禮，請別立廟於園陵，故不稱景宗，非議其行事有失也。’《舊唐書》誤。”對此案語，“天成三年”，中華書局本有校勘記：“‘三年’，原作‘二年’，據《五代會要》卷三改。”“吕朋龜”，校勘記：“原作‘吕明龜’，據孔本、《五代會要》卷三改。”見《舊唐書》卷二〇下《哀帝紀》、《會要》卷三廟制度條天成三年（928）十一月及四年五月記事、《宋

本册府》卷五九三《掌禮部・奏議門二一》天成三年十一月條、《通鑑》卷二七六天成四年五月乙酉條。

[7]鳳州：州名。治所在今陝西鳳縣。　武興軍：方鎮名。治所在鳳州（今陝西鳳縣）。　陳皋：人名。籍貫不詳。事見本書本卷、卷四一、卷四二、卷四六。　新州：州名。治所在今河北涿鹿縣。　翟璋：人名。五代將領。後唐時歷平州刺史、新州節度使等。後晉時割新州與契丹，契丹委其平叛奚、圍雲州，皆有功，故留之不使南歸，鬱鬱而死。籍貫不詳。傳見本書卷九五。　威塞軍：方鎮名。治所在新州（今河北涿鹿縣）。

[8]權知：官員任用類別之一。與攝相近，是一種暫時的委任。唐、五代時，知、判、兼等類的任用，往往冠以“權”字，稱爲權知、權判、權兼，以表示其爲暫任。　尚書右丞：官名。尚書省佐貳官。唐中期以後，與尚書左丞實際主持尚書省日常政務，權任甚重。後梁開平二年（908）改爲右司侍郎，後唐同光元年（923）復舊爲右丞。唐時爲正四品下，後唐長興元年（930）升爲正四品。　崔居儉：人名。清河（今河北清河縣）人。崔蕘之子。五代大臣。傳見本書附録、《新五代史》卷五五。

[9]襄州：州名。治所在今湖北襄陽市。　高從誨：人名。高季興之子，五代十國南平君主。傳見本書卷一三三、《新五代史》卷六九。

六月辛丑，以左散騎常侍姚顗爲兵部侍郎。[1]壬寅，宣州節度使楊漢章移鎮雲州，以北京馬步軍都指揮使兼欽州刺史張敬達爲應州節度使。[2]癸卯，以前西京副留守知留守事張遵誨行衛尉事，充客省使。[3]國子博士田敏請葺四郊祠祭齋室。[4]丙午，以沂州刺史張萬進爲安北都護，充振武軍節度使。[5]戊申，以宿州團練使康思立爲利州節度使。[6]登州刺史孫元停任，[7]坐在任無名科率故也。詔鄴都仍舊爲魏府。[8] 應魏府、汴州、益州宮殿悉去鴟尾，[9] 賜節度使爲衙署。辛亥，以權知朔方軍留後、定難軍都知兵馬使韓澄爲朔方留後。[10] 癸丑，以前潞州節度使符彥超爲左驍衛上將軍。[11] 詔：“諸道節度使行軍司馬，名位雖高，或帥臣不在，其軍州事宜委節度副使權知。”[12] 又詔：“藩郡所請賓幕及主事親從者，悉以名聞。”丙辰，[13] 權知荊南軍府事高從誨上章首罪，乞修職貢，仍進銀三千兩贖罪。壬戌，幸至德宮。[14] 詔：“京城空地，課人蓋造。如無力者，許人請射營構。”

[1]左散騎常侍：官名。門下省屬官。掌侍奉規諷，備顧問應對。《新唐書》記正三品下。　姚顗：人名。京兆萬年（今陝西西安市長安區）人。唐末進士，五代後梁、後唐、後晉大臣。傳見本書卷九二、《新五代史》卷五五。　兵部侍郎：官名。尚書省兵部次官。協助兵部尚書掌武官銓選、勳階、考課之政。正四品下。

[2]宣州：州名。治所在今安徽宣城市。《輯本舊史》原作“夔州”，中華書局本有校勘記：“本卷上文：‘（五月乙酉）以黔州節度使安崇阮爲夔州節度使’，據本卷上文，五月丙子夔州節度使西方鄴卒，以崇阮繼之，至長興二年皆在鎮。本書卷三九《唐明宗紀五》：‘（天成三年正月戊辰）以隨駕步軍都指揮使、潮州刺史楊漢章遙領寧國軍節度使。’《冊府》卷九九四：‘（天成）四年四月丙辰，宣步軍指揮使楊漢章將步騎五千往雲朔巡邊’，知漢章天成三年遙領宣州寧國軍，四年四月往雲朔巡邊，同年六月即爲雲州節度使。此處‘夔州’疑當作‘宣州’。”但未改。見《輯本舊史》卷三九《唐明宗紀五》天成三年（928）正月戊辰條、明本《冊府》卷九九四《外臣部·備禦門》天成四年四月丙辰條。今據改。

楊漢章：人名。籍貫不詳。五代將領。事見《通鑑》卷二八〇。

欽州：州名。治所在今廣西欽州市。　張敬達：人名。代州（今山西代縣）人。五代後唐將領。傳見本書卷七〇、《新五代史》卷三三。　應州：州名。治所在今山西應縣。《輯本舊史》原作“鳳州”，中華書局本有校勘記：“郭武雄《證補》：‘據同《紀》下文，長興元年十一月庚午張敬達自應州移雲州，而不言其任鳳州之去代。另據同書《張敬達傳》云：“敬達以河東（北京）馬步軍都指揮使、檢校司徒領欽州刺史，加檢校太保、應州節度使，遷雲州。”《紀》“鳳州”蓋“應州”之誤。’按朱玉龍《方鎮表》，天成四年鳳州節度使乃陳皋，非張敬達。”但未改。見《輯本舊史》卷四一《明宗紀七》長興元年（930）十一月庚午條、卷七〇《張敬達傳》，今據改。

[3]張遵誨：人名。魏州（今河北大名縣）人。後梁、後唐官員。傳見本書卷六一。　以前西京副留守知留守事張遵誨行衛尉事：《輯本舊史》原無“知留守”三字，中華書局本有校勘記：“本書卷三九《唐明宗紀五》作‘西京副留守知留守事’。”但未改。見《輯本舊史》卷三九《唐明宗紀五》天成三年六月戊戌條，今據改。　客省使：官名。唐代宗時始置，五代沿置。客省長官，掌接待四方奏計及外族使者。

[4]國子博士：官名。國子監屬官。掌教文武官三品已上、國公子孫、二品已上曾孫爲生者。正五品上。　田敏：人名。淄州鄒平（今山東鄒平縣）人。五代、宋初大臣、學者。傳見《宋史》卷四三一。

[5]沂州：州名。治所在今山東臨沂市。　刺史：官名。漢武帝時始置。州一級行政長官，總掌考覈官吏、勸課農桑、地方教化等事。唐中期以後，節度使、觀察使轄州而設，刺史爲其屬官，職任漸輕。從三品至正四品下。　張萬進：人名。雲州（今山西大同市）人。唐末將領。傳見本書卷一三。　安北都護：官名。安北都護府長官。據《通鑑》卷二六九胡三省注，唐中葉以後，振武節度

使皆帶安北都護。參見李大龍《都護制度研究》，黑龍江教育出版社 2003 年版。　振武軍：方鎮名。後梁貞明二年（916）以前，治所位於單于都護府城（今内蒙古和林格爾縣）。貞明二年單于都護府城爲契丹占據。此後至後唐清泰三年（936），治所位於朔州（今山西朔州市朔城區）。後晋時隨燕雲十六州割予契丹，改名順義軍。

[6]宿州：州名。治所在今安徽宿州市。　團練使：官名。唐代中期以後，於不設節度使的地區設團練使，掌本區各州軍事。康思立：人名。晋陽（今山西太原市）人。五代後唐將領。傳見本書卷七〇、《新五代史》卷二七。　利州：州名。治所在今四川廣元市。

[7]登州：州名。治所在今山東蓬萊市。　孫元：人名。籍貫不詳。本書僅此一見。

[8]魏府：地名。即魏州，唐、五代方鎮魏博軍的治所。位於今河北大名縣。　詔鄴都仍舊爲魏府：《輯本舊史》之影庫本粘籤："鄴都仍舊爲魏府，考《通鑑》注云：莊宗同光元年即位于魏州，以魏州爲興唐府，建東京。既遷洛，同光三年復唐之舊，以洛陽爲東都，改魏州之東京爲鄴都，至是復以爲魏州。今附識于此。"見《通鑑》卷二七六天成四年六月戊申條胡注。

[9]益州：州名。治所在今四川成都市。

[10]朔方軍：方鎮名。治所在靈州（今寧夏吴忠市）。　定難軍：方鎮名。治所在夏州（今陝西靖邊縣）。　都知兵馬使：官名。唐、五代方鎮自置之部隊統率官，稱兵馬使，其權尤重者稱兵馬大使或都知兵馬使。掌兵馬訓練、指揮。　韓澄：人名。籍貫不詳。五代將領。事見本書卷一三二。

[11]符彦超：人名。陳州宛丘（今河南淮陽縣）人。五代後唐將領，符存審之子。傳見本書卷五六、《新五代史》卷二五。

[12]行軍司馬：官名。出征將領及節度使的屬官。掌軍籍符伍、號令印信，是藩鎮重要的軍政官員。　其軍州事宜委節度副使權知：中華書局本有校勘記："'軍'字原闕，據《職官分紀》卷三

九引《五代史》、《册府》卷六五、《五代會要》卷二五補。”見《會要》卷二五幕府條載天成四年六月敕、明本《册府》卷六五《帝王部‧發號令門四》天成四年六月敕。

[13]丙辰:《舊五代史考異》:“《通鑑》作庚申。”孔本原輯者案語:“《通鑑》:庚申,高從誨自稱前荆南行軍司馬、歸州刺史,上表求内附。《薛史》作丙辰,與《通鑑》異。”“通鑑作庚申”,中華書局本有校勘記:“‘庚申’,原作‘庚戌’,據殿本考證、《通鑑》卷二七六改。”見《通鑑》卷二七六天成四年六月庚申條。六月戊戌朔,庚戌十三,丙辰十九,庚申二十三。

[14]至德宫:宫殿名。位於今河南洛陽市。

秋七月庚午,以前西京留守判官張鑄爲司農卿。[1]壬申,貶前左金吾上將軍毛璋爲儒州長流百姓,[2]尋賜自盡,以其在藩鎮陰蓄奸謀故也。甲戌,御史中丞吕夢奇責授太子右贊善大夫,[3]坐曾借毛璋馬故也。己卯,以工部侍郎任贊爲左散騎常侍,以樞密直學士、左諫議大夫、充樞使閻至爲工部侍郎充職。[4]遂州進嘉禾,[5]一莖九穗。壬午,以給事中、判大理卿事許光義爲御史中丞。[6]史館上言:“所編修莊宗一朝事迹,欲名爲《實録》,太祖、獻祖、懿祖名爲《紀年録》。”[7]從之。[8]甲申,以前荆南行軍司馬、檢校太傅高從誨起復,授檢校太傅、兼侍中,充荆南節度使。[9]丙戌,涇州節度使李從昶移鎮華州,以冀州刺史李金全爲涇州節度使。[10]戊子,中書奏:“今後新及第舉人,有曾授正官及御署者,仍約前任資序,[11]與除一官。”從之。壬辰,詔取來年二月二十一日有事於南郊。

[1]留守判官：官名。留守司僚屬，分掌留守司各曹事，並協助留守通判陪都事。　張鑄：人名。籍貫不詳。事見本書本卷、卷四五。　司農卿：官名。司農寺長官。掌國家之農耕、倉儲以及宮廷百官供應。從三品。

[2]左金吾上將軍：官名。唐置，掌宮禁宿衞。唐代十六衞之一。從二品。　毛璋：人名。滄州（今河北滄縣舊州鎮）人。後唐將領。傳見本書卷七三、《新五代史》卷二六。　儒州：州名。治所在今北京市延慶區。

[3]御史中丞：官名。如不置御史大夫，則爲御史臺長官。掌司法監察。正四品下。　呂夢奇：人名。五代官員。事見本書本卷、卷三六、卷四三、卷七三等。　太子右贊善大夫：官名。掌規諫太子過失，贊相禮儀等事。正五品。

[4]工部侍郎：官名。尚書省工部次官。協助尚書掌管百工山澤水土之政令，考其功以詔賞罰，總所統各司之事。正四品下。任贊：人名。籍貫不詳。五代後唐官員。事見本書卷四四。　樞密直學士：官名。五代後唐莊宗同光元年（923），改直崇政院置，選有政術文學者充任。備顧問應對。　左諫議大夫：官名。隸門下省。唐代置左、右諫議大夫各四人，分隸門下省、中書省。掌諫諭得失，侍從贊相。正四品下。　閻至：人名。籍貫不詳。後唐、後晉官員。事見本書本卷、卷三八、卷四一、卷七六、卷七八、卷八〇、卷九二。

[5]遂州：州名。治所在今四川遂寧市。

[6]給事中：官名。秦始置。隋唐以來，爲門下省屬官。掌讀署奏抄，駁正違失。正五品上。　許光義：人名。籍貫不詳。後唐官員。事見本書本卷、卷四一。

[7]史館：官署名。官修史書之機構。北齊始置。唐初隸秘書省著作局。唐貞觀三年（629）移於禁中，隸門下省。修本朝史由史官負責，修前代史多由他官編纂，宰相監修，正式確立史館修史、宰相監修之制。開元二十五年（737），徙史館於中書省。天寶

後，他官兼領史職者，謂之史館修撰，初入者爲直館。　莊宗：即後唐莊宗李存勗。沙陀部人。五代後唐王朝的建立者。紀見本書卷二七至卷三四、《新五代史》卷五。　太祖：即李克用。沙陀部人。生於神武川新城（一說是今山西朔州市朔城區之梵王寺村，一說是今山西應縣縣城，一說在今山西懷仁縣之日中城）。唐末軍閥，後唐追尊爲太祖。紀見本書卷二五、《新五代史》卷四。　獻祖：即李國昌，又名朱邪赤心。沙陀部首領。唐末軍閥。李克用之父。其孫後唐莊宗李存勗即帝位後，追諡其爲文皇，廟號獻祖。事見《舊唐書》卷一九上《懿宗本紀》、卷一九下《僖宗本紀》。　懿祖：即朱邪執宜。沙陀部首領。朱邪赤心之父。事見《新唐書》卷二一八《沙陀》、《新五代史》卷四《唐本紀》。　太祖、獻祖、懿祖名爲《紀年錄》：“紀年錄”，《輯本舊史》之影庫本粘籤：“原本作‘繫年錄’，考《通鑑》注、《玉海》、《文獻通考》並作《紀年錄》，今改正。”見《通鑑》卷二四七會昌三年（843）正月等條《考異》引《後唐獻祖紀年錄》、卷二五五中和二年（882）十二月等條《考異》引《唐太祖紀年錄》、《後唐懿祖紀年錄》、《會要》卷一八修國史條天成四年（929）七月記事、《崇文總目》卷三《實錄類》）。

[8]從之：《舊五代史考異》：“《五代會要》：天成三年十二月，史館奏：‘據左補闕張昭遠狀：“嘗讀國書，伏見懿祖昭烈皇帝自元和之初，獻祖文皇帝于大和之際，立功王室，陳力國朝。太祖武皇帝自咸通後來，勤王戮力，翦平多難，頻立大功，三換節旄，再安京國。莊宗皇帝終平大憝，奄有中原，倘闕編修，遂成湮墜。伏請與當館修撰，參序條綱，撰太祖、莊宗實錄者。”伏見前代史館，歸于著作，國初分撰五代史，方委大臣監修。自大曆後來，始奏兩員修撰，當時選任，皆取良能，一代之書，便成于手。其後源流失緒，波蕩不遵，冒當修撰之名，曷揚襃貶之職。及乎編修大典，即云別訪通才，況當館職在編修，合行撰述。’敕：‘宜依。’四年七月，監修國史趙鳳奏：‘奉敕修懿祖、獻祖、太祖、莊宗四帝實錄，

自今年六月一日起手，旋具進呈。伏以凡關纂述，務合品題。承乾御宇之君，行事方云實錄；追尊冊號之帝，約文祇可紀年。所修前件史書，今欲自莊宗一朝名爲《實錄》，其太祖以上並目爲《紀年錄》.'從之。考當時史館能審名實如此。《薛史》列武皇于本紀，識者譏之，《歐陽史》始改《莊宗紀》。""者伏見前代史館……及乎編修大典……敕宜依"，中華書局本有校勘記："以上九十九字原闕，據孔本補。'大典'，孔本原作'六典'，據《五代會要》卷一八改。""考當時史館……歐陽史始改莊宗紀"中華書局本有校勘記："以上三十一字原闕，據孔本補。"見《會要》卷一八《修國史》天成三年十二月、四年七月條。

[9]檢校太傅：官名。爲散官或加官，以示恩寵，無實際執掌。按，檢校某某官，唐中後期逐漸確立，五代沿用。多作爲使府或方鎮僚佐秩階、升遷的階官，非正式官銜。參見賴瑞和《論唐代的檢校官制》，《漢學研究》2006年第24卷第1期。

[10]涇州：州名。治所在今甘肅涇川縣。 李從昶：人名。籍貫不詳。後唐將領。事見本書本卷、卷四三、卷四七、卷四八。華州：州名。治所在今陝西渭南市華州區。 冀州：州名。治所在今河北衡水市冀州區。 李金全：人名。吐谷渾部人。早年爲後唐明宗李嗣源奴僕，驍勇善戰，因功升遷。後晉時封安遠軍節度使，後投奔南唐。傳見本書卷九七、《新五代史》卷四八。

[11]仍約前任資序：中華書局本有校勘記："'仍'，原作'欲'，據《五代會要》卷二三、《冊府》卷六四一改。"見《會要》卷二三緣舉雜錄條天成四年七月中書門下奏、《宋本冊府》卷六四一《貢舉部·條制門三》天成四年七月條。

八月丁酉朔，大理正路航奏：[1]"切見春秋釋奠於文宣王廟，而武成王廟久曠時祭，請復常祀。"從之。[2]戊戌，中書奏："太子少傅李琪所撰進霍彥威神道碑文，[3]不分真僞，是混功名，望令改撰。”從之。琪，梁之故相，私懷感遇，敘彥威在梁歷任，不欲言僞梁故也。辛丑，詔：“亂離已來，天下諸軍所掠生口，有主識認，即勒還之。”以二王後、前清河縣令、襲酇國公、食邑三千戶楊仁矩爲秘書丞。[4]御史臺奏：“主簿朱穎是前中丞奏請，合隨廳罷任。”[5]詔曰：“主簿既爲正秩，況入選門，顯自朝恩，合終考限，宜令仍舊守官。”甲辰，以宰臣馮道爲南郊大禮使，兵部尚書盧質爲禮儀使，御史中丞許光義爲儀仗使，兵部侍郎姚顗爲鹵簿使，河南尹從榮爲橋道頓遞使，客省使、衛尉卿張遵誨爲修裝法物使。[6]乙巳，黑水朝貢使骨至來朝，[7]授歸德司戈，[8]放還蕃。丁未，以翰林學士承旨、禮部侍郎、知制誥李愚爲兵部侍郎，[9]職如故。以中書舍人盧詹爲禮部侍郎，以兵部侍郎裴皥爲太子賓客。[10]吐渾首領念公山來朝貢。[11]戊申，帝服袞冕，御文明殿，追冊昭宣光烈孝皇帝。庚戌，以宰臣、監修國史趙鳳兼判集賢院事，以左散騎常侍任贊判大理卿事。[12]己未，高麗王王建遣使貢方物。[13]辛酉，詔：“準往例，[14]節度使帶平章事、侍中、中書令，[15]並列銜於敕牒，側書‘使’字。今錢鏐是元帥、尚父，與使相名殊，馬殷守太師、尚書令，是南省官資，不合署敕尾，今後敕牒內並落下。”[16]乙卯，[17]党項首領朝貢。甲子，幸金真觀，改賜建法大師賜紫尼智願爲圓惠大師，即武皇夫人陳氏也。[18]丙寅，[19]達靼來朝貢。京城內有南州、北州，乃張全義光啓中所築。[20]至是，詔許人依街巷請射城濠，任使平填，蓋造屋宇。

［1］大理正：官名。大理寺屬官。掌參議刑辟，詳正科條之事。從五品下。　路航：人名。籍貫不詳。五代後晋官員。事見本書卷一四三。《輯本舊史》原作“路阮”，《輯本舊史》卷一四三《禮志下》長興四年（933）二月條、《宋本册府》卷五九三《掌禮部·奏議二一》天成四年（929）八月條、《新五代史》卷七三《石延煦附傳》均作“路航”，據改。

［2］“切見”至“從之”：“文宣王廟”之“廟”，《輯本舊史》原闕，據《册府》卷九五三補。《册府》在“久曠時祭”下尚有“國之二柄，文武之宗”八字。“請復常祀”，《輯本舊史》之影庫本粘籤：“原本作‘嘗祈’，今據《五代會要》改正。”見《册府》卷五九三，檢《會要》卷三武成王廟條未見。

［3］太子少傅：官名。與太子少保、太子少師合稱“三少”，唐後期、五代時多爲大臣、勳貴加官。從二品。　李琪：人名。河西敦煌（今甘肅敦煌市）人。後梁、後唐官員。傳見本書卷五八、《新五代史》卷五四。　霍彦威：人名。洺州曲周（今河北曲周縣）人。後梁、後唐將領。傳見本書卷六四、《新五代史》卷四六。

［4］楊仁矩：人名。隋朝楊氏後裔。五代後唐官員。事見本書本卷。　秘書丞：官名。三國魏始置。秘書省主官。掌圖書文籍。從五品上。　以二王後、前清河縣令、襲酅國公、食邑三千户楊仁矩爲秘書丞：“二王後”，中華書局本有校勘記：“以上三字原闕，據《册府》卷一七三補。按本書卷四一《唐明宗紀七》：‘（長興元年十二月）以二王後、祕書丞、襲酅國公楊仁矩卒輟朝。’”見《宋本册府》卷一七三《帝王部·繼絶門》。

［5］御史臺：官署名。秦漢始置。古代國家的監察機構。掌糾察官吏違法，肅正朝廷綱紀。大事廷辨，小事奏彈。　主簿：官名。漢代以後歷朝均置。唐代京城百司和地方官署，均設主簿。管

理文書簿籍，參議本署政事，爲官署中重要佐官。其官階品秩，因官署而不同。　朱穎：人名。籍貫不詳。本書僅此一見。

[6]南郊大禮使：官名。非常設。帝王舉行南郊等大禮時設，參掌大禮。　兵部尚書：官名。尚書省兵部主官。掌兵衛、武選、車輦、甲械、厩牧之政令。正三品。　盧質：人名。河南（今河南洛陽市）人。五代大臣。傳見本書卷九三、《新五代史》卷五六。

禮儀使：官名。有重大禮儀事務則臨時置使，掌禮儀事務，事畢即罷。　儀仗使：官名。皇帝大駕出行時設置。非常設官，均由他官兼代。掌總儀仗事務。　鹵簿使：官名。掌帝后出行車駕儀仗。

橋道頓遞使：官名。頓，即宿食之所。大禮時置，以京城長官充任，掌事先周知皇帝郊祀時所要經過的道路橋梁，安排皇帝居息之所，並運送郊祀需用之物至舉行郊祀之處。　衛尉卿：官名。北魏置，隋、唐、五代時爲衛尉寺長官。掌邦國器械文物之事，總武庫、武器、守宮三署之官屬。從三品。　修裝法物使：官名。掌典禮法物器什等。

[7]黑水：部族名。即黑水靺鞨。隋唐時靺鞨七大部之一，居於今黑龍江中下游。傳見本書卷一三八、《新五代史》卷七四。骨至：人名。黑水使者。事見本書本卷。　黑水朝貢使骨至來朝：中華書局本有校勘記："'來朝'上殿本有'等率屬'三字。"

[8]歸德司戈：武散官階。從八品下。

[9]翰林學士承旨：官名。爲翰林學士之首。掌拜免將相、號令征伐等詔令的起草。《舊唐書·職官志二·翰林院》："例置學士六人，內擇年深德重者一人爲承旨，所以獨承密命故也。"　禮部侍郎：官名。尚書省禮部次官。協助禮部尚書掌禮儀、祭享、貢舉之政。正四品下。　李愚：人名。渤海無棣（今山東慶雲縣）人。唐末進士，五代大臣。傳見本書卷六七、《新五代史》卷五四。

[10]中書舍人：官名。中書省屬官，掌起草文書、呈遞奏章、傳宣詔命等。正五品上。　盧詹：人名。京兆長安（今陝西西安市）人。唐末、五代官員。傳見本書卷九三。　裴皞：人名。河東

（今山西太原市）人。五代官員。傳見本書卷九二、《新五代史》卷五七。　太子賓客：官名。爲太子官屬。唐高宗顯慶元年（656）始置。掌侍從規諫、贊相禮儀。正三品。

［11］吐渾：部族名。吐谷渾的省稱。源出鮮卑，後游牧於今甘肅、青海一帶。參見周偉洲《吐谷渾資料輯録》（增訂本），商務印書館2017年版。　念公山：人名。吐渾首領。事見《新五代史》卷六。

［12］監修國史：官名。北齊始置史館，以宰相爲之。唐史館沿置，爲宰相兼職。　集賢院：官署名。唐開元十三年（725）始置，掌秘書圖書等事。

［13］高麗：古國名。又稱高句麗。故地在今朝鮮半島北部。公元4世紀後强大，與新羅、百濟鼎足争雄。總章元年（668），爲唐所滅。公元918年，後三國（即朝鮮新羅、後百濟、泰封）之一泰封國武將王建推翻其統治者弓裔，稱王，改國號高麗，都開京（今朝鮮開城），史稱“王氏高麗”。漸合併新羅、後百濟，重新統一朝鮮半島。參見〔朝〕鄭麟趾等《高麗史》，西南師範大學出版社2014年版；楊軍《高句麗民族與國家的形成和演變》，中國社會科學出版社2006年版。　王建：人名。朝鮮王氏高麗開國國王，廟號太祖。參見〔朝〕鄭麟趾等《高麗史》卷一。

［14］準往例：中華書局本有校勘記：“‘往’，原作‘待’，據殿本、劉本、本書卷一四九《職官志》、《五代會要》卷一三改。”見《會要》卷一三中書門下條天成四年八月敕、《輯本舊史》卷一四九《職官志·都省目》天成四年八月詔。

［15］中書令：官名。漢代始置，隋、唐前期爲中書省長官，屬宰相之職；唐後期多爲授予元勳大臣的虛銜。正二品。

［16］錢鏐：人名。臨安（今浙江杭州市）人。五代時期吴越國建立者。傳見本書卷一三三、《新五代史》卷六七。　元帥：官名。即“天下兵馬大元帥”。總掌天下兵馬。爲特設超品之官職。　尚父：尊號名。意爲可尊尚的父輩。　馬殷：人名。許州鄢陵（今河南鄢陵縣）人，一說上蔡（今河南上蔡縣）人。五代十國南

楚開國君主。傳見本書卷一三三、《新五代史》卷六六。　太師：
官名。與太傅、太保合稱三師，唐後期、五代時多爲大臣、勳貴加
官。正一品。　尚書令：官名。秦始置。隋、唐前期爲尚書省長
官，與中書令、侍中並爲宰相。因以李世民爲之，後皆不授，唐高
宗廢其職。唐後期以李適、郭子儀有功而特授此職，爲大臣榮銜，
不參與政務。五代因之。唐時爲正二品，後梁開平三年（909）升
爲正一品。

[17]乙卯：中華書局本有校勘記：“郭武雄《證補》：‘丁酉朔，
庚戌十四日，己未二十三日，辛酉二十五日，乙卯十九日。乙卯當
置庚戌之後，己未之前。《歐陽史・唐本紀》不誤。’”

[18]金真觀：寺觀名。位於今河南洛陽市。　智願：即李克用
夫人陳氏。傳見本書卷四九、《新五代史》卷一三。

[19]丙寅：中華書局本有校勘記：“原作‘丙戌’，據殿本、劉
本改。按是月丁酉朔，無丙戌，丙寅爲三十日。”

[20]張全義：人名。濮州臨濮（今山東鄄城縣）人。唐末、
五代後梁、後唐將領。傳見本書卷六三、《新五代史》卷四五。
光啓：唐僖宗李儇年號（885—888）。　乃張全義光啓中所築：《舊
五代史考異》：“《洛陽縉紳舊聞記》引《薛史》此文而辨之云：言
光啓中築，乃再葺而已，非始築也，其城壕今尚有遺跡焉。”見
《洛陽縉紳舊聞記》卷二《齊王張令公外傳》。

　　九月丁卯朔，[1]中書奏：“據宗正寺申，懿祖永興
陵、獻祖長寧陵、太祖建極陵並在代州雁門縣，皇帝追
尊四廟在應州金城縣。”[2]詔：“應州升爲望州，金城、
雁門並升爲望縣。”辛未，[3]太常博士段顒奏：“切見大
祠則差宰相行事，中祠則卿監行事，小祠則委太祝奉
禮，並不差官，今後小祠請差五品官行事。”[4]從之。癸
巳，制天下兵馬元帥、尚父、吳越國王錢鏐可落元帥、

尚父、吳越國王，[5]授太師致仕，責無禮也。先是，上將軍烏昭遇使於兩浙，以朝廷事私於吳人，仍目鏐爲殿下，自稱臣，謁鏐行拜蹈之禮。[6]及迴，使副韓玫具述其事，[7]故停削鏐官爵，令致仕。烏昭遇下御史臺，尋賜自盡。後有自浙中使還者，言昭遇無臣鏐之事，爲玫所誣，人頗以爲冤。乙未，詔諸道通勘兩浙綱運進奉使，[8]並下巡獄。

[1]九月丁卯朔：《輯本舊史》原作"九月丁亥"，中華書局本有校勘記："'丁卯'，原作'丁亥'，據殿本改。影庫本粘籤：'以《長曆》推之，當作丁卯。'影庫本批校：'丁亥，應作丁卯。'按是月丁卯朔。"中華書局本改作"九月丁卯"，但按本紀記時之規則尚應補"朔"字。

[2]宗正寺：官署名。秦朝設置，歷代沿置。掌九族六親之屬籍，以別昭穆之序，並領崇玄署。　代州：州名。治所在今山西代縣。　雁門：縣名。治所在今山西代縣。　懿祖永興陵、獻祖長寧陵、太祖建極陵並在代州雁門縣："長寧""建極"，《輯本舊史》之影庫本粘籤："長寧，原本作'去寧'；建極，原本作'述極'，今據《五代會要》改正。"見《會要》卷一追諡皇帝條所記後唐獻祖、太祖陵名。

[3]辛未：中華書局本有校勘記："原作'辛酉'，據殿本改。影庫本粘籤：'辛酉，以《長曆》推之，當作辛巳。'影庫本批校：'辛酉，應作辛未。'按是月丁卯朔，無辛酉，辛未爲初五。"

[4]今後小祠請差五品官行事：中華書局本有校勘記："'小祠'二字原闕，據本書卷一四三《禮志下》、《五代會要》卷四、《册府》（宋本）卷五九三補。"見《會要》卷四緣祀裁制條天成四年（929）九月所載太常寺奏、《宋本册府》卷五九三《掌禮部·奏議門二二》天成四年九月條。

[5]吳越國：五代十國之吳越國。後梁開平元年（907），封鎮海節度使錢鏐爲吳越王，領有今浙江之地及江蘇的一部分。北宋太平興國三年（978），錢俶向北宋納土，吳越亡。

[6]上將軍：官名。當即十六衛上將軍。唐置，掌宮禁宿衛。從二品。　烏昭遇：人名。籍貫不詳。五代後唐供奉官。傳見本書附録。　兩浙：方鎮名。治所在今浙江杭州市。　拜蹈：臣僚對君主的朝參禮儀。典儀官贊“舞蹈”，臣僚做出有節奏的動作，司樂官以樂伴之。

[7]韓玫：人名。籍貫不詳。五代後唐官員。事見本書本卷。中華書局本有校勘記：“原作‘劉玫’，據本書卷一三三《錢鏐傳》、《册府》卷六六四、卷九三三、《通鑑》卷二七六改。《舊五代史考異》卷二：‘案《通鑑》作韓玫。’”見《宋本册府》卷九三三《總録部·誣搆門二》韓玫條、明本《册府》卷六六四《奉使部·辱命門》烏昭遇條、《通鑑》卷二七六天成四年九月癸巳條。

[8]詔諸道通勘兩浙綱運進奉使：“通勘”，中華書局本有校勘記：“劉本、邵本作‘承勘’。”

冬十月丙申朔，併吏部三銓爲一銓，[1]宜令本司官員同商量注擬，連署申奏，仍不得於私第注官。戊戌，以襄州兵馬都監、守磁州刺史康福爲朔方、河西等軍節度使，靈、威、雄、警、涼等州觀察使。[2]時朔方將吏請帥於朝廷，故命福往鎮之。庚子，以右金吾上將軍史敬鎔爲左金吾上將軍，以左驍衛上將軍符彦超爲右金吾上將軍，以前黔州節度使李承約爲左驍衛上將軍，以雲州節度使張敬詢爲左驍衛上將軍，以前華州節度使王景戡爲右驍衛上將軍。[3]癸卯，太常少卿蕭愿責授太子洗馬，[4]奪緋。愿南郊行事，與祠官同飲，詰旦猶醉不能行禮，爲御史所劾也。詔新授朔方節度使康福將兵萬人赴鎮。己酉，制復故荆南節度使高季興官爵。辛亥，升閬州爲保寧軍。^[5]壬子，以内客省使、左衛大將軍李仁矩爲閬州節度使。^[6]幸七星亭。丙辰，夏州進白鷹，^[7]重誨奏曰："夏州違詔進貢，臣已止約。"帝曰："善。"朝退，帝密令左右進馬。是日，幸龍門。^[8]

[1]吏部三銓：爲吏部尚書銓、吏部西銓（中銓）、吏部東銓的合稱。負責官員銓選。

[2]磁州：州名。治所在今河北磁縣。　康福：人名。蔚（今河北蔚縣）人。後唐、後晉將領。傳見本書卷九一、《新五代史》卷四六。　河西：方鎮名。治所在涼州（今甘肅武威市）。　以襄州兵馬都監、守磁州刺史康福爲朔方、河西等軍節度使："朔方"，《輯本舊史》之影庫本粘籤："原本作'翔方'，今據《通鑑》改正。"見《新五代史》卷四〇《韓遜傳》天成四年條、《通鑑》卷二七六天成四年（929）十月戊戌條。五代亦無翔方節度使。中華書局本有校勘記："'軍'字原闕，據本書卷九一《康福傳》、《册府》卷一二〇補。"見《輯本舊史》卷九一《康福傳》、明本《册府》卷一二〇《帝王部·選將門》天成四年十月戊戌條，但《册府》漏著"四年"，蒙上文似爲三年事，誤。　靈：州名。治所在今寧夏吳忠市。　威：州名。治所在今甘肅環縣。　雄：州名。治所在今甘肅永昌縣。　警：州名。治所在今寧夏平羅縣西南姚伏鎮。　涼：州名。治所在今甘肅武威市。

[3]右金吾上將軍：官名。唐置，掌宮禁宿衛。唐代十六衛之一。從二品。　史敬鎔：人名。太原（今山西太原市）人。五代後唐將領。傳見本書卷五五。　李承約：人名。薊門（今北京市昌平區）人。後唐將領。傳見本書卷九〇、《新五代史》卷四七。　以前黔州節度使李承約爲左驍衛上將軍：中華書局本有校勘記："'左

驍衛上將軍'，本書卷九〇《李承約傳》、《新五代史》卷四七《李承約傳》作'左衛上將軍'。《册府》卷四九七：'（天成四年十二月）脩洛河北岸，宣差左衛上將軍李承約祭之。'"見明本《册府》卷四九七《邦計部·河渠門》天成四年十二月庚申條。　以雲州節度使張敬詢爲左驍衛上將軍：中華書局本有校勘記："'雲州節度使'，朱玉龍《方鎮表》：'據《明宗紀》，本年六月敬詢已被楊漢章代歸；至十月，不得復作"雲州節度使"，疑"雲州"上脱"前"字。''左'，原作'右'，據殿本、本書卷六一《張敬詢傳》改。"見《輯本舊史》卷六一《張敬詢傳》天成四年條。　右驍衛上將軍：官名。唐置，掌宮禁宿衛。唐代十六衛之一。從二品。

［4］太常少卿：官名。太常寺次官。佐太常卿掌宗廟祭祀禮樂及教育等。正四品上。　蕭願：人名。京兆萬年（今山西西安市）人。唐末、五代官員。傳見本書卷一二八。　太子洗馬：官名。太子屬官。掌經籍，出入侍從。從五品。

［5］閬州：州名。治所在今四川閬中市。　保寧軍：方鎮名。治所在閬州（今四川閬中市）

［6］　左衛大將軍：官名。唐置，掌宮禁宿衛。唐代十六衛之一。從二品。　李仁矩：人名。籍貫不詳。後唐明宗舊將。傳見本書卷七〇、《新五代史》卷二六。　以内客省使、左衛大將軍李仁矩爲閬州節度使："内客省使"，中華書局本有校勘記："'客'字原闕，據殿本、孔本、《通鑑》卷二七六補。"見《通鑑》卷二七六天成四年十月壬子條。

［7］夏州：州名。治所在今陝西靖邊縣。

［8］龍門：地名。位於今河南洛陽市。因兩山相對如闕，伊河從中流過，又名伊闕。唐以後習稱龍門。

　　十一月丁卯，洛州水暴漲，[1]壞居人垣舍。戊辰，以刑部侍郎張文寶爲右散騎常侍。[2]己巳，以尚書右丞李光序爲刑部侍郎。[3]癸酉，升曹州濟陰縣爲次赤，[4]以昭宣光烈孝皇帝溫陵所在故也。甲戌，奉國軍節度使王延稟加兼侍中，從福建節度使王延鈞請也。[5]車駕出近郊，試夏州所進白鷹，戒左右勿令重誨知。己卯，日南至，帝御文明殿受朝賀。癸未，秘書少監于嶠配振武長流百姓，[6]永不齒任，爲宰臣趙鳳誣奏也。史官張昭遠等以新修懿祖、獻祖、太祖《紀年録》共二十卷、《莊宗實録》三十卷上之，賜器帛有差。[7]

[1]洛州：即河南府。治所在今河南洛陽市。

[2]刑部侍郎：官名。尚書省刑部次官。協助刑部尚書掌天下刑法及徒隸、勾覆、關禁之政令。正四品下。　張文寶：人名。籍貫不詳。五代後唐官員。傳見本書卷六八。　右散騎常侍：官名。中書省屬官。掌侍從規諫、顧問應對等事。正三品下。

[3]李光序：人名。籍貫不詳。事見本書本卷、卷三二、卷三三、卷四二。

[4]曹州：州名。治所在今山東曹縣西北。　濟陰：縣名。治所在今山東曹縣西北。

[5]奉國軍：方鎮名。治所在蔡州（今河南汝南縣）。　王延稟：人名。籍貫不詳。王審知養子。與王延鈞聯合叛殺王延翰。事見《新五代史》卷六八。　福建：方鎮名。治所在福州（今福建福州市）。　王延鈞：人名。即王鏻。王審知次子，五代十國閩國君主。傳見本書卷一三四、《新五代史》卷六八。

[6]秘書少監：官名。唐承隋制，置秘書省，設秘書少監二人協助秘書監工作。從四品上。　于嶠：人名。籍貫不詳。歷任後唐、後晋左拾遺、秘書少監、知制誥、中書舍人。事見本書卷三〇、卷七六。　張昭遠：人名。籍貫不詳。五代後唐官員。事見

本書本卷。

　　[7]史官張昭遠等以新修懿祖、獻祖、太祖《紀年録》共二十卷、《莊宗實録》三十卷上之：“懿祖”《輯本舊史》之影庫本粘籤：“原本脱‘懿’字，今從《五代會要》改正。”“懿祖獻祖”，中華書局本有校勘記：“原作‘獻祖懿祖’，據《五代會要》卷一八、《册府》卷五五四、卷五五七乙正。”見《會要》卷一八《修國史》條天成四年（933）十一月記事、《宋本册府》卷五五四《國史部·恩賞門》趙鳳條、卷五五七《國史部·採撰門三》趙鳳條。懿執宜爲獻祖國昌之父，自應在前。　賜器帛有差：《舊五代史考異》：“《五代會要》：監修趙鳳，修撰張昭遠、吕咸休各賜繒綵、銀器等。”見《會要》卷一八修國史條天成四年十一月記事。

　　十二月丁酉，靈武康福奏：“破野利、大蟲兩族三百餘帳於方渠，獲牛羊三萬。”戊戌，詔：“應授官及封贈官誥、舉人冬集等所費用物，一切官破。”壬戌，中書奏：“今後宰臣致齋内，不押班，不知印，不赴内殿起居。或遇國忌，行事官已受誓戒，宜不赴行香，并不奏刑殺公事。大祠致齋内，請不開宴。每遇大忌前一日，請不坐朝。”從之。[1]《永樂大典》卷七千一百六十五。[2]

　　[1]野利、大蟲：爲黨項大族。　方渠：縣名。治所在今甘肅環縣。
　　[2]《大典》卷七一六五“唐”字韻“明宗（二）”事目。